汉语体标记语法化的类型研究

A Typological Study on Grammaticalization of Chinese Aspectual Markers

陈前瑞 著

图书在版编目(CIP)数据

汉语体标记语法化的类型研究/陈前瑞著.—北京：商务印书馆，2021(2024.5重印)
ISBN 978-7-100-20473-6

Ⅰ.①汉… Ⅱ.①陈… Ⅲ.①汉语—语法—研究 Ⅳ.①H14

中国版本图书馆CIP数据核字(2021)第224966号

权利保留，侵权必究。

本研究得到中国人民大学科学研究基金(中央高校基本科研业务费专项资金资助)项目(编号:15XNL028)的持续支持

汉语体标记语法化的类型研究
陈前瑞 著

商 务 印 书 馆 出 版
(北京王府井大街36号 邮政编码100710)
商 务 印 书 馆 发 行
北京虎彩文化传播有限公司印刷
ISBN 978-7-100-20473-6

2021年12月第1版　　　　开本 880×1230　1/32
2024年5月北京第2次印刷　印张 12 3/8
定价：75.00元

目　　录

绪论 …………………………………………………… 1
  1. 对象与思路 …………………………………………… 1
  2. 现状与问题 …………………………………………… 4
  3. 框架与要点 …………………………………………… 9

第一章　完成体与经历体的类型学思考 ………………… 15
  1. 引言 …………………………………………………… 15
  2. 完成体与经历体的意义关联 ………………………… 16
  3. 汉语若干完成体形式的语义地图 …………………… 24
  4. 结语 …………………………………………………… 28

第二章　词尾和句尾"了"的分析模式 ………………… 29
  1. 引言 …………………………………………………… 29
  2. 两个"了"的四种分析模式 ………………………… 30
  3. 四种模式的比较与讨论 ……………………………… 49
  4. 结语 …………………………………………………… 52

第三章　词尾和句尾"了"的多功能模式 ……………… 54
  1. 引言 …………………………………………………… 54
  2. "了"的典型体貌功能 ……………………………… 55
  3. "了"的非典型时体功能 …………………………… 62

4. 结语 ……………………………………………………………… 67

第四章　"了"的完成体与完整体功能的量化分析及其理论意义 …… 69
  1. 引言 ……………………………………………………………… 69
  2. 词尾和句尾"了"的完成体用法的区分与统计 ………………… 72
  3. 词尾和句尾"了"的完整体用法的区分与统计 ………………… 84
  4. "了"的完成体和完整体用法量化分析的理论意义 …………… 87
  5. 结语 ……………………………………………………………… 98

第五章　从方言语音看"了"的功能演化 ……………………………… 100
  1. 引言 ……………………………………………………………… 100
  2. 方言语音与词尾"了"的功能演变 ……………………………… 101
  3. 方言语音与句尾"了"的功能演变 ……………………………… 111
  4. 语音形式与"了"的功能演化关系的讨论 …………………… 116
  5. 结语 ……………………………………………………………… 122

第六章　汉语经历体标记"过"的演变路径 …………………………… 123
  1. 引言 ……………………………………………………………… 123
  2. 概念框架 ………………………………………………………… 123
  3. "过"从完结体到已然体的发展 ………………………………… 126
  4. "过"从已然体到经历体的发展 ………………………………… 129
  5. "过"演变的终点与岔道 ………………………………………… 133
  6. 汉语经历体相关用法的概念空间及语义地图 ………………… 136
  7. 结语 ……………………………………………………………… 139

第七章 "尝"的语法化及其类型学意义 ……………… 141
- 1. 引言 …………………………………………………… 141
- 2. "尝"的试着义与经历义的关系 …………………… 143
- 3. 从尝试向经历演化的几个问题 …………………… 149
- 4. 从尝试到经历的跨语言比较 ……………………… 156
- 5. 结语 …………………………………………………… 159

第八章 试论"曾"的反预期与经历义的演变关系 …… 161
- 1. 引言 …………………………………………………… 161
- 2. "曾"的语气用法的类型与典型性分析 …………… 163
- 3. "曾"的时间用法的典型性 ………………………… 168
- 4. 反预期与经历的跨语言联系及其理论意义 ……… 173
- 5. 结语 …………………………………………………… 179

第九章 惯常义演变为经历义的多样性 ………………… 180
- 1. 引言 …………………………………………………… 180
- 2. 英语 *used to* 反现在完成体用法的性质与使用特点 … 182
- 3. 马来语 *biasa* 从惯常到经历的语义演变 ………… 185
- 4. 古汉语"常"经历用法的引申与假借 ……………… 189
- 5. 从基于使用的理论看由惯常至经历的语义演变过程 … 193
- 6. 结语 …………………………………………………… 196

第十章 经历体的特定性与来源意义研究 ……………… 198
- 1. 引言 …………………………………………………… 198
- 2. 经历体形式与用法的对应类型及多种形式的形义匹配模式 … 199
- 3. 演化为经历体的意义类型及其词汇来源 ………… 206
- 4. 结语 …………………………………………………… 214

第十一章　《左传》中"矣"的多功能性的量化分析 ⋯⋯ 216
  1. 引言 ⋯⋯ 216
  2. "矣"的完成体、将来时和祈使功能 ⋯⋯ 219
  3. "矣"的现在状态、结果体以及疑似的进行体功能 ⋯⋯ 233
  4. 结语 ⋯⋯ 243

第十二章　古汉语时体虚词研究方法的思考 ⋯⋯ 246
  1. 引言 ⋯⋯ 246
  2. 随文释义、单义说和多功能模式 ⋯⋯ 247
  3. 古汉语时体研究中多功能模式的应用体会 ⋯⋯ 252
  4. 训诂专著中若干随文释义痕迹的认识价值 ⋯⋯ 261
  5. 多功能模式与随文释义的异同 ⋯⋯ 266

第十三章　动词重叠时体用法的演化关系 ⋯⋯ 268
  1. 引言 ⋯⋯ 268
  2. 从反复体到未完整体 ⋯⋯ 270
  3. 从反复体到完整体 ⋯⋯ 280
  4. 从强化到完结体与从反复到短时的演化方式 ⋯⋯ 292
  5. 动词重叠时体用法的表达与演化机制 ⋯⋯ 298
  6. 结语 ⋯⋯ 301

结论 ⋯⋯ 303
参考文献 ⋯⋯ 309
附录一　从句尾"了"到词尾"了" ⋯⋯ 331
附录二　句尾"来"体貌用法的演变 ⋯⋯ 350
附录三　南方方言"有"字句的多功能性分析 ⋯⋯ 366
后记 ⋯⋯ 385

绪　　论

1. 对象与思路

本书从跨语言比较的视角研究汉语体标记语法化的类型。

通俗地说，体貌指事件自身在时间流程中呈现的样貌，如事件是已经发生或完成，还是仍然持续存在或进行；体是体貌的简称，往往用于对事件某一种具体样貌的命名，如完成体、进行体。能够被专门命名的体往往用更为虚化的手段来表达。汉语自古至今都采用多种不同的语法手段表达体貌意义，尤其在表达已经发生或结束的事件方面具有更加细致的表达形式，并形成一定程度的内部对立。如上古汉语的时间副词"既、尝"，近代汉语的句尾助词"了也、来"，现代汉语的句尾助词"了"和词尾助词"过"。本书专门研究诸如此类的语法形式所表达的体貌意义。这些表示体貌意义的语法形式也简称体标记。它们虽然被简称为体标记，但并不意味着这些形式只有体貌意义或只有某一种体貌意义，也不意味着这些标记的使用一定是强制性的。

上述三组语法形式虽然具有不同的虚实程度，但其体貌意义大致可以分为两类：

一是宽泛地表示相对于某个参照时间事件已经发生，并在语境中具有现时相关性。如例（1）的"既"为后续小句提供时间参照，例（2）的"了也"回答问句的提问，例（3）的"了"引发的变化带来了后续的"粉红"状态，这类体貌意义称为完成体（perfect）。

2 汉语体标记语法化的类型研究

(1) 夏，楚人既克夷虎，乃谋北方。(《左传·哀公四年》)
(2) 师曰："吃饭也未？"对曰："吃饭了也。"(《祖堂集·丹霞和尚》)
(3) 阿眉窘了，慌了，脸儿涨得粉红。(王朔《空中小姐》)

二是一般表示事件在过去不确定的时间内至少发生过一次，并对事件相关者的内在性质产生一定的影响。如例(4)的"尝"引出一件神奇的事件以示天命有加，例(5)的"来"表示事件曾经多次发生并对人的秉性产生影响，例(6)表示过去非凡的经历应该造就不一样的意志，这类体貌意义称为经历体(experiential)。

(4) 汉兴，高祖之微时，尝杀大蛇。(《史记·封禅书第六》)
(5) 楚云："我曾亲近知识来，未尝辄敢恁么造次。"(《古尊宿语要·汝州首山念和尚》)
(6) 老夫虽上过刀山下过火海，总是凡人一匹……（网络笑话）

在汉语语法的研究传统中，完成体与经历体常常相对而言，视为并列概念。但是，在世界语言中，完成体与经历体往往用同一个形式来表达，如英语的 have 与动词的过去分词构成的现在完成时的构式就是这样，如例(7)(8)。

(7) Someone has stolen my purse! '有人偷走我的钱包了！'
(8) I have seen worse things in my life. '我这一辈子见过更糟糕的事情。'

因此，在类型学研究中，完成体是一个上位概念，经历体是下位概念,是完成体形式在演变过程中获得的一种新的用法。初步比较就可以发现,自古至今具有专门的经历体的表达形式,是汉语的一种重要特点。本书从类型学的角度研究古今汉语体标记的语法化,尤其侧重完成体和经历体在与世界语言同类现象比较的过程中呈现的共性与个性,既包括这两个功能内部的用法区分,也包括这两个功能与外部的其他功能之间的关系。具体而言,本书的研究思路体现在以下几个方面:

第一,宏观地看,本书从类型学角度研究汉语完成体与经历体的共性与个性。本书参照时体类型学的概念系统,如 Bybee et al.(1994)所界定的语义标签,分析汉语完成体和经历体用法的多样性与一致性。国际学术界对汉语的完成体有两种不同的看法,一是汉语具有丰富的完成体形式,如 Bybee(1997);一是汉语不具有完成体的表达形式,如《世界语言结构图册》(*The World Atlas of Language Structures*,后文简称 WALS,Haspelmath et al.,2005;Dryer & Haspelmath,2013)的第 68 章。分析这两种观点的得失,有助于全面认识完成体的基本含义与下位用法之间的关系,从而丰富类型学的概念系统。

第二,中观来看,本书从语法化的角度解释汉语完成体与经历体的特点的形成过程。本书的出发点是类型比较,而最终成果的落脚点却是语法化,这是因为共时的多功能性只有从历时演变的角度才能得到更好的解释。语法化的定义本身也在与时俱进,本书较为欣赏的定义是 Torres Cacoullos & Walker(2009:323)的表述:语法化是一组渐变的结构和语义演变过程,经由这一过程,已有的带有特定词汇项目的构式得到频繁的使用,循着跨语言演化的路径变成新的语法构式。这一定义除了强调构式的思路之外,一方面突出了频率的作用,另一方面强调了语法化遵循一种跨语言的演化路径。由此可见,现代意义上的语法化研究源于类型学的研究,进而将跨语言的研究视野纳入其定义之中,反映了 21 世纪语法化研究的重要趋势:不再津津乐道某一语言特有的演化路径,而是直接分析这种路径在类型学中的个性与共性。另外,语言类型学研究也把语法化研究纳入自己的研究范围,作为历时类型学的重要研究领域。(罗仁地,2006;Croft,2003/2009:297)可见,语法化研究和语言类型学的研究已经日渐融合。

第三,从微观来讲,本书力求对古今汉语完成体与经历体表达形式的多种功能进行穷尽性的分析,并用语义地图的方式来呈现其多功能性。古今汉语的任何一个阶段都有多种不同的形式表达完成体和经历体,汉语的体貌表达本质上是一种多功能模式:同一个形式具有多种不同的功能,同一种功能由多种不同的形式来表达,多形式与多功能在共时系统和历时演变中呈现出复杂的互动关系。汉语的历史语料延绵数千年,有的具有很好的可比性。本书侧重对重点语料进行量化分析,将完成体与经历体功能进一步区分为不同的用法,进而考察这些用法内部的共时与历时关系,从而更加精确地刻画语言使用的多功能模式。部分章节为了行文的便利,也用"用法"一词泛指"功能"和"用法",这也是学界的惯例。

2. 现状与问题

汉语具有丰富的体貌表达形式,以至于一些研究者把汉语视为一种体貌突出的语言。(参见陈前瑞,2008a:288)这使得汉语体貌的共时和历时研究成为汉语语法研究最为突出的内容之一。自戴耀晶(1997)、陈前瑞(2008a)之后,汉语共时体貌研究的侧重点开始从系统建构转入专题研究。汉语体貌的历时研究在曹广顺(1995)之后,就明显地进入了专题、专书或断代的研究阶段。

就汉语的完成体和经历体而言,国内已经出版的专著有杨永龙(2001)、伍和忠(2005)、帅志嵩(2014)、Yeh(2014)、李思旭(2015)。

杨永龙(2001)、帅志嵩(2014)、李思旭(2015)都是讨论完成体,但研究内容都比较广泛。以杨永龙(2001)为例,该书明确指出:"根据汉语体貌表达的实际,也为了更好地显示有关体标记的来源及虚化过程,我们把表示动作或过程完毕、变化完成、状态实现三类语法意义都看作完成体体意义的具体内容——这是从形式到内容。反过来说,凡是表达这三类体貌意义的助词、副词、语气词,以及已经有所虚化但仍是补语性质的完成动词、趋向动词等,都看作完成体的表达形式——这是从内容到形式。"(20页)从研究理念来看,本书认同对完成体的宽泛定义,此理念也适合汉语史专书研究的实践。但从跨语言比较的研究实践来看,本书秉承Bybee et al.(1994)的理念,延续陈前瑞(2003,2008a)的框架,继续将宽泛的完成体切分为相对具体的完结体和结果体、比较虚化的完成体、更为虚化的完整体等,并将些概念节点进一步区分为具体的用法。伍和忠(2005)、Yeh(2014)是研究经历体的专著。前者将"尝试"与"经历"一并研究,考察汉语史上表达这两种功能的语法形式的演变过程;后者借助形式语义学理论,从时间量化的角度对表经历的"过"在共时系统中的诸多语义和语用现象进行了细致的分析。因此,就类型学的概念系统而言,汉语完成体与经历体的语法化过程与类型还未见专门的系统研究。

国内关于完成体与经历体的研究成果主要见于专题论文以及专书的部分章节。这些论文和章节对完成体与经历体的特定形式的演变过程进行了深入细致的研究,发现并区分了许多现象和用法,构成本书重要的研究基础。这些研究大致可以分为早期(20世纪40至60年代)、中期(20世纪70至90年代)和近期(21世纪初)三个阶段,下文对这三个阶段的研究进行简要概述,具体现象的研究综述参见各章的引言部分。

早期的代表著作有吕叔湘(1942—1944,1944)、王力(1958)、太田辰夫(1958)等,它们在概论性专著中勾勒出汉语体标记的共时用法和历时发展的基本线索。如吕叔湘(1944:230)把"矣"的用法分为已然、将然、感叹、祈使四种,并在吕叔湘(1942—1944:257)中对语气与语气词的意义与形式的关系做出了多对多的描述,具有多功能模式的雏形。王力(1958:299—331)在"动词的发展"一节主要描述了"得、了、着、过"演化为词尾的过程。太田辰夫(1958:208)也勾勒了汉语各种体貌(原文术语为"动态")的表现手段,强调表示体貌的有副词、助词,也有动词重叠,更多的是"动态后助动词"即词尾形式。太田先生还发现句末的助词有两种用法:一种是叙实,给述语添加存在、已然、曾然等语气;一种是非叙实,即"没有表达某一事情实际存在"(328页)的功能,如表示强调、感叹功能。就助词"了"而言,先有叙实功能,后有非叙实功能(353页)。这一概括不仅提示了句末成分实际承担的体貌功能,而且体现了语法化过程中语义演变的主观化的过程,其理论价值和类型学意义还可以进一步发掘。

中期的代表作有Cheung(1977)、赵金铭(1979)、梅祖麟(1980,1981,1988,1994)、Shi(1988,1989,1990)、曹广顺(1984,1987,1995,1999)、刘勋宁(1985,1988,1990)、杨秀芳(1991)、刘丹青(1995,1996a,1996b)、Sun(1989)、吴福祥(1996,1998)、Wu(1999)等;它们对汉语体貌的许多问题进行了深入的考察,并形成了以动态助词、事态助词、动相补语为骨架的概念系统。曹广顺(1995)描述了近代汉语动态助词和事态助词的系统,是汉语近代汉语时体标记演化最重要的著作,奠定了国内汉语体貌历时研究的概念框架。曹广顺(1999)则进一步概括了不同词汇来源的动态助词演变的共同规律。刘丹青(1996b)根据苏州方言的材料,提出了"完成持续体"的概念,用来表示动作的完成与所留状态的持续,这与类型学中的结果体特别是狭义的结果体非常接近。Wu(1999)是第一部描述方言体貌系统演化的专著,对湘方言的许多体貌标记的来源、用法进行了详细的讨论。

近期的研究包括2000年以来发表的论文和专著,主要有杨永龙(2001)、魏培泉(2002,2015)、吴福祥(2005,2009)、李宗江(2004)、石毓智(2004)、Wu(2004)、伍和忠(2005)、蒋绍愚(2001,2007)、林新年(2004,2006)、梁银峰(2007)、彭睿(2009)、王健(2010)、林华勇和郭必之(2010)、陈前瑞(2008a,2008b)等;这些研究或从宏观上概括汉语动态助词形成的一般规律,或利用早期佛教文献探讨汉语体标记语法化的外部因素和内部因素,或对专书的体标记进行穷尽性分析。此阶段语法化与主观化等功能主义理论开始得到应用,也有了初步的体貌语法化的类型比较。比如,杨永龙(2001)对《朱子语类》中的"了""过"等进行了非常细致的刻画。吴福祥(2005)从语法化和语言类型学的角度解释汉语体标记"了、着"在形态和使用上的某些特征,系统地运用语法化的思想分析汉语体貌的共时系统,匡正了汉语共时研究的一些错误认识。伍和忠(2005)以专书的形式对汉语经历和尝试的表达历史进行了研究,并有意识地比较了汉语方言和中国少数民族语言中相关范畴的表达方式;仅就经历体的研究而言,其中就有不少富有新意的观点,但理论概括和类型比较还有待进一步加强。陈前瑞(2008a)重点从共时的角度构建汉语四层级的体貌系统,由于较多地借鉴了类型学体貌研究的概念系统,也部分涉及汉语体貌标记的历时发展,并借鉴语法化、主观化的思想解释汉语体貌的共时现象。该书还就若干个案进行了历时的语法化研究,为本书的系统研究奠定了一定的基础。陈前瑞、张华(2007),陈前瑞、王继红(2009、2010)分别对早期的"了"、近代的"来"、方言的"有"字句的完成体或经历体进行了探索性的研究(均见本书的附录)。吴福祥(2009)进一步运用语义地图的方法,从语言接触的角度分析包含体貌用法在内的多功能语法语素"得"的语法化路径和语言接触的源头,扩展了体貌标记语法化研究的理论视角。林华勇、郭必之(2010)讨论了廉江方言中"来、去"从体貌助词到语气助词的演变,基于跨方言的材料归纳了一个由常见到不大常见的演变序列:趋向 > 曾然 > 判断 > 加强及确认。

国外体貌类型学研究的代表作有 Dahl(1985,2000)、Nedjalkov(1988)、Bybee et al.(1994)、Hintz(2011)、Payne & Shirtz(2015)、Drinka(2017),这些研究大都有着明显的历时倾向。早期的研究注重从认知与功能的角度解释体貌演变的普遍性,近期的研究注重从话语功能或语言接触的角度对体貌系统的特定演变进行尝试性的解释。比如,Bybee et al.(1994:105)概括了完成体的三类词汇源头和发展路径:1)"是、有"之类的助动词,2)表示"来"义的动词,3)表示"结束"和"方向移动"含义的动词。1)类助动词经由结果体(resultative)发展为完成体,再发展成完整体(perfective)或过去时。2)类动词直接发展成完成体及完整体/过去时。3)类动词经由完结体(completive)发展成完成体、完整体/过去时。这些词汇来源和演变路径与汉语体貌标记语法化的路径有很强的相关性,与本书的选题与结构组织也有关联。需要特别强调的是,国外的类型学及汉语研究者开始自觉地利用汉语历史与方言的材料进行汉语体标记语法化的类型研究,如 Chappell(2001)构拟了汉语方言"经历体"的共时类型和语法化的类型,并将汉语的经历体视为传信范畴的一种。

不过,从类型学和语法化的视角来看,包括完成体与经历体在内的汉语体标记语法化研究在以下三个方面还有待加强:

第一,研究的视野有待进一步开拓。已有研究或集中于汉语史的重要专书,如杨永龙(2001)集中研究《朱子语类》;或集中于汉语史的某个时期,如帅志嵩(2014)研究中古时期宽泛的完成语义的表达;或集中于接近完结体意义的补语性的"完",如李思旭(2015);或集中于完成体语义域中的部分语义,如伍和忠(2005)部分集中于经历义表达。这些研究在各自的领域中做出了重要的贡献。但是，学术的发展需要视野更为开阔的研究，不仅需要汉语不同历史时期的贯通与对比，也需要中外语言的对比分析，从而更好地认识汉语完成体和经历体表达的共性与个性，并为相关领域的研究提供基于汉语研究的理论认识。

第二，研究的系统性还有待进一步加强。以往的研究在对完成体进行宽泛理解的同时，也进行了进一步的切分。比如杨永龙（2001：181）将《朱子语类》中的"了"分为四大类九小类，其中体的意义包括完结、完成、实现，每种体意义又进一步分为两到三类。杨著有两点值得进一步分析：其一，完成体的分析实际上体现为三个不同的层级，体现了汉语史研究精益求精的精神；但这种层次观念还不够彻底，比如典型的完成体的意义就没有进一步的切分。其二，这些体貌意义的概念还属于基于汉语的句法语义分布所概括的描述性范畴，其中闪现出许多思想的火花，体现了个案深入研究的普遍意义，这对于当时的汉语史研究者而言，非常可贵。但是这些范畴的比较意义还有待进一步界定，范畴之间的关系还有待系统化的研究。

第三，现有研究清理了各自领域中的一些疑难问题，但仍然存留不少疑点；在新的理论视角下，还会进一步发现许多新的问题。比如，在印欧语系的古代语言中普遍存在用重叠手段表达的完成体，这些问题已有的类型学研究有所触及但挖掘不深。与之平行的是，汉语部分方言中重叠表示的所谓的完成体或经历体的用法一直游离于类型学的研究之外，没有得到很好的发掘与解释。同样，古今汉语以及汉语南北方言在体标记演化类型上的异同也有待进一步的研究。

3. 框架与要点

本书包括完成体、经历体和总体研究三个部分，按照从完成体到经历体再到总体研究的顺序编排。

绪论部分铺垫本书的研究对象与研究思路，概述研究现状，分析研究的方向。在完成体方面，第一至五章讨论现代汉语通用语和方言的词尾和句尾"了"的问题。在经历体方面，第六至八章分别讨论近代汉语至现代汉语的"过"、上古汉语的"尝、曾"，第九章讨论上古汉语、英语、马来语中从惯常到经历的演变，第十章总结经历体的形式与意义的匹配关系以及语法化路径。在总体部分，第十一至十二章讨论上古汉语"矣"及相关的方法论的问题，涉及完成体与经历体的关系，"矣"和"了、过"的异同，完成体与将来时以及情态用法的关系，也涉及古今虚词多功能模式的理论和方法，第十三章从跨语言的角度讨论动词重叠所表达的各种体貌意义之间的演化关系。

本书还包括附录的三项前期研究：附录一为从句尾"了"到词尾"了"，通过分析早期语料的用例，提出了词尾和句尾"了"多功能模式的初步设想。附录二为句尾"来"体貌用法的演变，描述了"来"从完成体到经历体用法的演变过程。附录三为南方方言"有"字句的多功能性分析，用语义地图的方法试着分析"有"字句的多功能性，并对完成体与经历体标记共现和意义关系进行了初步的分析。由此可见，学术的规划和实施与学术研究的内在逻辑和先后顺序是一个双向的互动过程，最终呈现为本书的上述框架。

本书的基本观点如下：

第一章是基于跨语言比较的宏观思考。WALS 把汉语普通话、韩语、日语都列为没有完成体构式的语言，原因在于 Dahl & Velupillai (2013) 用结果性和经历性两种用法来界定完成体。这与现有的时体类型学研究在结论和方法上均不一致。从跨语言的角度看，完成体主要有 5 种用法，即 1) 结果性用法；2) 经历性用法；3) 持续性用法；4) 新情况用法；5) 先时性用法。这些用法在北京话 5 种完成体形式上的分合形成了编码上的区别,比如"过"只有"吃过饭就走"的先时性用法和最为常见的经历性用法,句尾"了"则具备除经历性用法之外的全部用法。

第二至五章构建并应用词尾和句尾"了"的多功能模式。第二章首先概括了词尾"了"和句尾"了"的四种分析模式,分别以两者的主要功能来指称,即1)时态助词与语气词,2)动态与事态助词,3)词尾和句尾"了",4)完整体和完成体模式;该章分析四种模式各自的得失并进行了比较。第三章系统论述词尾和句尾"了"的多功能模式,认为两个"了"兼有完结体、完成体、完整体以及现在状态功能,句尾"了"还具有最近将来时功能,如"开车了!开车了,大家快上车"。该章构拟了从完结体、完成体到完整体及相关功能演变的路径,并从跨语言的视角论证了多功能模式的有效性和简明性。第四章通过对《水浒传》和王朔两部小说部分语料的统计发现:句尾"了"以完成体为主,词尾"了"以完整体为主;历时方面,句尾"了"的完成体功能更加突显,词尾"了"完整体的独立叙述用法明显增加,体现了句尾"了"和词尾"了"功能的分化趋势。词尾"了"经由完成体的先时性用法发展出完整体用法,不同于已有研究广泛认可的从完成体的报道新情况用法发展为完整体的路径,体现了完整体语法化路径的多样性。第五章基于河北、河南和山东方言的语音材料来分析助词"了"的形式与意义平行弱化的趋势,检视陈前瑞、胡亚(2016)提出的普通话词尾和句尾"了"的多功能模式的适应性。

第六章讨论经历体标记"过"的演变路径,认为"过"的经历体用法实际上是类型学中完成体多种用法之一,它源于表示完全彻底结束的完结体用法。"过"的经历体用法是在完成体的典型用法——结果性用法的基础上发展而来的,该用法表示动作带来的结果状态仍然存在。"过"的经历性用法进一步分为非特定经历和特定经历两种,前者可与非特定时间状语如"以前"共现,后者可与特定时间状语"昨天"等共现,后者是在前者的基础上发展而来的。方言中"过"还有表示重新进行一次的重行体和客观叙述过去事件的完整体的用法，两者分别是从完结体和完成体用法演变而来。

"尝"是上古汉语常用的表示经历体意义的副词。第七章在现有研究的基础上进一步分析"尝"的试着义与经历义的语义联系，重点分析经历体的典型特征与试着义的关系，探讨"尝"的经历义演化过程中的关键环节。"尝"从动词"品尝"到经历体意义的中间环节为试着义。试着义经过泛化，单纯表现事件内在的时间结构时，才能产生具有高度概括性的经历体意义。从跨语言的角度看，从感官动词经由尝试发展为经历体是具有一定普遍性的路径。

古代汉语副词"曾"具有两种不同的读音，分别具有反预期和经历体的用法。对其源流关系训诂学和语法化研究提出了不同的看法。第八章穷尽性分析上古汉语语料，发现语气副词的非典型用法和时间副词早期的典型用法具有一定的相似性，且存在若干兼有双重理解的例证，尝试证明时间副词是基于用例的相似性从语气副词演化而来的。在跨语言材料中反预期和经历存在双向演变路径，且其间可能存在不同的演变环节。这说明反预期与经历有密切的语义联系，不同词汇来源的语法语素可能具有不同的演变路径和演变阶段。

英语的 *used to*、马来语的 *biasa* 和古汉语的"常"均存在从惯常到经历的演变，都是以环境的相似性为基础，但总体呈现出因语言而异的多样性。第九章从基于使用的理论视角出发，考察具体语言的语法语素在具体环境中的使用特点，发现 3 种语言从惯常到经历的演变中类推和重新分析的作用不尽相同。不同语言已有的语法语素的聚合系统也会对演变过程形成制约。演变的结果是，在英语和马来语中惯常义与经历义并存但以惯常义为主，古汉语中"常"的经历义则被"尝"所覆盖。

经历体包含特定经历和非特定经历两种用法，第十章把经历体形式与这两种用法的对应关系概括为直对型、偏侧型、倾向型、涵盖型四种。

某种语言中多个经历体形式与这两种用法可以构成更为复杂的匹配关系。经历体可以源自完结体、结果体、限量体、惯常体4种体貌意义以及趋向意义，还可以进一步细分为10种较为具体的词汇意义。

第十一章依据时体类型学的概念系统，穷尽性分析《左传》中"矣"的多功能性的多样性与一致性。"矣"最常用的功能是完成体，其次是从完成体发展而来的现在状态和将来时，并从将来时发展出祈使功能。"矣"的完成体可能源自结果体，后者还可能发展出进行体。该章还统计了完成体、现在状态、将来时三个功能下位的用法，丰富了时体意义的分析层次。量化分析的结果不仅为"矣"的义项分合与取舍提供了语言使用的数据，而且为全面认识上古汉语的时体系统以及演变奠定了基础。

第十二章首先从中外学术史的角度简要梳理虚词研究方法自清代以降的嬗变，然后总结汉语时体及情态的历时研究中运用多功能模式的体会，概括若干具有方法论意义的认识。分析发现，传统的训诂学和现代的语义演变研究都非常重视语境在小句和语法成分意义解读中的重要性。但是，古汉语虚词的多功能模式研究从比较概念的角度对可能的随文释义的解读进行了多方面的限制。比较而言，传统训诂的随文释义随的是古汉语这一种书面语，释的是汉语内部具有区别性的意义，也归纳了一系列具有一定有效性的方法。多功能模式随的是不同语言中具有类型意义的文本语境，如动词的类型、构式的类型、句子的类型、用法的类型，这些类型属于语义、句法和语用等不同层面。释的是具有普遍性的语法意义，是比较概念的意义及汉语中可能的特殊意义，尤其看重具有演化关系的意义。

第十三章从类型学和语法化的角度研究动词重叠形式所表示的时体用法之间可能的语法化路径。针对以往研究中很少提及的动词重叠所表达的将来时用法、完成体用法、短时体用法和完结体的话语隐涵，提出了四条演化路径。这些用法的产生基本上可以用 Bybee et al.(1994)提出的语义演化机制来解释。

结论部分概括全书内容,进一步总结汉语体标记语法化的一致性与多样性,探讨进一步研究的方向。

第一章 完成体与经历体的类型学思考*

1. 引言

《世界语言结构图册》(*The World Atlas of Language Structures*,后文简称 WALS, Haspelmath et al., 2005; Dryer & Haspelmath, 2013)是第一部以可视化方式展现各种重要语言结构在全球分布情况的地图集,是语言类型学在 21 世纪取得的最重要的集成性成果,也是不可多得的参考书和资源库(参见李金满,2009)。其中的第 68 章即 Dahl & Velupillai(2013),专门讨论完成体(perfect),如英语中的 have + V-en(动词的过去分词),展示不同来源的完成体在世界上的分布。在其标示的 222 种语言中,有 114 种语言(约 51%)列为没有完成体构式或形式的语言①,其中包括汉语普通话、韩语、日语三种东亚语言。在时体与情态的类型学研究中,Bybee et al.(1994)是鲜有争议的经典之作,该文献本身就是 Dahl & Velupillai(2013)的数据来源之一。虽然没有把汉语普通话列入其 76 种样本语言,Bybee et al.(1994:85)基于已有研究认为汉语的句尾"了"具有现时相关性,并具有其他类似于完成体的功能;而词尾"了"的现时相关性不明显,可用于叙述事件的时间进程,具有完整体(perfective)的特征,从而成为从完成体演化为完整体的证据。

---

* 本章原载《外语教学与研究》2016 年第 6 期。
① 原文采用"构式"来代替完成体意义的各种表现形式,现改用更加通用的"形式",但所指相同。

Bybee(1997:32)进一步认为分析性语言更有可能拥有完成体之类的语法手段。可见,在汉语是否具有完成体形式这一具体问题上,类型学的重要文献呈现出明显的分歧。该分歧的根本原因在于是否应把汉语的"过"等所表示的经历体或经历性用法作为完成体的归类标准。把日语和韩语视为没有完成体形式的语言也存在同样的问题。日语和韩语的研究者已经对类似"过"的相应形式进行了更为细致的研究,成为完成体或经历体研究中的重要文献(如 Inoue,1975;Kim,1998)。

本章旨在化解这种分歧。首先,基于更为广泛的类型学研究来分析 Dahl & Velupillai(2013)中完成体操作定义的利弊,分析英语完成体下位用法研究的困惑,从跨语言的角度归纳完成体的用法类型。其次,运用语义地图的方法,依据汉语多样化的完成体形式分析汉语完成体下位用法的分合以及衍生关系。

2. 完成体与经历体的意义关联

2.1 完成体的界定及界定方法的比较

Dahl(1985:70)根据对样本语言的比较和计算,认为瑞典语和英语的完成体形式所构成的特定语言的语法范畴与作者提出的完成体普遍的原型范畴最为接近。从已有研究来看,英语完成体形式的研究最为充分,也广为人知。因此,Dahl & Velupillai(2013)也指出:完成体作为一个范畴,与英语现在完成体形式所表达的语义几乎相同,如 I have read this book,用来表示事件发生在参照时间点之前,并对时间参照点具有某种影响。该定义继承了已有文献的共识,作者在此基础上又提出了操作性定义。完成体至少包括以下两种用法:1)结果性用法,即过去发生的事件的结果在说话时间(或其他参照点)仍然存在,如例(1)。2)经历性用法,即某种类型的事件在过去一段时间——通常是延展到说话时间内发生过一次或多次,如例(2)。某个形式只有同时具备这两种用法才可界定为完成体。Velupillai(2012:207)进一步明确指出,只有结果性用法或只有经历性用法的语言均不计入具有完成体构式的语言。

(1) Someone <u>has stolen</u> my purse! '有人偷走我的钱包了!'
(2) I <u>have seen</u> worse things in my life. '我这一辈子见过更糟糕的事情。'

如例(1)(2)所示,英语中 have + V-en 的结果性用法在汉语普通话中可用句尾"了"来表达,而经历性用法则用词尾"过"来表达,并习惯性地单独称为经历体。因此,根据上述操作性定义,汉语普通话和韩语、日语因为在完成体的语义范围内具有更为丰富的表现手段,都被 Dahl & Velupillai(2013)视为东亚地区没有完成体构式的语言,从而凸显了完成体依据特定用法归类的不合理性。

其实,即使根据 Dahl & Velupillai(2013)界定完成体的操作标准,汉语普通话的标准方言——北京话依然有一个完成体形式,这就是主要通行于北京话及部分北方话口语的"来/来着"。《现代汉语词典》(第6版)把"来着"解释为"表示曾经发生过什么事情"。例如:

(3) a. "你怎么喘得这么厉害?有人追你<u>来着</u>?"(刘流《烈火金钢》)
   b. 他(以前)有房子<u>来着</u>,后来输了。

根据 Dahl & Velupillai(2013),例(3a)是典型的结果性用法,如果"有人追你"这一事件已经发生,其产生的结果状态就是"喘得这么厉害"。

例(3b)即使没有"以前"及"后来输了",也能理解为"现在没有房子"。①这种用法与"过"极为相近,通常表示某一状态并未持续到现在。

再来看 Dahl & Velupillai(2013)认为汉语没有完成体形式的具体考量。他们依据 Dahl(1985:180),把汉语的小品词"了"归入完整体,并指出"了"有两个位置,词尾"了"的确是完整体,而句尾"了"用起来像完成体。但在例(4)中无法区分这两种用法。

(4) 国王死了。'The king died/has died.'

从完成体演化为完整体的一般路径来看,句尾的动词后的"了"无法区分完成体或完整体用法是语法化过程中的一种正常现象。且词尾"了"和句尾"了"都具有多功能性,兼具完成体和完整体的用法(参见陈前瑞、胡亚,2015,2016)。但根据 Dahl & Velupillai(2013)的理论和操作定义,句尾"了"缺乏完成体定义中的经历性用法,所以他们认为汉语没有完成体形式。

不过,Bybee et al.(1994:61,62)指出,英语完成体的典型用法是诸如例(5)(6)之类的用法,比 Dahl & Velupillai(2013)的结果性用法中对结果存在的要求更为宽泛,只表示过去发生的动作与当前情景相关;而包括经历性用法在内的其他用法在参考文献中均不常提及。基于典型用法,Bybee et al.(1994:64,79)在其 76 种语言样本中发现具有完成体用法的语言共 54 种,② 占总数的 71%。

---

① 笔者是南方人,对这一理解并不敏感。在北京大学中文系一次关于"来着"的博士学位论文答辩会上,身为北京人的张伯江、方梅教授认为这一理解非常自然,确有这种与现在形成反差的意思。张伯江教授还进一步确认了"来着"报道新情况的用法。

② 根据其中两处表格中的语言数累计计算,并剔除重复出现的语言。

(5) Carol has taken statistics.(So she can help us.)
'卡罗尔学了(过)统计学。(所以她可以帮助我们。)'
(6) I've just eaten dinner.(So I don't want any more food.)
'我刚刚吃了饭。(所以我不想再吃任何食物。)'

进一步分析例(5)还可发现更多的问题。"学了统计学"所产生的结果状态是一种心理状态,即"具备了一定的统计学知识",但对统计学知识的掌握和应用程度并没有明确的要求,因此对应的汉语既可以是"学了统计学",也可以是"学过统计学",从而模糊了结果性用法与经历性用法之间的界限。

比较而言,Dahl & Velupillai(2013)是采用特定用法归类的方式来界定一种语言是否具有完成体范畴,而 Bybee et al.(1994)是采用典型用法与基本定义相对应的方式来确定一种语言是否具有完成体语法语素。Li et al.(1982:41)早就指出,对完成体这样的功能范畴的普遍性应采取一种"丛"(cluster)的观点,即从跨语言的角度来看没有哪个单一的语义参数是普遍共享的,而应主要看某些具有典型性的"核心"意义的表达方式。这样,把句尾"了"当作"完成体"的体现成分就有了充足的理由。根据笔者理解,这里的核心意义就包括宽泛的现时相关性,而非某一种具体的意义关联。已有的完成体的跨语言比较研究的深度还非常有限,参考语法的描述又不够详细,这两方面的因素都不支持采用特定用法归类的方式进行大范围的跨语言比较,使得 WALS 不足以更好地反映世界语言完成体的基本面貌。这促使学界加强了对完成体不同用法的跨语言比较研究,特别是基于类型学框架的个案研究和对比研究。

2.2　英语现在完成体常见的三种用法的讨论

类型学研究通常把英语的现在完成体形式所表达的意义作为完成

体的原型。有关英语现在完成体的早期研究可参见 McCoard(1978)的全面评述，近期的研究可参见 Nishiyama & Koenig(2010)和 Yao(2013)。近期文献深入讨论的现在完成体用法除了上面提及的结果性用法和经历性用法之外，还有持续性完成体(continuative perfect)，本章简称持续性用法，表示事件或状态持续到说话时间，典型地出现在带起点或持续时段的时间词语的句子中，如例(7)，表示在说话时间说话人还处于"等"的状态中。

(7) I've been waiting for him for an hour.
'我等了他一个小时了。'

完成体这三种用法之间的区分是语义上的还是语用上的，它们之间存在怎样的分合关系，学术界有过多种不同的观点。Nishiyama & Koenig(2010:614)把这些观点总结为表 1，原文将经历性用法称为存在性完成体(existential perfect)，本章改为更通用的经历性用法。

表 1 英语完成体用法的不同分类

分类	衍推的结果状态	隐含的结果状态	无结果状态	导致的状态持续
A	结果性用法	经历性用法		持续性用法
B	结果性用法		经历性用法	持续性用法
C	非持续性或经历性用法			持续性用法
D	完成体			

依据 Nishiyama & Koenig(2010)的分析框架，衍推的结果状态相当于 Dahl & Velupillai(2013)对结果性用法的界定，即"有人偷走我的钱包了"意味着"我的钱包不见了"。隐含的结果状态指："他感冒了"不可以衍推但可以意味着"注射流感疫苗已经太晚了"。无结果状态指：

"他在伦敦住过"并不意味着"他现在住在伦敦"。导致的状态持续指："我自1960年就认识马克了"意味着"我现在认识马克"。

A种分类系统以McCawley(1971)为代表,对经历性用法采取宽泛的理解。B种分类以Michaelis(1998)为代表,对结果性用法采取宽泛的理解,不限于衍推的结果状态,也包括隐含的结果状态,这种略为宽泛的结果性用法也为本章及汉语研究所采用。因为汉语典型的完成体不是从表示过去动作带来的状态存在的结果体(resultative aspect)发展而来而是从完结体(completive aspect)发展而来,所以有很多宽泛的因果联系只能归入隐含的结果状态,而无法归入衍推的结果状态。C种分类以McCawley(1981)为代表,合并处理持续性用法以外的两种用法。D种分类以Moens & Steedman(1988)为代表,采取单义的假设,将三种用法合并为一。Nishiyama & Koenig(2010)继承D种分类方法,将英语完成体形式的多种用法一并视为语用意义而非语义意义。因为有些用例可以有不同的理解,有些用法在一定的语境下也可以取消。他们把英语现在完成体的语义整体上界定为过去事件及由此带来的现在状态,至于现在状态具体的含义则是由说话人和听话人在具体语境中建构的语用意义。从本章的角度来看,如果这些用法都属于语用意义的话,那么就没有什么必然的理由选择其中某两个作为完成体的操作性标准,就像Dahl & Velupillai(2013)那样。

Yao(2013)根据关联理论进一步指出,现在完成体的这种语用意义也包含两个层次,一种是直显的(explicature),一种是隐寓的(implicature)[①]。前者指上述三种完成体的典型用法可以根据其语义意义推导出来的现在状态意义加以区别,后者指其他非典型用例的现在状态意义无法直接从语义意义推导出来,需要听话人根据语境和话题做出最

---

① 两种语用意义的译名参照蒋严翻译的《关联:交际与认知》(斯珀波、威尔逊,1995)。

大相关性的理解。所以严格地说,语义意义和语用意义是一个连续统,在不同的研究范式中,区分语用意义和语义意义并非易事。在英语中完成体只有 have+V-en 这一种形式,所以不同的研究者会出现见仁见智的情况。反过来,如果不拘泥于完成体用法的语义地位,就能观察到更多具有区别不同语法语素作用的语用性质的用法,进而考察它们在跨语言比较中的作用。

2.3 完成体的另外两种用法

本节在上面结果性、经历性、持续性三种用法的基础上进一步讨论完成体的另外两种用法。完成体的第四种用法是报道新情况(hot news)的用法,简称为新情况用法。新情况用法表示事件对听话人而言是全新的信息,在英语中对该用法的讨论首见 McCawley(1971),但 McCawley(1981)又因为语义区分不彻底把它与经历性用法归为一类。Comrie(1976)把该用法称为近过去用法(perfect of recent past),并作为跨语言范畴的完成体四种用法的一类。如例(8),在新情况用法上该例只能翻译成"尼克松辞职了",不能翻译为"尼克松辞了职",显示该用法在汉语中具有形式表达上的差别。新情况称谓侧重于信息地位,而近过去称谓侧重于时间参照关系;该用法的典型用例则兼具新信息和近过去两方面的特征,以独立小句的形式出现。Schwenter(1994)认为该用法是西班牙语完成体向完整体演化过程中的桥梁。北京话"来着"的新情况用法如例(9)(详见陈前瑞,2005b)。

(8) Nixon <u>has resigned</u>! '尼克松辞职<u>了</u>!'
(9) 第二天,有人告诉他:夜里又过兵<u>来着</u>!(老舍《四世同堂》)

Anderson(1982)最早用语义地图的方法比较不同语言的完成体,

其中涉及完成体的第五种用法——先时性用法(anterior perfective,直译为完整性完成体),如例(10),但缺乏更明确的解释。先时性用法在 Anderson(1982)之外的文献中很少提及。根据 Anderson 文中引用的文献 McCoard(1978:201),该术语和现象实际上是 Smith(1975)在讨论英语状语从句的"时"的时候涉及的 anteriority,有必要稍加讨论。该文指出有时完成体形式表示一个事件与另一个事件的时间序列,如例(10)(11);而例(12)则表示一种比较遥远的状态。

(10) Mary will <u>have left</u> by then.
　　'玛丽到那时就已经离开了。'
(11) Alice will <u>have shrunk</u> before she reached the key.
　　'爱丽丝在够到钥匙之前就会缩小了。'
(12) John <u>had known</u> Cynthia when he lived in Scotland.
　　'约翰住在苏格兰时就认识辛西娅了。'

与完成体的典型用法相比,该用法单纯表示相对于某一参照时间事件已经发生,没有明显的现时相关性,典型地出现在带有从属句的主句中,一般以过去完成体或将来完成体的形式出现。Smith(1975)使用的术语是 anteriority,本书简称先时性用法。Anderson(1982)认为该用法构成了完成体与完整体在语义地图上的关联。

基于 Li et al.(1982)的例证,Anderson(1982:235)把例(13)的句尾"了"归为"完整性完成体"用法,其理由是其中的词尾"了"相当于所谓的完整体;但作者又认为汉语普通话的完成体"了"与英语和土耳其语的完成体相比,不强调先时性,只强调现时相关性。其实,例(13)仍然表示现时相关性,表示到目前为止已经背出很多了,据此可以引出不同的后续看法,如"现在可以休息了"。例(10)(11)中英语先时性用法例句对应的汉译句即使带有句尾"了"也表示现时相关性,如"玛丽到那时就已经离开了"可表示"现在已经太晚了"。这些在汉语中都不是典型的先时性用法。因此,本章依照 Smith(1975)的例证和说明来界定该用法,以例(14a)"吃了就走"为汉语先时性的原型例句,其中句尾"了"只表示"吃"与"走"的时间序列,并没有明显的因果关系。例(14a)"吃了就走"也可以说成例(14b)"吃过饭就走",这里的"过"既不是经历性用法,也不是表示完全彻底义的"完结体"(completive),如例(15),有必要与前文提及的汉语普通话"过"的经历性用法区分开来。

(13)唐诗三百首我已经背出了一半了。
(14)a. 吃了就走。 b. 吃过饭就走。
(15)苏珊给植物浇过水了。

综上所述,通过文献的整理,本章归纳了完成体的 5 种用法:1)结果性用法;2)持续性用法;3)经历性用法;4)新情况用法;5)先时性用法。

3. 汉语若干完成体形式的语义地图

汉语普通话和北京话具有多个完成体形式,除了前文涉及的句尾"了"、词尾"过"、句尾"来着"之外,还有词尾"了"。根据这些用法的分合可以进一步建立完成体下位用法之间的共时和历时联系,以便更好地描绘完成体的语义地图(关于语义地图的概念和操作方法参见吴福祥,2009)。根据陈前瑞、胡亚(2016),词尾"了"和句尾"了"均具有完成体的多种用法,词尾"了"仅具有结果性用法和先时性用法,分别如例(16)(17),因而很容易在这两种用法之间建立直接的联系;而句尾"了"具有结果性、持续性、先时性和新情况用法,这四种用法可依次参照例(1)(7)(14)(8)。

(16) 孩子写了作业,多玩一会儿没事。
(17) 明天我们吃了饭就走,啥也不说。

另外,汉语普通话还有一种特殊的构式"双"了句,该句式只有结果性用法和持续性用法,分别如例(18)(19)。在近代汉语中该构式一度具有新情况用法,但后来消失了(陈前瑞,2006)。双"了"句新情况用法的发展与消失,正好可以帮助构建从结果性用法经持续性用法发展出新情况用法的演变路径。因为根据语义地图的操作方法,如果一个语法语素只有两个功能,在没有其他因素干扰的情况下,这两个功能之间就具有直接的概念联系。

(18) 孩子写了作业了,多玩一会儿没事。
(19) 这本书我看了三天了,还没有看完。

陈前瑞、胡亚(2016)参照胡亚(2015)对湘潭方言7个完成体形式的研究,构拟了词尾"了"和句尾"了"的语义地图。本章在此基础上增加了双"了"句语义地图(图1),并将此前提及的"过"与"来着"的语义地图描绘为图2。图中的框线表示某种形式具有框线内的用法。

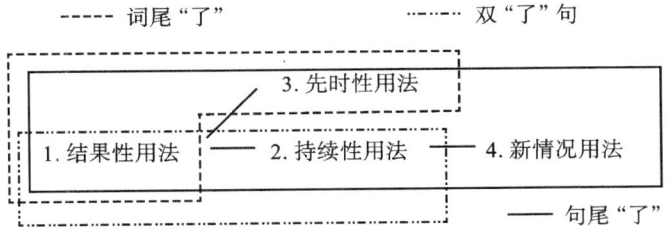

图1 词尾"了"、句尾"了"和双"了"句的语义地图

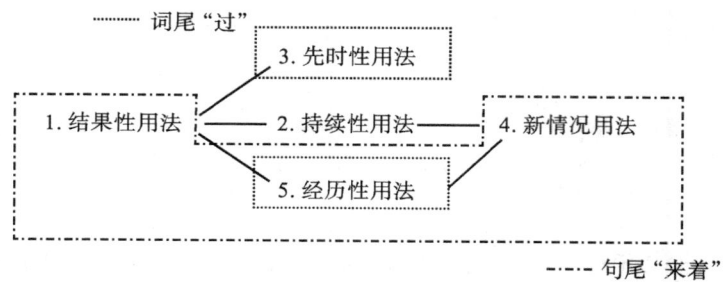

图 2　词尾"过"与句尾"来着"的语义地图

需要对图 2 做一些说明。在北京话口语中，"过"只有明显的经历性用法和先时性用法，后者如"吃过饭就走"，其中的"过"并没有完全彻底的意思，与词尾"了"接近。"过"并没有典型的结果性用法，而图 2 中在结果性用法与经历性用法、先时性用法之间都用直线联系，表明它们在共时的概念空间中有直接的关系，在历时中有演变关系。这是基于陈前瑞、张曼(2015)(另见本书第六章)对"过"的历时考察的结果，并具有一定的跨语言的普遍性，如例(20)中的"过"既不能理解为完结义，也不能理解为经历义，只能理解为强调因果关系，是前一事件带来的状态对后续事件具有相关性的结果性用法。彭睿(2009)将此类用法概括为事理因由句，认为该用法是经历性用法产生的条件。只是此类用法在现代汉语中被具有相近功能的"了"和"来着"覆盖了，因而在共时的典型用法上体现出功能分布的非连续性。

(20) 然圣人教人，须要读这书时，盖为自家虽有这道理，须是经历过，方得。(《朱子语类·学·读书法》)

根据陈前瑞(2005b)对"来着"的演变研究，"来着"的新情况用法见于现代语料和当代语料，属于产生最晚的用法。根据 Schwenter

(1994)对西班牙语完成体语法化过程的研究,新情况用法是完成体向完整体发展的一个过渡阶段。但是新情况用法到底是从哪一个用法发展而来,这一点并不明确。胡亚(2015)根据湘潭方言中"咖……哒"只有持续性用法和新情况用法建构了两者之间的直接联系,进一步帮助我们建立了北京话句尾"了"这两种用法的联系。但对于"来着"而言,并没有明显的持续性用法,反而因为具有经历性用法而具有一定的非持续性。汉语的经历性用法早期用于过去非特定的事件,后来经过发展还可用于近期的特定事件(参见 Kim,1998;陈前瑞、张曼,2015)。陈前瑞、王继红(2009)在研究近代汉语"来"的演变时,发现"来"在《西游记》中大量用于询问最近过去的事件,接近于"来着"的新情况用法。如例(21),可理解为经历性用法,即"寺里和尚打过你";也可以理解为疑问句中非典型的新情况用法,即"寺里和尚刚刚打你了?"。因此,本章综合正反两方面的证据在"来着"的经历性用法与新情况用法之间暂时建立直接联系,但还有待更多跨语言材料的检验。

(21) 那行者见师父面上含怒,向前问:"师父,寺里和尚打你来?"唐僧道:"不曾打。"(《西游记》36 回)

上文的研究表明,对于完成体下位分类,在英语研究中见仁见智,但在汉语中这些用法的不同组合构成了汉语多个完成体形式用法内部区分的重要线索。结合历时材料,进一步建构了这 5 种用法之间的语义关联。反过来,这些用法的联系也可进一步帮助观察英语等其他语言中完成体用法的共时分化和历时演变(相关研究可参见 Yao & Collins,2012;Yao,2014)。

从意义的层级来说,所有的完成体都可以归为一个抽象的语义域,完成体的 5 种用法分别构成语用上或直显或隐寓的语用意义;不同用法的切分和组合如果形成了具有形式和意义差别的语法语素，体现了编码上的差异，就属于语义意义。但是，详细说明这些语法语素意义的区别仍然要借助完成体5种用法的分辨。因此，在语义地图的研究中不严格区分意义、用法或功能。只要不同的语言或同一种语言的不同语法语素在某一种用法上体现出差别，为了精确描述这种差别，就有必要对其进行区分，这样就可以更好地分析共时和历时的多样性与一致性（参见吴福祥，2009）。

4. 结语

本章基于现有的关于完成体的类型学研究，认为汉语普通话有多个形式分别表达完成体的不同用法。Dahl & Velupillai(2013)因为汉语普通话没有兼有结果性和经历性两种用法的完成体形式而将其视为没有完成体范畴的语言，这是不够妥当的。本章参照对英语现在完成体形式下位用法的语用性质的讨论，概括了作为跨语言范畴的完成体的5种语用性质的用法：1)结果性用法；2)经历性用法；3)持续性用法；4)新情况用法；5)先时性用法。基于已有的句尾"了"、词尾"了"完成体用法的语义地图，进而描绘了汉语通用语中双"了"句、词尾"过"、句尾"来着"的语义地图。这些语义地图细化了Bybee et al.(1994:105)中完整体或过去时的语法化路径，因为该路径中完成体只是一个概括的节点，也比Anderson(1982)中完成体的语义空间更为简洁，因为其中涉及12种相关的用法。本章加深了对完成体和经历体的性质、形义对应关系的认识，进一步凸显了WALS中完成体归类标准的不合理性。

本章对完成体与经历体的认识在已有的类型学研究的基础上向前推进了一小步，事实上成为本书后续研究的理论框架。再往前走，除了汉语的材料之外，不可避免地需要更多亚洲和非洲语言材料的支撑。

第二章　词尾和句尾"了"的分析模式 *

1. 引言

　　现代汉语中有两个"了",一是位于动词后,称为词尾"了"或"了₁",如"他吃了饭就走";二是位于句末,称为句尾"了"或"了₂",如"他吃饭了"。粗略地说,"了₁"和词尾"了"及"了₂"和句尾"了"分别是同一个,但细看起来不完全对应,后文会有详细的分析。学界对两者的来源、产生过程以及使用情况等多有研究,尤其是就两个"了"分合关系形成了多种不同的分析模式。一方面,有人主张将两个"了"合二为一,视为同一个标记的两种表现形式,即同一个东西在不同句法位置上的语法变体(如 Shi,1990;石毓智,1992);另一方面,更多人根据其形式特征和语法意义等,主张分为两个不同的"了"(如朱德熙,1982;刘勋宁,1990;卢英顺,1991;金立鑫,1998;等等)。

　　主张把"了"区分开来的学者在如何区分及定位的问题上又各有不同。大致来说,有四种处理模式。第一种是从传统语法的角度区别体助词和语气词的对立,一般把"了₁"叫作时态助词或动态助词,把"了₂"叫作语气助词,可简称时态助词与语气词模式。这种观点在 20 世纪 50 年代就进入了中学课本,影响很大。第二种是从汉语历时句法角度根据位置及意义将两个"了"分为动态助词和事态助词,这种观点以曹广

---

　　* 本章与胡亚合作完成,原载《汉语史学报》第 15 辑,上海教育出版社,2015 年。

顺（1995）为代表，被近代汉语学界广为接受，可简称为动态与事态助词模式。第三种只根据位置把两个"了"称为词尾和句尾"了"，然后分别概括其语法意义，论证其历史渊源，可简称词尾与句尾"了"模式。这种观点以刘勋宁（1990，2010）为代表，刘先生在这一领域发表了十多篇论文，使得该模式旗帜鲜明。第四种是把两个"了"分别概括为完整体（perfective）和完成体（perfect）或类似的名称（有的研究对应为完成体和已然体），并从跨语言或跨方言的角度分析"了"的体貌意义，可概括为完整体与完成体模式。这种观点以张双庆主编（1996）为代表，在汉语方言学界影响很大。以现有的研究状态来看，无论以哪个模式来分析，两个"了"的关系都是一个难题，正如潜心研究"了"的刘勋宁先生所说，用一句话来概括关于两个"了"的研究成果，大概就是"剪不断，理还乱"（刘勋宁，1990）。不过，虽然"乱"，但还是得"理"。我们在以往研究中重点进行"了"的个别用法的微观研究（如陈前瑞，2005a；陈前瑞、张华，2007；陈前瑞、王继红，2012）以及宏观的体貌系统层级的研究（陈前瑞，2003，2008a），现在深切感受到有必要从中观的角度梳理两个"了"的分析模式。

本章的思路如下：先详细分析两个"了"已有的四种分析模式的得失，然后对四种模式进行比较和讨论，最后得出下一步要采用的多功能模式。本章集中讨论"了"的时体意义，不涉及"了"在一些方言中所表示的可能意义。

2. 两个"了"的四种分析模式

2.1 时态助词与语气词模式

20世纪50年代出版的初中《汉语》课本就认为动词和形容词后面

的"了"表示动作、变化已经完成,称为时态助词;陈述句句尾的"了"表示事情变化的情况,称为语气助词。讲语法的人为了方便,习惯上把前者叫作"了₁",后者叫作"了₂"。(参见王直,1957)一般认为这种学说最典型的代表就是吕叔湘主编(1980)和朱德熙(1982),但实际上吕叔湘主编(1980)并没有给两个"了"定性,而朱德熙(1982)则侧重分析其各自的形态地位。

朱德熙(1982:§16.1)把语气词分为三组:一组表示时态,包括"了""呢₁""来着";第二组表示疑问或祈使,包括"呢₂""吗"等;第三组表示说话人的态度和感情,如"啊""呢₃"等。这三类语气词的语义分别属于现在所说的时体、语气和情态范畴。在讨论第一组语气词时,朱德熙(1982:§16.2)明确指出:凡在体词后头出现的"了"只能是语气词,不可能是动词后缀。可见,朱先生比较的是两个"了"的形态地位,而不是否定语气词的时体表达功能。从跨语言视角来看,"了₁"还不是严格的动词后缀,因为它不仅可以加在动词的后面,而且还可以加在动词词组的后面,它对动词的黏附程度还不够。而后缀是一种附着在某个词的末端的语素。因此"了₁"在形态地位上要低于词缀,大致相当于附缀,介于词缀和独立词之间;附缀是一种黏着语素,作用于短语或小句层面,而非仅附着于某个特定词类的词。至于"了₂"附加在小句的末尾,且后附的对象比"了₁"更加宽泛,形态地位的确比附缀还低,更接近于小品词。① 后来的学者(如熊仲儒,2003,2009)在引用朱先生的观点时,往往在断言句末的"来着、了"属于语气词的同时,还明确否定其时体功能。这种看法实际上不符合朱先生的原意(参见宋文辉,2004)。

---

① 小品词是一种"小的"、无屈折变化的词或附着词,通常表达时、体、情态、示证性或话语结构这类概念范畴。关于词缀、附缀、小品词的区分参见 Payne(2006)的术语解释,术语的中文解释参见朱冠明等的译稿。

现代汉语句末的成分能不能表示时体意义？对于功能-类型学派的学者来说，这不是一个太大的问题。因为在上古汉语中没有动词后的类似于后缀的时体标记，只能用句末的"也、矣"来表达，至于这些成分叫不叫时体标记还有争论，但一般不否认这些成分有类似于时体的表示"已然"或"动态"的功能。对于形式学派的学者来说，句末的成分是否表示时体或是否构成时体标记，则显得颇费思量。熊仲儒（2009）根据他所理解的类型学、生成句法学以及认知语言学的镜像原则，断言位于句末的"来着"也绝不是完成体的标记，没有"近过去"的时间意义。石定栩、胡建华（2006）则显得比较犹豫，认为句尾"了"不宜视为严格意义上的体貌或时态标记。邓思颖（2010：116）则认同陈前瑞（2005b）对句末"来着"还表示时间意义的论证，并提出句末助词还有可能兼有焦点的作用。因此，本章的评述主要是功能-类型视角的，不涉及形式句法学和形式语义学的处理方案。

对于这种模式，从语法意义来看，确实能看到词尾"了"和句尾"了"的典型区别。但是，对于不带宾语或补语并位于小句末尾的"动+了"，如"牛奶已经变质了"，该如何处理呢？这一直是研究者比较头疼的问题。吕叔湘主编（1980）提出一般是"了$_2$"或"了$_{1+2}$"、有些是"了$_1$"的方案。对此，学界有多种不同的应对策略：有的干脆处理为一个"了"；① 有的认为在两个"了"之外还有"了$_3$""了$_4$"等，如认为祈使句中的句尾"了"是补语②（马希文，1983；金立鑫，1998；刘勋宁，2010）；齐沪扬（2003）认为这种"了$_{1+2}$"的出现，实际上就是两个"了"意义上难以区别导致的结果，他在王维贤（1991）语音论证的基础上，认为从形式和意义相结合的角度看，"了$_{1+2}$"应该看作"了$_2$"。

---

① 刘月华认为"了"都有"实现"的意义，很难分清，最好处理为一个。参见《中国语文》（1988年第4期）的有关会议的报道。

② 这里的"补语"其实也类似于本章后面提到的"了"的完结体用法。

语言学的分析模式的意义在于发现事实,在发现中检验模式。在该模式下发现的事实已经对这一模式提出了挑战。在具体研究中,也就是在鉴定"了₁"或"了₂"的过程中,学界也发现了"了₁"和"了₂"的纠结之处。这里只列举以下四点:

(一)分句末尾"了"的形式与意义的矛盾

王直(1957:31)指出,应根据复句语义关系来分析前一分句末尾的"了"到底是"了₁"还是"了₂"。在下面几种复句关系中,前面的分句末尾的"了"都是"了₂":

1)并列关系——"桃花红了,杨柳也绿了。"

2)交替关系——"他不是病了,就是事情太忙。"

3)递进关系——"不但人都走了,连行李也送去了。"

4)转折关系——"我在年轻的时候曾经做过许多梦,后来大半忘却了,但自己也并不以为可惜。"

5)因果关系——"老头子的岁数到了,没有儿女帮他的忙,他弄不转这个营业。"

下面几种复句关系中,前面的分句末尾的"了"都是"了₁":

6)累积关系——"吴新登的媳妇听了,忙答应个'是',接了对牌就走。"

7)条件关系——"只有把这些弄清楚了,我们的文艺才能有丰富的内容和正确的方向。"

8)假设关系——"你再病了,就越发难了。"

9)连锁关系——"你什么时候看见了,什么时候告诉我一声。"

其理由是1)至5)类,各个分句所说的都是已经实现的事实,而且这些事实并不是连续发生的,因此前一分句末尾的"了"都是语气助词,表示肯定或决定的语气。6)类的各个分句所说的也都是已经实现的事实,但这些事实是连续发生的,因此前一分句末尾的"了"是时态助词,表示动作完成以后又发生别的动作。7)至9)类的各个分句所说的都是没有实现的虚拟,而且只有在前一分句所表示的前提实现之后,后一分句所表示的结论才能产生,因此前一分句末尾的"了"都是时态助词,它们是假定某一动作或变化已经完成的。

上述各类"了"中核心意义都是"实现",差别只在于动作"实现"与参照关系的区别。至少可以看出,作者把叙述连续的事件看作所谓的"了$_1$"的核心功能,作为假设前提的"实现"则是"了$_1$"的外围的功能,而在参照时间之前已经"实现"的事实则归入语气助词。可见,学术界在同样的形式之下,看到了意义的差别。这种差别跟类型学表示现时相关性的完成体与叙述连续事件的完整体是密切相关的。如果像作者这样把作为假设前提的实现和叙述连续事件的实现都归入"了$_1$",则无法显示这两类现象重要的类型学区别,也无法显示这种叙述连续事件的"了$_1$"与其他形式上明显属于"了$_1$"但功能上有差异的句子的区别。比较:

(1)不但人都走<u>了</u>,连行李也送去了。
(2)不但人走<u>了</u>不少,连行李也都送走了。

例(2)意义上是已经实现的,但形式上带有补语;根据形式标准是"了$_1$",但功能上与例(1)完全一致。既然例(1)根据功能归为"了$_2$",那么就造成了"了"的形式与意义的不一致性。根据意义的决定性作用,例(2)就不应该归入"了$_1$"。因此,"了$_1$"和"了$_2$"的分析模式存在内在的矛盾。

(二)动词后"了$_1$"的形式与意义的分化

自从陈刚(1957)提出北京话的[·lou]和[·le]的区别以后,北京话[·lou]的性质的讨论成了一个热点。马希文(1983)、木村英树

(1983)、陈刚(1985)、毛敬修(1985)都从不同角度讨论了这一问题。一般认为否定"了₁"时前面用"没","了₁"不出现,但陈刚(1985)指出,"没V了₁"都是表示某种结果,最典型的例子是:

(3)在鸿门宴上,项庄到底儿没杀<u>了</u>沛公。

其中的"了"就表示"杀人未遂"的"遂",表示行为达到了预期的目的。这种性质的"了₁"与现代汉语学界普遍讨论的表示完成的"了₁"明显不同,后者最突出的特征就是不一定强调行为动作完全结束或动作达到了目的。林裕文(1959)早就指出,这儿所谓"完成",不是指整个活动的结束,而是指在某个时间内告一段落。"读了两遍"固然是完成,"读了两行"也是完成。

这两种不同性质的"了₁",在以下三个方面明显不同:1)语法意义明显不同,一个强调真正地完成或达到目的,一个只是在某个时间内告一段落,也就是说具有某种临时的时间终止点;2)否定的句法表现不同,一个能与"没"共现,一个不可以与"没"共现;3)北京话的语音形式不同,一个以[·lou]为主,一个以[·le]为主。这样形式与意义存在明显差别的两种"了"如果都要归入"了₁",就会给语法分析的精确性带来重要的影响;如果视之为补语性成分完全排除在时体的研究范围之外,也就会忽略时体标记演变的源头以及演变过程中形式与意义的渐变性。

(三)"了₂"能够表示什么样的语气?

陈贤纯(1979)早已指出把句尾"了"当作语气词会存在一些问题,从意义上讲它表示事态变化,可以叫作"动态"。郭春贵(1986)进一步把句末的"了"分为非语气助词和语气助词两类;非语气的包括三类:

1)表示状态变化,如"他是大学生了";

2)表示状态继续,如"他学了三年汉语了";

3)表示状态完成,如"这本书,我看了三遍了"。

语气的句末"了"也分为三类:

4)表示列举的,如"小王了,小李了,都来了";

5)表示祈使、提醒的,如"下雨了,快收衣服";

6)表示感叹的,如"太好了"。

表列举的4)与"了"在语义上没有关联,与"啦"可能是同音关系,陈贤纯(1979)已经指出这一点;[①]5)表示最近将要发生,与"了"最典型的"已经出现"有显著区别;6)是大家最为认可的语气词用法,后文还将论证连这种用法也不一定是纯粹的语气用法。以上6种不同用法的句末"了"都归入语气用法显然是不合适的;这说明把"了$_2$"都看作语气词不仅不符合描述的精确性,也不能很好地满足对外汉语教学的需要。

(四)判断"了$_1$"和"了$_2$"的其他细节问题

吕叔湘主编(1980)指出,"动+了$_1$"不能独立成句,有后续小句,表示这个动作完成后出现另一动作或出现另一状态;也可以表示后一种情况的假设条件。

(4)我听了很高兴。

(5)功课做完了心里才踏实。

前文讨论的王直(1957),根据意义认为两者应分别归入"了$_1$",而不是"了$_{1+2}$"。

王维贤(1991:182)指出,类似的这些"了"虽然不在句末,也没有"成句"作用,但它们都处在小句的末尾,功能上属于"了$_2$",发音也恰

[①] 随着跨语言比较和个别语言研究的深入,对于句尾"了"表示列举和动态这两种用法之间的关系也会形成新的认识,可参见李蕾(2018)和毕燕娟等(2018)。

好是[·la],这些例子清楚地说明"了₂"在语音、语义和分布同"了₁"的对立。而且可以说明,所谓"成句"作用不能认为是构成一个完整的具有单独表述作用的"句子"的作用,而是表示单独的"小句"的作用。

这些分句之后的"了"有的归入"了₁",有的归入"了₂",这同样说明"了₁"和"了₂"的分析模式在形式和意义上存在模糊地带。需要特别指出的是,无论哪种模式,都会在一定的区域存在一定的模糊空间。从学术的角度看,存在模糊地带本身不是问题,问题是时态助词与语气词的分析模式缺少对模糊地带的细致分析和合理解释。

总之,已有研究发现,从位置的角度看,"了₁"和"了₂"不能与形式一一对应;从意义的角度看,各自都不是匀质的。已有的时态助词与语气词的分析模式只是一种高度的概括,在形式与意义这两个维度中,大致做到了形式与意义的对应;但凡形式与意义不一致的地方,则以意义作为判断标准,因此该模式是一种以意义为主导的分析模式。研究路径为从形式到意义,根据意义确定形式的归属。

2.2 动态与事态助词模式

汉语史的研究一开始也只关注作为类似于形态成分的动词后的"了",比如王力(1980:306)指出,在"任伊铁作心肝,见了也须粉碎"(《维摩诘经·菩萨品》)中,这种"了"字算不算真正的形尾(形态语尾)呢?仔细看来,它还不是形尾,因为当动词后面带有宾语的时候,"了"字放在宾语的后面,而不是紧贴着动词。如果不是完成貌的形尾,那又是什么呢?汉语史学界对这一问题的回答经历了一个逐步系统化的过程。

梅祖麟(1981)从句式的角度来看体貌意义的表达和词尾"了"的来源,认为在南北朝到中唐完成貌句式"动+宾+完成动词"早已形成,且动宾之间的结果补语早就可以表示完成貌。梅文的意义在于在汉语史研究中引入句式的观念,不再把"完成"的体貌意义仅仅局限于词尾的成分。

受梅祖麟(1981)的影响,曹广顺(1987)虽然题为《语气词"了"源流浅说》,但同样分析了句式的体貌意义,在分析"动+却+宾+了"时指出,该句式从两个不同的重点来重复表达完成的语义,既表示动作的完成,又表示事态、状态的变化,而实际上,这两种"完成"在许多情况下是重复或不易区分的。在分析"动+了$_1$+宾+了$_2$"时,认为动作的完成由"了$_1$"承担,整个句子所表达的事态变化的出现由"了$_2$"承担。在曹文看来,"动+了$_1$+宾+了$_2$"标志着"了$_2$"的形成,但即使在这种句式中,仍然是对"完成"的一种双重表示。

直到1995年,曹广顺才明确指出,从历时角度来看,从唐五代开始,近代汉语中逐渐形成了两个助词"了",一个是出现于"动+了(+宾)"格式中的动态助词"了$_1$",一个是用于"动(+宾)+了"和"动+了+宾+了"格式中的事态助词"了$_2$"。动态助词用于表达动作的状态、情貌。事态助词是一种句末助词,侧重于表达事件的状态,给所陈述的事件加上一种情貌的标志。(84页)"了$_2$"在现代汉语中通常被认为是语气助词,但从历史上看,它和"来、去"一样,都是表示事态的助词,不能归入语气助词之类。即使是在现代汉语里,它仍与纯粹的语气助词有明显的不同。(96—97页)两者的根本区别在于前者总是跟在一个谓词性成分(动词或形容词)之后,表示一个动作、变化的状态,后者则加在一个句子(分句)之后,陈述一个事物、事件的状态(110页),从而确立了汉语史研究中动态助词和事态助词分立的格局。

学术界对动态助词和事态助词的认识也有一个逐步深入的过程。杨永龙(2005:226)指出,动态助词与事态助词的相同之处在于都可用于表达句子的时体意义,甚至有时同一形式可以兼表动态与事态,而且时体意义基本相同。

比较而言,汉语史学界对动态助词的研究要更早,也更深入,提出了一些补充意见。吴福祥(1998)对动相补语与结果补语、完成体助词做了详尽的区分。动相补语与结果补语的区别是:动相补语虽然有时兼有"结果"的附加语义,但基本功能是表示动作的完成;动相补语不具有表述功能,语义只能指向动词,如例(6)的"完"。结果补语表具体的结果,语义可以指向主语或宾语,如例(7)的"醉"。

(6)吃完饭就走。
(7)小王喝醉了。

吴福祥(1998)还说到,唐五代时"了"先在"动+了[+宾]"格式里虚化为动相补语(phase complement;赵元任,1980),然后带上宾语就形成了"动+了+宾"格式,在宋代进一步虚化变成完成体助词,所以有"动相补语＞体助词"这一语法化过程。唐五代时期"动+了"格式中的瞬间动词、状态动词、形容词以及动补结构后面的"了"表完成或实现,均属于动相补语。虽然在唐五代的文献中也发现了少量"了"用在动宾之间的例子,但是吴福祥(1998)指出,这些用例没有一个是用在动补和宾语之间的,如宋代的例(8),因而不能确定它们一定是完成体助词的词尾"了",也有可能是动相补语,如(9)(10):

(8)如今都教坏了学生,个个不肯读书。(《朱子语类》卷一)
(9)唱喏走入,拜了起居,再拜走出。(《敦煌变文集》396页)
(10)各请万寿暂起去,见了师兄便入来。(《敦煌变文集》211页)

蒋绍愚(2001)认为有些位于句末的动词后的成分既不便于归为典

型的完成貌助词，也不便于直接归为动相补语，因此动相补语可以分为两种：一类是表示完结，即前面为持续动词的成分，如：

(11) 军官食了，便即渡江。(《敦煌变文集》20页)
(12) 食已，徐问所以来意。(《贤愚经》卷八)

一类是表示完成，即前面为非持续动词的成分。

(13) 圣君才见了，流泪两三行。(《敦煌变文集》772页)
(14) 驼既死已，即剥其皮。(《百喻经》42页)[①]

因此，在近代研究中，动态助词可以分化为表完结的动相补语[如例(9)]、表完成的动相补语[如例(10)]和完成体助词[如例(8)]这三类；事态助词可分为表完结的动相补语和表完成的动相补语两类。近代汉语的研究对现象的分化更加细致，但完成的动相补语与完成体助词在概念上非常容易混淆。

事态助词是由汉语史学者提出来的，但这一概念对于整个汉语语法体系都有意义，有高度概括性，充分揭示了汉语的个性。这种模式根据"了"所在的句法结构从历时角度进行界定，兼顾了"了"的时体意义，放弃了语气词的说法。相对来说，这是一个很大的进步。就郭春贵(1986)概括的三种非语气的句末"了"的用法来看，除表示列举的用法外，事态助词也能对语义做出很好的概括。比如表示感叹的"了"，其谓词都是形容词或静态谓词，表示的是一种状态。由于事态涵盖动态与静态，所以要比语气词能更好地概括句末"了"的各种用法。

---

① 此处例句及出处均引自蒋绍愚(2001)，原文未标注文献的版本信息。

不过，根据已有研究，这种模式也存在一些不足。

第一，这种模式就像给两个位置上的"了"贴上了动态助词和事态助词的标签，在形式与意义之间做到了直接而概括的对应。但这只是一种宽泛的描述，且通过形式来确定意义，而意义的解说又借助于形式所依附的对象，并没有深入解释说明二者之间的关系。从形式的角度看，动态与事态是意义标签，虽然也联系句法位置，但不如纯粹的位置标签更能显豁地反映其形式特征。

第二，事态助词和动态助词理论本身并没有解释两种位置的演化关系，只是提供一种说明的工具。曹广顺（1987）认为动态助词"了"先于事态助词"了"，事态助词"了"到宋代才发展成熟，但实际上，句尾"了"早就出现了，只是在双"了"句以后才得以成熟。石毓智（2000）、Wu（2000）等则都认为事态助词"了"先于动态助词"了"。因此，两种不同的历时顺序都不能对事态助词和动态助词的关系做出深入的解释。

第三，也是最重要的一点，"动态助词、事态助词"这一对概念虽然充分体现了汉语的个性，但却是汉语所特有的术语，不是一个普遍性的模式，不便于进行跨语言比较。由于它们所表示的时体意义基本相同但细节又有所不同，因此，我们仍然需要另外一套术语来描述其时体意义的异同。从类型学的角度来看，给语法语素命名时，最好能在体现各种语言个性的概念之上（如"事态助词"），再引用一套能进行跨语言比较的术语，如"完成体"和"完整体"，从而更加准确地描述不同语言语法范畴在形式和意义上的多样性与一致性。

总之，动态事态助词模式在形式和意义之间建立了整齐的对应，形式与意义的地位相对均衡，特别是事态助词的术语具有较强的概括性。其解释力整体上优于时态助词与语气词模式，其影响也超出了汉语史界，扩展到现代汉语方言学界，如李小凡（2000）就糅合了这两种模式，认为汉语体貌分为动态和事态两个层次，词尾"了"是助词，表示完成体，是一种动态；句尾"了"则表事态，可称为事态语气词，表已然态。在研究路径上，早期是从构式意义到形式，确定落实构式意义的形式，最后概括分析形式与意义的对应关系。

2.3 词尾与句尾"了"模式

由于时态助词与语气助词对立模式无法在形式上清楚地区分两者，所以学术界逐渐引入了词尾"了"与句尾"了"的对立模式（简称词尾与句尾"了"模式）。

刘勋宁（1990）指出，根据《现代汉语八百词》，词尾"了"（即一般所说的"了$_1$"）和句尾"了"（即一般所说的"了$_2$"）有着明确的区分；然而真正联系到实际句子，不但语义分析左支右绌，甚至连判定是哪一个"了"都不那么容易。因此，真正在区别两个"了"时起作用的还是它们的形式特征，即两个"了"出现的位置不同；而两个"了"在位置上的区分也不是绝对的。如果动词带"了"恰好处在句末，即停顿之前是"V 了"的形式的话，我们就不知道，这个"了"该看作词尾"了"还是句尾"了"。但在后来的研究如刘勋宁（2010）中，还是把"V 了"看作句尾"了"，该文还列举了不在句末的句尾"了"，如"你吃了没有？"同时祈使句句尾的"了"因为具有补语的性质而不视为句尾"了"。因此，随着研究的进展，词尾"了"和句尾"了"已经在形式上得到了较为清楚的区分。

刘勋宁（2010）对自己关于"了"的研究进行了总结，认为一共做了三件事：第一件，第一次大规模地论述了词尾"了"的语法意义是"实现"，而且仅仅是"实现"（刘勋宁，1988）。第二件，提出了词尾"了"焦点动词右移的规则（刘勋宁，1999）。第三件，句尾"了"来源于近代汉语句尾的"了也"（刘勋宁，1985）。下面对这三件事的意义略加讨论。

在第一件事后面作者括注"这也许是我的偏执"。刘先生坚持认为词尾"了"不表示真正的"完成"而是"实现"。即使把完成体的"完成"理解为宽泛的、并非真正的、完全彻底的完成也是不合适的。对于学术界开始使用的"完整体",刘先生也表示出谨慎的态度,特别是 Comrie(1976:18)意义上的完整体。刘勋宁(2010)认为,相对于那些指示动作某一方面的"体",可以把动作全过程的光杆动词叫"完整体"。一个光杆动词就是表示一个完整的动作过程。如果是这样理解完整体,刘先生当然坚决不同意把词尾"了"的用法视为完整体。从这个意义上讲,刘先生的偏执是有道理的。实际上这种理解并不完全符合 Comrie(1976)的原意,原意重在从外部观察情状,使得情状具有某种"界限",因而不细分情状内在的阶段。

第二件事,刘先生括注"名称还是黄正德先生建议的",因而可以理解名称中的形式色彩。该规则用于解释"系里开了会""系里开会表扬了老王"及"系里开会表扬老王去了现场"之间的差别,"了"右移,只出现在最后一个位置上。但是,刘先生指出,下面的句子里的"了"不符合焦点动词右移规则和一个句子只有一个焦点的规则:

(15)下<u>了</u>课你来找我。
(16)给<u>了</u>他就对了。
(17)支持<u>了</u>他就等于支持了我。

在我们看来,例(15)表示一个事件在另外一个事件之前发生,与一般的"了"所具有的叙述过去事件的功能相差太远,应当另类处理。例(16)(17)都是出现在主语从句和宾语从句中的"了",区别于独立成句的小句,也应当另类处理。

第三件事关系到历时研究,刘先生括注为"有人还不同意"。笔者就属于其中的"有人"。我们认为"了"在成熟过程中得到了"了也"的帮助，属于形态演变过程中的"双重标记现象"，但不能说"了"直接来源与"了也"。这方面刘承慧（2010）有专门的历时研究来证明双音节的标记"了也"在新的标记形成过程中有承前启后的作用。高晓虹（2010）根据山东方言的材料指出，词尾和句尾的"了"在方言中有的语音一致，属合一型，有的不一致，属二分型。合一型的词尾"了"不大可能来自"了也"的合音；而二分型的词尾"了"有可能来自"了"与语气词的合音。①

刘先生在关于"了"的研究中还做了第四件事情，就是指出句尾"了"和词尾"了"在话语功能方面存在"申述"和"叙述"的区别。

刘勋宁（1990）就指出，带有句尾"了"的句子有一种"申明"的语气。二十年后，刘勋宁（2010：24）进一步概括为句尾"了"表示申述新情况，并对申述句和叙述句做了进一步的阐述：一般叙述句是把事情的前后经过记下来或说出来，只是说话人在说，不一定是新情况。申述句则必须是新情况，而且希望听话人予以注意。当然这里的新情况准确地说是对方不知道或与对方已知不同的情况。

申述与叙述的区分意义重大，在汉语时体研究领域具有革命性意义，这就是类型学中关于完成体与完整体区分的一个重要方面。申述就是联系参照时点，显性地体现跟说话人的关系，这就是完成体的现时相关性。叙述就是不特别考虑事件与参照时间或说话人的关系，独立地叙述事件，常用于叙述事件连续的时间序列。如果从这个意义上理解完整体（Bybee et al., 1994）而不是 Comrie（1976）意义上的完整体，那么刘先生可能就不会偏执地回避完整体这个概念了。

句尾"了"与申述的关系密切，但词尾"了"只有一部分跟叙述联系

---

① 高文还指出，从历史语言学的理论和山东方言的实际材料来看，合一型保留了早期的状态，二分型是为表达强烈语气而新产生的。笔者对此持保留意见，因为二分型也有可能是不同位置上"了"弱化的不同程度导致的。高文本身也指出，"了₁"位置上的读音是自身演化和弱化，"了₂"位置上的读音既有弱化，同时也可能与语气词结合，发生合音。可参见本书第五章的论述。

密切,就像例(15)至(17)三个句子与叙述就没有多大的关系。因此,要准确地切中词尾"了"的要害,还必须对词尾"了"进行细分,从而突出词尾"了"与句尾"了"典型的话语功能区别。因此,笔者也要给刘先生的第四件大事加一个括注"革命尚未成功"。

总之,词尾与句尾"了"模式首先从形式上界定对象,然后概括各自的语法意义,可概括为形式主导型模式。该模式注重从历史和方言材料中梳理两个"了"的联系,并初步概括了两者在话语功能上的差别。这种分析模式突破了国内已有的研究框架,研究视野上比较开阔,具有重要的创新意义。遗憾的是,刘先生对日语文献比较熟悉,善于中日语言比较,但对英文文献的概念框架理解得不够透彻,导致其理论概括不够系统。

2.4 完整体与完成体模式

中国语言学界对语言类型学的初步接触首先源于语言地理类型学所揭示的汉语南北方言的差异,但真正地深入理解其精髓还是来自汉语东南方言的比较研究。作为中国东南方言比较成果,张双庆主编(1996)在汉语体貌研究上具有重要里程碑意义,尽管其意义还没有被充分认识到。跨方言的比较跟跨语言的比较一样,在比较不同语言系统的对应成分时只能首先考虑意义的对应性。只有这样才能在不同语言之间形成具有可比性的框架。该书作者经过讨论把汉语句尾"了"及其在方言的对应成分的体貌意义定性为已然体(即我们的完成体),区别于词尾"了"所表示的完成体(即我们的完整体);但不同的作者对这一定性的理解程度仍然不完全相同,有一些作者做出了更多的理论思考。

刘丹青(1996a)是一篇框架性的理论论文,文中指出:普通话的句末语气词(如"了$_2$")一般都不看作体标记。从方言对应看,这样的处理还值得商榷。温州方言用句末语气词"罢"[ba]兼表完成和已然,而没有"了₁"的对应助词;安义赣语用动词后的助词"嗻"[·tɛʔ]兼表完成和已然,没有"了₂"的对应语气词。假如坚守取助词舍语气词的原则,那么"罢"和"嗻"这两个语序不同、体功能较对应而且都属虚词的成分,就只有"嗻"才是体标记,这显然不合理。(11—12页)

陶寰(1996:323—324)虽然也沿用已然体的名称,但已经充分论证了绍兴话的"哉"与普通话的"了₂"一样,有两种用法:一种表示已然,但实际的时体意义与英语的完成体一样,表示事件在参照时间之前发生并具有现时相关性;另一种用法表示事件处于将然状态,是一种语气用法。

潘悟云(1996:271)甚至把"了₁"所表示的"完成"或"实现"通俗地解释为"已经是那种情状了",所以该书的各位作者约定把它叫作"已然"。这里实际上已经突破该书作者对句尾"了"表已然的共识,而是看到了词尾"了"和句尾"了"在体貌意义上的相同之处。同时作者也指出了两者的不同:普通话的"了₁"只出现在动词之后,只与动作情状的实现相关。此外,它还有一个重要的特征,就是与后续的事件相关。如果没有显性的后续事件,就以说话事件作为隐性的后续事件。潘文的这一点认识正好解释了词尾"了"的叙述连续事件的话语功能。这样就从动作本身的语义特征以及话语功能两个方面解释了词尾"了"的典型特征,而这些特征正是类型学对完整体的界定。

抛开术语的选择,张双庆主编(1996)的作者们已经基本上把词尾"了"和句尾"了"的对应概括为类型学的完整体与完成体的对立,这也是本书把该书作为这一模式的代表的原因。

将汉语的句尾"了"视为类型学的完成体(perfect)这一观点应当追溯到 Li & Thomson(1982),其中译文把 perfect 翻译为已然体。该文在国际上影响很大,比如 Dahl(1985:180)就根据该文指出,词尾"了"确实是一个完整体标记,在句尾的时候明显地像完成体标记。但在"国王死了"这样的句子中两个"了"同形,因而在其材料中无法区分两者。Dahl & Velupillai(2013)甚至否定汉语存在完成体范畴。遗憾的是,词尾"了"和句尾"了"的完整体与完成体分析模式很长时间以来都没有对上述情况进行彻底的分析。另外戴耀晶(1997)全面引入了 Comrie (1976)的"完整体",该概念是把完整体作为一个类的概念。而时体类型学的研究在此基础上把"完整体"看成"完成体"的进一步语法化的概念(Bybee & Dahl, 1989; Bybee et al., 1994),后者在国内迟迟没有得到充分的介绍,造成了学术界对完整体的误解。

根据 Bybee et al.(1994:317—318)的定义,完成体指事件发生在参照时间之前,并与参照时间的情景相关,如"老师已经离开了(,你们别装模作样了)"。完整体表示情状被视为在时间上是有界的,用于叙述特定事件的序列,情状是因为其自身的原因而被报道,从而独立于该情状与其他情状之间的相关性,如"他下了班,吃了饭,洗了澡,然后就去了酒吧"。完成体会向完整体演变,即完整体比完成体的语法化程度更高。

陈前瑞(2003,2008a)基于 Bybee et al.(1994)的概念系统对汉语的体貌系统进行了系统的研究。由于类型学研究中完成体被典型地解读为英语的"have+V-en",陈前瑞(2003,2008a)根据中学英语教学语法系统,并依照汉语构词的实际情况,将"已然体"改为"完成体"(perfect),而 perfective 则承戴耀晶(1997)译为"完整体"。这样保持了中英文中这两对概念在理据和意义上的相关性:在英语中 perfective 和 perfect 都有共同的成分 perf,完整体与完成体都有与"了"的早期意义相关的"完"作为共同语素,保持英语教学语法中完成体的基本内涵不变,也继承了类型学研究对词尾"了"的完整体界定。无独有偶,刘丹青编著(2008:457、463、464)也采用了完整体与完成体这一对术语,并进行了深入的分析,认为"了$_1$"不具有明显的现时相关性,更接近于完整体,"了₂"除了完成体之外还有语气的用法,两者难以构成完整体与完成体的真正对立,因而不赞成有些学者认为"了₁"是完整体而"了₂"是完成体的观点。这些分析有助于将完整体与完成体的对立准确地应用于中国语言学的各个分支领域。

现在看来,完整体与完成体模式似乎是把它们两个"了"最典型功能作为其命名理据,进而容易让人以为两者分别就是它们的全部用法,事实上也引起了许多误解。陈前瑞(2008a:193)在研究的初始阶段基本持这种观点,但最终重新表述为:词尾"了"的意义大致相当于完整体,句尾"了"大致相当于完成体,因此从该书的整体思路来看,实际上突破了完整体和完成体分别与词尾和句尾"了"一一对应的模式,最明显的就是指出句尾"了"的最近将来时功能,如"来了!来了!"。(另见陈前瑞,2005a)陈前瑞、王继红(2012)进而用类型学、汉语史和汉语方言的材料证明句尾"了"从完成体到最近将来时功能的演变,这进一步说明句尾"了"具有多功能性。

至于词尾"了",陈前瑞、张华(2007)认为它在《三朝北盟会编》中的主要功能还是完成体,如例(18)的"V了O"用于显性的因果关系之中,重在肯定事件之间的相关性;很少用于叙述连续事件,如例(19)"V了O"用于概括地叙述过去事件,后续句"不知来时知子细否?"进一步确认了这一点。

(18) 马扩言:"郎君们岂不知契丹银绢,从初厮杀了数年后,因讲和,方才与了三十万。后来又因河西家兵,契丹说谕,得教称臣,添了二十万。"(《燕云奉使录》,页90)

(19) "贵国兵屯白水泊,虽已多时,亦有未是处。契丹旧酋元未曾捉得,亦未杀了,又闻契丹旧酋走入夏国,借得人马,过黄河,夺了西京以西州、军,占了地土不少。不知来时

知子细否?"(《燕云奉使录》,页81)

该文还提出,即便在现代汉语中词尾"了"的基本功能是完整体,但仍保留了某些完成体的用法,如表示事件先后关系的"他吃了饭就走"。赵静静(2011)调查了历史语料,证明词尾"了"经历了由完成体向完整体语法化的渐变过程。这些研究说明在已有的类型学视野的汉语体貌研究的系列个案研究中已经意识到词尾"了"兼有完整体和完成体功能。但是,现有研究并没有系统地梳理词尾"了"和句尾"了"的多种功能。

已有的类型学视野的汉语体貌研究采用从意义到形式的路径,在确定形式的功能时采用跨语言的语义标签,使得意义在研究中更为主导,而不拘泥于形式的位置及虚化程度,解释了词尾和句尾"了"与类型学完整体及完成体范畴的对应关系;研究实践中,也有部分研究对特定的语法语素采用从形式到意义的研究路径分析了部分形式的多功能性,并进行了初步的历史考察。但总体来看,没有系统地研究两个"了"的多功能性,也没有系统整理这些多功能用法的关系,更没有有意识地利用汉语方言材料分析其演变过程的连续性和共时的变异性。其实,洪波(1995)就指出,普通话的"了"有功能和意义的分化,但从普通话材料自身不容易说清楚。该文通过比较安徽庐江话,对普通话"了"的性质提出了很多富有远见的想法。

3. 四种模式的比较与讨论

3.1 四种模式的特点

根据前文的具体分析,词尾和句尾"了"四种模式的代表性成果、形式与意义的主导地位以及研究路径可以用表1系统而概括地展示出来。具体的说明文字见前文每一个模式最后一段的概括分析。

表1 四种模式的特点比较

模式名称	代表性成果	形式与意义的主导地位	研究路径
时态助词与语气词	吕叔湘主编（1980）、朱德熙（1982）	意义主导型	从形式到意义
动态与事态助词	曹广顺（1995）	形式与意义平衡型	以从意义到形式为辅，以从形式到意义为主
词尾与句尾"了"	刘勋宁（1990、2010）	形式主导型	从形式到意义
完整体与完成体	张双庆主编（1996）、陈前瑞（2008a）	意义主导型	以从意义到形式为主，以从形式到意义为辅

3.2 四种模式的方法论基础

Haspelmath(2003)总结了现有研究的两种范式：一是结构主义的概括法（structuralist general-meaning approach），该范式希望用一种比较抽象的概括意义来概括某个语法语素的所有意义；二是基于功能或用法的方法（function-based method），该范式努力把某个语法语素的不同用法区分开来，进而观察这些用法之间的演化关系。从这两种研究范式的角度审视以上四种分析模式，可以得到一些有意思的观察：

一是在研究的初期，根据结构主义的分布规律，把"了"分为两个，进而分别概括其意义。这种研究初衷是结构主义的，但分化功能或用法的思路却具有朴素的多功能性的倾向。

二是在模式的形成过程中,努力用一种概括性的意思概括不同位置上的"了"的多种用法,这又体现了明显的概括法的倾向。比如事态与动态本身都是非常概括的说法,特别是事态不仅涵盖动态,而且包括不同性质的动作、性质或状态。申述新情况则努力对新情况做出最大范围的解释,不在于情况本身的新旧,而在于跟说话人和听话人知识状态、行为动机的比较,使得新情况无所不包。即使是以多功能性为内在理论基础的完整体与完成体模式一开始也有概括法的倾向,容易让人用典型用法等同所有用法,从而造成误解。

三是在具体的研究中又各自突破了概括法的限制,对不同位置的"了"的具体用法进行细致的描述,并努力与其基本用法联系起来,不同之处则视为环境的变化引起的,有的则排除在研究的范围之外,如补语性的完结用法就被词尾与句尾"了"模式排除在外,但对历史句法的学者来说,这些补语性的完结用法正是变化的源头,需要细致地加以辨察。

在四种模式的形成过程中,有一些不同层次的方法论上的思考,在不同用法的分与合的处理上有一些基于不同研究目的的思考。比如宋绍年、李晓琪(1999),一方面看到了两个"了"在体貌意义上的相同之处,大胆地提出句尾"了"也是动态助词,呼吁跳出句法分布的限制,对"了"的语法意义进行更高层次的概括;另一方面对"了"各种用法的出现条件进行更加详尽的描述,以满足对外汉语教学的需要。不过,总体上这些方法论的思考在系统性与概括性上还不够突出。

3.3 四种模式的互补与互动

四种模式主要应用于不同的领域。时态助词与语气助词模式源于现代汉语语法研究,形成的历史最早,对相关领域的辐射最突出。首先是在历史语法研究领域,曹广顺(1987)一开始就是按照语气词的定位来研究句尾"了",在研究过程中形成了动态与事态助词的早期认识。该模式根据位置确定研究对象的方法一定程度上也促使一些研究者根据句末的位置来进一步明确地划分"了₂"。其次是在现代汉语方言研究领域，早期绝大多数的方言语法照搬时态助词与语气词模式，但是进入20世纪90年代以后，学者们对这一状态有所不满，从而形成了以张双庆主编（1996）为代表的完整体与完成体模式。

汉语方言领域应用的完整体与完成体模式在挑战时态助词与语气词模式的同时，也对事态与动态助词的理论基础构成了挑战。刘丹青（1996a）指出，温州方言用句末语气词"罢"[ba]兼表完成和已然，而没有"了₁"的对应助词；安义赣语用动词后的助词"嘚"[·tɛʔ]兼表完成和已然，没有"了₂"的对应语气词。这表明普通话和近代汉语中词尾的动态与句尾的事态对立的模式不具有普遍性。陈前瑞（2008b）引入类型学中完成体进一步演化为完整体的路径，也弥补了动态助词与事态助词缺乏内在演化关系方面的论述。

四种模式早期都是关注基本的语义区别，后来都逐步开始关注两个"了"的话语功能的差别。尽管Li & Thomson（1982）就提到完成体与完整体的话语功能的差异，但是汉语语言学还是经历了一段独立而曲折的探索过程。刘勋宁（1990）首次提出申述与一般叙述句的差异，引发陈前瑞、张华（2007）系统分析这种对立在早期的"V了O"中的体现，促使该文首次明确提出词尾"了"兼具完成体与完整体的功能，初步形成了对词尾"了"的多功能性认识，为后续构建词尾和句尾"了"的多功能模式奠定了基础。

4. 结语

"了"的研究是百年汉语语法学研究的一个缩影，本章将学界对词尾与句尾"了"的研究概括为四种模式：时态助词与语气词、动态与事态助词、词尾与句尾"了"、完整体与完成体,试图从方法论的角度比较四种模式的异同,探讨它们在学术长河中的激荡与砥砺。

本章采取集成学术成果、分化具体功能的思路,下一步拟建立一个词尾与句尾"了"的多功能模式,提出就其基本的体貌功能而言,词尾"了"以完整体功能为主,完成体功能为辅,句尾"了"以完成体功能为主,完整体功能为辅,试图构拟一个从完结体、完成体到完整体及相关功能演变的过程。

关于"了"的研究,任何人都不要指望毕其功于一役,希望本章所做的文献分析及"了"的功能分化工作能为后续研究起到一定的铺垫作用。

第三章　词尾和句尾"了"的多功能模式 *

1. 引言

关于词尾和句尾"了",现有研究大致有四种分析模式。(详见本书第二章)第一种是从传统语法角度区别的时态助词与语气词对立模式,以朱德熙(1982)为代表。这种观点在20世纪50年代就进入了中学课本,影响很大。第二种是从汉语历时句法角度根据位置及意义区分的动态和事态助词模式,以曹广顺(1995)为代表,被近代汉语学界广为接受。第三种是只根据位置区别的词尾与句尾"了"模式,然后分别概括其语法意义,论证其历史渊源,以刘勋宁(1990)为代表。第四种从跨语言或跨方言的角度分析"了"的体貌意义,概括为完整体(perfective)与完成体(perfect)模式,以张双庆主编(1996)为代表,在汉语方言学界影响很大。本章提出的多功能模式实质上是对以往四种模式的批判、继承和集成。从形式上,我们参考了学界对时态助词与语气词模式中确定"了$_1$"和"了$_2$"这一难题的质疑,吸取了词尾与句尾"了"模式根据位置确定研究对象的思路。词尾"了"严格界定为"动/形+了+宾/补"中的"了",如"我听了这件事很高兴"。句尾"了"界定为作为小句的"动/形/名+了",如"我听了很高兴"。从功能上,我们吸取了动态与事态助词模式下区分多个具体演化阶段的成果,并基本继承了完整体与

---

* 本章与胡亚合作完成,原载《语言教学与研究》2016年第4期。

完成体模式的工作框架，只是在具体描写中更为彻底地贯彻了从形式到意义的研究路径。本章的多功能模式一方面区分不同功能的基本对立，另一方面描述部分功能在具体用法方面的异同，从而构建一个有层次的分析模式。

下文先论述"了"的完结体、完成体和完整体功能，三者属于典型的体貌功能；然后论述现在状态和最近将来时功能，二者各自的体貌或时制性质学界还有不同的看法，故归之为非典型的时体功能；最后构建"了"的语义地图，展示时体功能之间的共时和历时关系，简述多功能模式的有效性和简明性。

2. "了"的典型体貌功能

语法化和语言类型学的研究认为，一个语法语素在获得新功能的同时，旧的功能并不必然会从语言使用中消失，因此语法语素同时具有多种不同的功能就具有一定的必然性。这就是本章多功能模式的理论基础。（详见 Haspelmath, 2003；张敏, 2010）本章采取时体类型学的意义标签来描述多功能性，特别是 Bybee et al.(1994) 的概念系统，这样便于做跨语言、跨方言、跨时代的比较分析。现代汉语的"了"是一个典型的多功能的语法语素，两个"了"都具有完结体、完成体和完整体的概念，只是在完成体的具体用法上有较大的区别。

2.1 完结体

完结体（completive）表示彻底或完全地做某件事。根据 Bybee et al. (1994：57)，完结体经常被描述为下面几种不同的含义：1) 动作的宾语是被该动作彻底影响、耗尽或者毁灭的。2) 该动作涉及不及物动词主语的复数或者及物动词宾语的复数，尤其是穷尽性或周遍性复数。3) 报道该动作时带有强调或者令人意外的效果。

根据陈刚(1985),北京话的词尾"了",可以出现在"没 V 了"中,表示"行而未遂";这种用法的读音以[·lou]为主,其中的"了"表示达到某种结果。该用法即本章的完结体功能。例如:

(1) 蔡瑁、张允到底没解除<u>了</u>曹操的猜忌。(袁阔成评书《三国演义》录音)
(2) "四人帮"楞没消灭<u>了</u>象棋。(苏叔阳《圆明园闲话》)
(3) 有这成名成家的路子鼓劲,竟没挫<u>了</u>他的锐气。(邓友梅《那五》)

句尾"了"的完结体形式即马希文(1983)描述的动词"了"的弱化形式[·lou]。例如:

(4) 把他放<u>了</u>!
(5) 把它收<u>了</u>!

以往的研究有的把它看作动词的补语,排除在词尾"了"的范围之外。(刘勋宁,2010,上面的例证引自该文)在我们看来,有的补语本来就是表示类似于完成的体貌意义,把补语性的"了"纳入研究的范围,便于全面观察"了"的语法化过程,特别是语法化过程中语音与语义的复杂共变关系。

毛敬修(1985)认为,类似于例(4)(5)的祈使句也可以说成例(6)(7)。其中"了"[·lou]从句尾移位到句中,也还是补语性的。

(6) 放<u>了</u>他!

(7) 收了它！

毛敬修(1985)还指出，由于北京的人口发生了很大的变化，不少人已经不区分"了"的两种不同的读音。这种用法不仅在语音上保留更为完整的形式，而且在语义、句法和语用上都有显著不同的特征。就当代北京话和普通话而言，单纯从语音上确定这一方法已经有相当的困难。在界定"了"的完结体功能时，主要依据完全、彻底的语义标准，同时参照明显的句法（如否定）与语用（如祈使）特征，一些不明显的用例则根据其话语功能确定为完成体、完整体，这也是跨语言比较中界定完结体的惯例。[①]

2.2 完成体

完成体(perfect)表示情状发生在参照时间之前，且与参照时间相关。陈前瑞(2012)及本书第一章根据类型学已有研究将完成体细分为五种用法，即结果性、持续性、经历性、报道新情况、先时性。词尾"了"具备其中的两种，即结果性和先时性用法；句尾"了"具备其中的四种，除了与词尾"了"共有的两种，另外还具有持续性和报道新情况用法。

第一，结果性用法，表示当前的状态是由过去发生的动作所引起的，即过去发生的事件的结果在说话时间（或其他参照点）仍然存在。这是完成体最基本的用法，主要体现出前后分句或与说话情景之间存在广义的因果关系（含因果、条件、假设等语义关系）。这种用法多出现在独立

---

① 根据 Bybee et al. (1994:54)，在参考语法中贴有"已完成的动作"标签的语法语素并不一定就被认定为完结体；除非含有"彻底、完全、直至完成"一类的表达，否则会把这些语法语素理解为完整体。通常情况下，完结体与完整体之间还有一个完成体阶段，因此还需要进一步考察其语义和语用功能。如果只是在叙述语篇中，都是表示事件的时间序列，那么某个形式如果不理解为完结体的话，就可以直接理解为完整体。

小句中。有的没有显性的关联词语,如例(8)(9);有的有显性的因果类关联词语,如例(10)(11)。从这些例子可以看出,词尾"了"和句尾"了"在结果性用法上区别不大。结果性用法还可以出现在内嵌句中,如例(12)就是对参照点之前的事件结合说话人的立场加以评论,体现出事件结果的相关性;另外,还可以出现在关系从句中,如例(13)。关系从句属于典型的背景性用法,不是叙述前景的事件,不反映事件的时间序列,其中的"了"表示事件发生在参照之前,通常在说话时间具有明显的相关性,典型地表示一种结果状态。

(8) 王冕七岁上死了父亲,他母亲做些针指,供给他到村学堂里去读书。(吴敬梓《儒林外史》)
(9) 我忘带钥匙了,麻烦您开一下门。
(10) 要是出了太阳,天儿就能暖和点儿。
(11) 要是领导来了,食堂的饭菜就能好点儿。
(12) 支持了他就等于支持了我。(刘勋宁,2010)
(13) 我吃了一半的苹果在哪里?

第二,先时性用法,表示相对于某一参照时间事件已经发生,多用来强调两个事件纯粹的时间参照关系。[①] 前一事件跟后一事件没有明显的现时相关性和因果联系,如例(14),词尾和句尾"了"的先时性用法差别不明显,例(15)中"了"的后面加不加"饭"没有明显不同。

(14) 下了课来我办公室。(刘勋宁,2010)

---

① 先时性用法的归纳源自 Anderson(1982)的启发。该文的术语是 anterior perfective,根据邓川林(2013)可翻译为完整性完成体,如 Mary will have left by then(到那时玛丽就已经离开了)。

(15) 明天我们吃了(饭)就走,啥也别说。

第三,持续性用法,表示一个过去发生并持续到现在的情状。例如:

(16) 我等(了)一个小时了,你怎么还没有来?

句尾"了"的这种用法经常与词尾"了"共现,其中词尾"了"可以省略;但省略句尾"了"之后,情状持续到现在的含义则可以被取消。因此,只能认为句尾"了"具有持续性用法,而词尾"了"没有该用法。

第四,报道新情况用法,表示所呈现的信息是第一次传递给听话人,一般呈现焦点信息。(Schwenter,1994)例如:

(17) 尼克松辞职了!

完成体另外一种用法是"过"的多数用例所表示的经历性用法。限于篇幅,不再赘述。胡亚(2013)在陈前瑞(2012)的基础上,利用湘潭方言多个完成体标记,把完成体的上述四种用法的关系按照语义地图的方法表述为:

(18)　　　　　　3.先时性用法
　　　1.结果性用法——2.持续性用法——4.报道新情况

与句尾"了"的完成体用法相比,词尾"了"的完成体用法只有结果性用法和先时性用法两种。据语义地图的操作惯例,如果在一个有限的范围内,一个语言形式只存在两种用法,那么这两种用法之间存在概念上的关联。从历时的角度看,这两种用法存在直接的演变关系。普通话的这种情况正好可以支持胡亚(2013)对这两种用法的关系的构拟。

(19)

```
          --- 词尾"了"
    ┌─────────────────────────────┐
    │         ┌3.先时性用法┐        │
    │  1.结果性用法─2.持续性用法─4.报道新情况
    │         └──────────┘        │
    └─────────────────────────────┘
                              ── 句尾"了"
```

语义地图是表现语言多功能性及其演变过程的有效工具,且一开始就是用于完成体的跨语言比较(Anderson,1982),后来的研究也认为Bybee et al.(1994)所建构的语法化路径就是带有演变方向的语义地图(Haspelmath,2003)。在语义地图研究的文献中,一般不严格区分功能、意义或用法,而用广义的功能代替。本章借用语义地图的思路更好地展示两个"了"时体意义的异同,在讨论"了"的第一级功能分类时采用"功能"一词,但对完成体进行二级分类时,采用"用法"一词,以显示不同用法与语用环境更加密切的联系。词尾"了"和句尾"了"在完成体用法上的异同用(19)的语义地图可以更加清晰地展示出来。

2.3 完整体

完整体(perfective)是指情状被视为在时间上是有界的,用于叙述特定事件的序列,情状是因为其自身的原因而被报道,从而独立于该情状与其他情状之间的相关性。根据赵静静(2011),词尾"了"的完整体功能主要体现为两种用法:一是叙述连续的事件,如例(20);二是叙述独立的事件,如例(21):

(20)我出了房间,在走廊墙上摘了一架泡沫灭火机,倒举着一

路扫射冲出走廊,扔了灭火机下了楼。(王朔《永失我爱》)

(21) 当着张欣和同机来的刘为为,我们说笑正常,在一刹那,我们忘了曾经发生的不愉快。(王朔《空中小姐》)

句尾"了"的完整体功能,根据胡亚、陈前瑞(2017),同样有两种类型,与词尾"了"的完整体用法相似。叙述连续事件如例(22),叙述独立事件如例(23):

(22) 后来我们就走了,到家就睡了。
(23) 第二天,持续大雷雨。王眉又来了,又是一个人,鬓上沾着雨珠,笔直的小腿湿漉漉。(王朔《空中小姐》)

赵元任(1952:24—25)就已经指出句尾"了"除了表示新的情况外,还可以像例(22)一样,表示"叙述一串事实";以往的时态助词和语气词分析模式研究都根据意义将句尾"了"的这种功能划归"了$_1$",视为时态助词,忽略了时态助词内部的体貌区别。

基于胡亚、陈前瑞(2017)及本书第四章对王朔小说《空中小姐》和《永失我爱》的统计,词尾"了"的完成体与完整体的用法频率为45.1%比54.9%,句尾"了"的完成体与完整体的用法频率为85.3%比14.7%。据此可以得出词尾与句尾"了"典型体貌功能的概括性区别:

(24) 词尾"了"以完整体功能为主,完成体功能为次;句尾"了"以完成体功能为主,完整体功能为辅。

(24)的概括跟完整体与完成体模式的观点相比,词尾与句尾"了"各自的主导功能一致,只是补充了各自占次要地位的功能,暂时忽略数量较少的其他功能，从而更好地反映词尾和句尾"了"典型体貌功能的基本格局，以便适应于初中级阶段的对外汉语教学的需要。

3. "了"的非典型时体功能

除了典型的完结体、完成体和完整体功能，"了"还具有非典型时体功能，包括共有的现在状态和句尾"了"独有的最近将来时，这两种非典型的时体功能兼具时体两方面的特征。现在状态比较准确地概括了句子的时体特征："时"体现为现在，"体"体现为状态意义。状态就是与变化对立的一面，也有人归为宽泛的未完整体意义的范围。[①] 一般人很容易认为变化属于体貌的范围，其实不变的状态属于变化的对立面，两者应该同属于一个概念范畴并在该概念范畴内形成对立。最近将来时指称的是发生在说话时间之后的事件，更明显体现了"时"的特征，虽然它所具有的"发生"的含义与体的意义仍有一定的瓜葛。

3.1 现在状态

现在状态（present state）是指所在小句表示事物当前的状态，如例（25）；不像例（26）表示状态的变化，而状态的变化属于完成体功能。[②]

(25) 衣服小了一号，退了吧！
(26) 衣服小了一号，该买新的啦！

[①] 详见陈前瑞（2019）对未完整体意义范围的重新界定。
[②] 刘丹青（2014）不把"大了一号"中的"了"视为完整体的语义，而视为完整体功能的扩展。

朱德熙（1982：70）指出，形容词加"了"，后面跟着由数量词或"很多、好多、不少"充任的宾语，表示已经实现的事，并提示：不带"了"字，可以指未实现的事，也可以指已经实现的事；带"了"字，只能指已经实现的事。可见"了"的出现限定了命题的时体意义。至于"已经实现的事"的概括还可以进一步修正，例(25)不同于例(26)，只是一种状态，且该状态未经某种"实现"过程，只是人们对事物本身的性质跟自身的需要关联起来后得出的认识。"衣服小了一号"可以有完成体和现在状态两种理解，说明两者可能存在语法化的联系。这也为后文语义地图中节点的概念关联提供了证据。

洪波（1995）把普通话中词尾"了"的这种功能概括为"偏离标准体"，表示谓词偏离了预设的量度和标准。该文在已有文献中首先明确了此类功能的体貌属性，十分难得。比较而言，Bybee et al.(1994)的"现在状态"重在揭示这种用法最基本的时体属性，而"偏离标准"可以视为附加在基本属性之上更为具体的语义标签，如有必要可以用现在状态和偏离标准这两个标签共同描述该功能的语义，这也是 Bybee et al.(1994)中使用的研究方法。[①] 洪文还比较了该功能三个方面的特点：1) 谓词语义类型具有静态性质，可用于静态动词，如"这个人太没礼貌了"；2) 与性质形容词搭配时，不要求具有变化的语义特征；3) 否定时必须用"不"，不用"没"，如"这件衣服大了一号——这件衣服不大"。这些特点的存在更彰显了分化此种功能的必要性。

句尾"了"的现在状态功能以往都看作典型的语气词用法，如例(27)：

(27) 她太漂亮了！

---

① 参见本书第十一章对"矣"的现在状态功能三种下位用法的进一步分析。

金立鑫(1998)曾把句尾的这种功能划归"了₄",为了证明"了₄"是语气词,金文给出的理由中比较重要的有两条:第一,"了₄"完全可以去掉,而不影响句子的时体意义,影响的是句子的情态意义。去掉"了₄"就没有了说话人要表现的强调、夸张的要求。第二,形容词加上程度副词后,作为一种主观情态而不是作为一种客观状态,它没有时体的要求。不像表示状态时的用法(如:天气冷——天气冷了)可以有时体的要求。

在我们看来,第一,去掉"了"不影响句子的时体意义,也就是说明"了₄"的时体意义与其情状类型高度契合。高度虚化的时体和情态标记往往是在与语境和谐的过程中获得其语法意义,只是显化而不能改变句子的时体意义。"太"限制了形容词,使其只能呈现静态的意义,同时也剥夺了"了"的状态变化意义。强调、夸张的意味主要由"太"负载。(陈贤纯 1979)第二,从跨语言的角度看,形容词加程度副词并不必然地没有时体标记,英文的一般现在时从时的角度看是现在时,从体的角度来看多表示惯常性的、规律性的事件,属于未完整体范畴。汉语对于大多数未完整意义采取不添加标记的方式来表达,从而与表示变化的体貌意义形成对立。没有形式标记并不意味着没有时体的要求。

总的来说,词尾和句尾两个位置上"了"的现在状态用法基本一致,但是句尾"了"常常与"太"等程度义成分共现,整体具有强调程度的意味。但这种强调不一定是"了"本身的作用。从跨语言的角度来看,现在状态功能伴随的程度义有强有弱,与程度副词的共现要求不一,适用范围有宽有窄,窄的仅限于负面意义,这里面明显存在语法化程度的差异。[①]因此,作为概念标签还是宽泛的现在状态为好。比较而言,

---

① 参见 Bybee et al.(1994:74—75)。据初步了解,韩语的此类用法仅限于少数形容词(崔智娟,个人交流),马来语仅限于负面意义(杨育欣,个人交流)。详情还有待进一步的研究。

词尾"了"的这种用法对程度的强调不明显,其语法化程度可能更高一些,这与词尾"了"在体貌意义方面整体上语法化程度较高的性质是一致的。

汉语词尾与句尾"了"从动态的变化意义发展出静态的状态意义,一定程度上实现了矛盾对立面从动到静的转化。陈前瑞(2008b)讨论了古汉语静态的"也"产生出动态用法的过程,则是矛盾对立面从静到动的转化。Bybee et al.(1994:77—78)指出,日耳曼语中动词的过去式-现在时(Preterite-Present)拥有现在时形式,表示现在状态义;该现在时形式可追溯到过去式,即便该形式明显是现在时意义。而日耳曼语的过去时一般都是由表示动作带来的状态意义演化而来的,其演变过程实现了状态——动态——状态的循环。上述两个方向的演变以及循环演变只有放在体貌的范围内才能得到更好的理解,体现了在体貌范围内体标记与动词语义类型具有规律性的互动关系。如果将"了"与静态谓词共现表示状态的功能归为语气词,则不容易看到语言多样性背后更加深刻的一致性。

3.2 最近将来时

句尾"了"的最近将来时(immediate future)表示即将发生某种事件,往往有催促等语用效果(详见陈前瑞,2005a;陈前瑞、王继红,2012)。如例(28):

(28)开车了!开车了!大家快上车!

基于前文的描述,可以把词尾"了"和句尾"了"的多种功能用语义地图表述为:

(29)

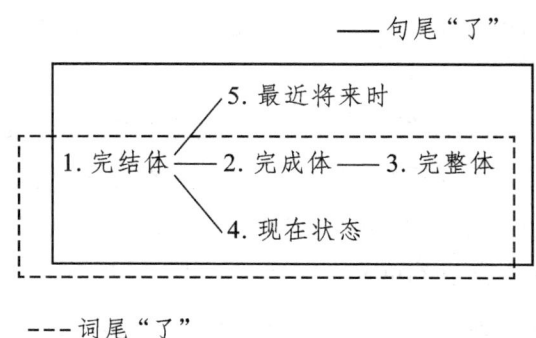

其中,从完结体到完成体再到完整体的语法化路径在 Bybee et al. (1994) 中有跨语言的证明。根据陈前瑞(2005a)及陈前瑞、王继红(2012),可构拟完成体与最近将来时的历时联系。至于完成体和现在状态,二者的概念密切相关,"现在"关联说话时间或说话人的认识状态,与完成体的现时相关性保持着密切的联系,二者在对话中表现的话语功能也很相似。而且现在状态与没有现时相关性的完整体以及语音形式不同的完结体相差甚远,可暂时在完成体与现在状态之间建立直接联系。当然,更详细的论证还需要引入方言、历时等方面的证据。

比较而言,两个"了"共同的功能有四种,都涵盖从完结体经完成体到完整体的演化路径;词尾"了"和句尾"了"也都有现在状态,现在状态在体貌意义方面更加显著。词尾"了"和句尾"了"明显不同的是,句尾"了"还有最近将来时功能;将来时属于时制的范畴。杨永龙(2005)指出事态助词和动态助词时体意义基本相同,这一观点可以细化为:词尾和句尾"了"体貌意义的大类相同,但完成体的具体用法有别;而时制意义相差甚大,后者还具有最近将来时的功能。

有些研究不赞成陈前瑞(2005a)将"来了,来了"的用法概括为最近将来时,有的倾向于归为事态或语气用法(王伟,2006)。现在看来,如果不把这一功能分化出来,不便于显示词尾和句尾"了"时体意义的突出差别以及这种差别的类型学意义。

4. 结语

本章顺着集成学界成果、分化具体功能的思路,建立了词尾与句尾"了"的多功能模式,二者共有完结体、完成体、完整体和现在状态的功能,句尾"了"还兼有最近将来时的功能。本章还构拟了从完结体、完成体到完整体及相关功能的演变路径。

虽然就现代汉语的体貌功能而言,多功能模式采用了较多的类型学的语义标签,略显繁琐;但从历史演变、方言变异和跨语言比较等视角来看,该模式反倒具有一定有效性和简明性。其有效性主要表现在以下三个方面:第一,适合类型学的跨语言比较。采用能进行跨语言比较的术语,有助于细致地刻画不同语言中时体功能的一致性和多样性。第二,适合描写汉语方言的复杂性。在汉语方言中,类似于两个"了"的成分更为复杂,其位置和功能与普通话难以直接对应,不能简单地套用已有的几种分析模式。第三,适合描写体貌标记的历史演变。"了"的不同功能和用法处于不同的发展阶段,多功能模式可以提供丰富而有层次的语义标签来精确描述语法语素的发展,更好地描述演变过程的阶段性与连续性。就简明性而言,多功能模式用一套有限的语义标签描写不同领域的相关现象,既减少了汉语多领域时体研究的概念总量,也没有明显增加类型学时体研究总的标签数量。

在当前阶段,词尾与句尾"了"的多功能模式仍然存在一些问题。首先,由于完整体经常混同于完成体,二者事实上也确实关系密切甚至交叉(刘丹青编著,2008:463)。该特点导致两者区分起来有难度,需要结合跨语言的材料进一步探讨。其次,两个"了"时体用法区分最显著的最近将来时功能在国内学术界还有一定的争议,还需要加强共时与历时的论证。最后,现在状态功能的语义演变机制还有待进一步研究。

第四章 "了"的完成体与完整体功能的量化分析及其理论意义[*]

1. 引言

完成体(perfect)表示情状发生在参照时间之前,并与参照时间相关。如"他吃三碗饭了",就有"吃了很多、不能再吃"等言外之意。完整体(perfective)表示情状在时间上是有界的,用于叙述事件的序列,情状是因为其自身的原因而被报道,从而独立于该情状与其他情状之间的相关性。如"他吃了三碗饭",只是客观地叙述一件事情,并没有明显的言外之意。这里,两个例句表现的完成体与完整体的不同是由前者的句尾"了"和后者的词尾"了"在主要体功能上的区别造成的。[①] 本章通过对汉语助词"了"的量化分析,探讨两个"了"的完成体和完整体用法的共时分布以及历时演变的线索,并为在真实语篇中区分完成体与完整体这两个类型学的核心功能探索出一条可能的路径。

在类型学视角的研究中,Harris(1982)较早地构拟了西班牙语中从

---

[*] 本章与胡亚合作完成,胡亚为第一作者,原载《世界汉语教学》2017年第2期。

[①] 两者的概念区别详见 Bybee et al.(1994:54)。关于完整体和完成体的语篇功能另可参见 Hopper(1982)及 Li et al.(1982)。需要特别说明的是,关于完整体的定义,Bybee et al.(1994)与 Comrie(1976)有所不同:前者主要依托从完成体到完整体的演化路径,从根本上修改了完整体的定义,使之成为具有更高语法化水平的语法语素类型;后者的完整体是一个类的概念,囊括了用派生手段表达的具体意义和用屈折手段表达的抽象意义。

完成体到完整体的演化路径；Bybee et al.(1994：86)通过对76种语言的调查，认为该路径具有跨语言的相似性；受不同语言时体系统的性质与内部构成的影响，完成体在有些语言中直接演化为过去时，在有些语言中经完整体进一步演化为过去时。尽管如此，从完成体演变为完整体或过去时的细节仍然缺少足够的共时和历时研究，特别是缺乏直接的定量的历时研究。正如Copple(2009：76—77)指出的那样，判断一个事件是否具有现时相关性存在一定的困难。所以现有的研究避免直接根据现时相关性的有无断定两者的区别，而是用迂回的手段来探测这一发展过程，要么侧重分析特定形式的时间指称并透过时间指称来看其总体性质的演变，如Copple(2009)对西班牙语中现在完成体形式的功能演变研究；要么分析特定时间指称中完成体形式与一般过去时形式的相对比例的变化，如Yao(2016)对英语报道新情况用法的历时分析。本章拟采取的区分方法是直接判断是否具有现时相关性，并对完成体和完整体进行下位分类，细化特征来区分、比较。

对于汉语的"了"学界一直都有多种不同的看法。Li et al.(1982)最早将汉语的句尾"了"视为具有完成体核心功能的形式。[①]学界一些人的观点是基本上把词尾"了"和句尾"了"对应于完整体和完成体，代表是张双庆主编(1996)。但也有人对此对立持不同看法。刘丹青编著(2008：463—465)认为汉语普通话中的"了$_1$"不具有明显的现时相关性，更接近于完整体；"了$_2$"因为有语气用法等原因，离完成体还是有相当的距离。[②]因此，二者难以构成完整体和完成体的真正对立。由此

---

① 现有汉语时体研究对perfect和perfective有不同的术语翻译，大多把前者称为已然体，后者称为完成体。本章沿用我们之前研究的术语，对应采用"完成体"和"完整体"的名称，具体原因参见陈前瑞、胡亚(2015)。

② 这里的"了$_1$"和"了$_2$"基本对应于本章的词尾"了"和句尾"了"，但稍有不同，详见陈前瑞、胡亚(2015)。

第四章 "了"的完成体与完整体功能的量化分析及其理论意义

可见,"了"的完成体和完整体用法确立及区分一直处于悬而未决的状况,这不仅与这两种体本身容易混淆有关,也与汉语"了"占据多种位置和拥有多种功能有关。

本章跟第三章一样,把词尾"了"界定为"动/形+了+宾/补"中的"了",如"我听了这件事很高兴";句尾"了"界定为作为小句的"动/形/名+了"中的"了",如"我听了很高兴"。① 第三章采用类型学的多功能模式分析"了"的时体意义,词尾和句尾"了"兼有完结体、完成体、完整体及现在状态的功能,句尾"了"还具有最近将来时的功能。在此多功能模式下,两个"了"兼具完整体和完成体的功能。从进一步研究的角度来看,该模式还存在一些问题:其一是模式中各种体的区分,只有理论上的定义,并没有经过量化分析的检验,尤其是对词尾和句尾"了"的完成体和完整体用法的分析与统计;其二是各种体(包括完成体的下位用法)之间的确定也需要语料实例的检验,尤其是不同时期的历时语料。

本章选取汉语近代语料《水浒传》前十回的部分语料② 和当代语料王朔两部小说《空中小姐》《永失我爱》的全部语料,③ 对词尾和句尾"了"的多功能用法进行量化分析,统计得出《水浒传》前十回前900个原始语料中"了"的时体用法总数为871,占96.8%,其中,完成体和完整体用法总数为859,占所有时体用法的98.6%;王朔小说中"了"的时体

---

① 这里的标准严格依据表层句法结构的形式位置,相比于传统上兼顾形式和意义区分"了₁"和"了₂"的做法更能从形式上进行把握和区分,避免了一些难以解决的麻烦。参见陈前瑞、胡亚(2015)对相关文献的分析。

② 选择《水浒传》的主要原因是它是目前公认的最早采用白话文学语言的长篇小说,其语言地域性广,具有高度口语化的特点。另一个实际原因是胡亚曾经在张赪教授的课上分析过该语料,具有一定的工作基础。采用的版本是人民文学出版社1975年版的百回本,初步分析了前十回的全部语料,这里用来对比分析的语料仅包含前900个原始语料,以提高分析的准确性和可比性。

③ 《空中小姐》和《永失我爱》是同一时期作品,故一并统计。

用法总数是841，占94.9%，其中，完成体和完整体用法总数为834，占所有时体用法的99.2%。考虑到已有研究提出的确定现时相关性的难度，本章穷尽性的量化研究追求在一定程度上是知其不可而为之。

为了表述上的便利，本章用"用法"一词泛指"功能"与"用法"。下文首先对"了"的完成体的下位用法进行区分和统计，比较词尾和句尾"了"在这些用法上的差异，同时研究这些用法在近代和当代语料中的变化；然后对"了"的完整体用法进行区分与统计，探讨完整体进一步演变的线索；最后从整体上分析"了"的完成体和完整体用法数据，研究这两种用法对立的性质，分析"了"从完成体演化出完整体的具体路径以及该路径的多样性与一致性。

2. 词尾和句尾"了"的完成体用法的区分与统计

如前所述，完成体是指情状发生在参照时间之前，且与参照时间相关。陈前瑞（2016）根据类型学已有研究将完成体细分为五种用法，即结果性、先时性、经历性、持续性和报道新情况用法。陈前瑞、胡亚（2016）采用多功能模式归纳"了"的完成体下位用法。其中，词尾"了"具有结果性和先时性用法；句尾"了"除了与词尾"了"共有的两种，另外还具有持续性和报道新情况用法。这是基于共时语料分析得出的，通过历时语料的穷尽性分析会发现一些有趣和有价值的线索。

本节先结合定义和例句介绍并区分完成体的五种用法，并在每小节末尾总结词尾和句尾"了"在这些用法上的差异；小结部分从词尾、句尾以及近代、当代这两个维度比较"了"的数据差异。值得注意的是，除了小结部分突出两个时期的数据差别变化以外，其他地方的数据都不区分时期，合并《水浒传》和王朔小说的数据用来突出比较词尾和句尾

"了"的用法差异。为了行文简洁，词尾和句尾"了"共有的结果性和先时性两种用法，差别不大，合并阐述；词尾"了"独有的经历性用法和句尾"了"独有的持续、新情况用法则分开阐述。

2.1 结果性用法的区分

结果性用法（resultative perfect）表示当前的状态是由过去发生的动作所引起的，即过去发生事件的结果在说话时间（或其他参照点）仍然存在，具有明显的现时相关性。Nishiyama & Koenig（2010）认为文献中主要涉及两类结果性用法：其一是结果状态直接由事件的发生造成，状态由句中的动词所衍推（entailed），如"有人偷走我的钱包了"意味着"我的钱包不见了"；其二是事件的发生造成的非直接结果，因此状态不被句中动词衍推，如"他感冒了"不可以衍推但可以隐含（implicated）"注射流感疫苗已经太晚了"。有的学者用结果性用法来指称任何衍推或隐含现在仍然存在的结果状态（Depraetere，1998）。本章不仅把结果性用法和经历性用法区分开来，而且将那些不具有完成体其他几类用法典型特征的例子也归入结果性用法，使得完成体除结果性用法外的四种用法特征单纯且突出。但这样做使得结果性用法的数量很多，因此，本章尝试对结果性用法进行广义和狭义的区分并对广义结果性用法进行初步的分类，这样能将一个庞大的结果性用法的下位用法细化，使其特征更加分明。

（一）狭义结果性用法：指由过去动作行为带来的结果状态仍然存在。主要有四种情况及对应的形式：一是过去的动作直接造成现在的状态，形式上表现为"V+Adj+了"，如例（1），"折"的状态由"打"直接造成；二是过去的动作对现在的状态有间接的影响，如例（2），"不见"的状态由某个动作间接造成；三是没有明显的动作，而是一种状态的变化，形式上一般表示为"Adj+了"或"N+了"，如例（3）；四是一种紧缩复句，突出动作带来的结果状态,如"大喜、大怒、大惊"等,如例(4)。除了个别例子外,狭义结果性用法主要体现在句尾"了"上。

(1)(智深)使得力发,只一膀子扇在亭子柱上,只听得刮剌剌一声响亮,把亭子柱打折<u>了</u>,坍了亭子半边。①(《水浒传》第四回)

(2)王四吃了一惊,跳将起来,却见四边都是松树。便去腰里摸时,搭膊和书都不见<u>了</u>。四下里寻时,只见空搭膊在莎草地上。(《水浒传》第二回)

(3)阿眉窘<u>了</u>,慌<u>了</u>,脸儿涨得粉红。(《空中小姐》)

(4)史进见<u>了</u>大怒,仇人相见,分外眼明。(《水浒传》第三回)

(二)广义结果性用法:指那些既不属于狭义结果性用法,也不属于完成体其他用法,但具有现时相关性的用法。主要有以下几个典型的次类:

A. 广义因果。因果、假设、条件、转折、让步等关系②,属于现时相关性的一部分。有的有明显的关联词语,如例(5)的转折关系,例(6)的假设关系,例(7)的让步关系等;也有很多没有明显的关联词语,出现在独立小句中,但是确实有广义的因果关系,如例(8)表示因果关系,例(9)表示条件关系等。这一类词尾和句尾"了"均有,差别不大。

(5)朱武道:"我们不是这条苦计,怎得性命在此。虽然救<u>了</u>一人,却也难得史进为义气上放了我们。过几日备些礼物送

---

① 若例句中出现一个以上的"了",只有带下划线的才是我们正在分析的"了"。

② 转折与让步关系是对预设的因果关系的否定,从而得出相反的结果,也与因果关系相关。

(6) 阿眉开始问我:"摔死了不说,要是我摔伤了,你还要我吗?"(《空中小姐》)

(7)(石静说)"你还怕这个?按你这性格,别说冤你偷了药,就是说你偷了人,你也应该满不在乎。"(《永失我爱》)

(8) 王四道:"便是小人一时醉了,忘记了回书。"(《水浒传》第三回)

(9) 高俅问道:"我这小衙内的事,你两个有甚计较?救得我孩儿好了时,我自抬举你二人。"(《水浒传》第七回)

B. 关系从句。属于典型的背景性用法,其中的"了"表示事件发生在参照之前,通常在说话时间具有明显的相关性,如例(10)(11)。这一类均是词尾"了"。

(10) 惊得洪太尉目睁痴呆,罔知所措,面色如土。奔到廊下,只见真人向前叫苦不迭。太尉问道:"走了的却是甚么妖魔?"(《水浒传》第一回)

(11) 石静走过来,接过我手中的茶杯喝茶,打量着刷了一半的那面墙:"你说今晚咱能刷完这间房子么?"(《永失我爱》)

C. 内嵌句。"了"在内嵌句中出现,体现句子内部的语义联系。如例(12)是鲁达在剃发后玩笑性的说法,表示与现在说话情景相关的主观想法。这一类均是词尾"了"。

(12) 净发人先把一周遭都剃了,却待剃髭须,鲁达道:"留了

这些儿还洒家也好。"众僧忍笑不住。(《水浒传》第四回)

D．将来完成。表示基于当前的现实，对将来事件予以安排，如例(13)；或是对未然情况的预测或主观假设，如例(14)；或者表示命令、催促、劝说等情态句，如例(15)。这一类均是句尾"了"。

(13) 智深道："洒家在五台山真长老处，学得说因缘，便是铁石人也劝得他转。今晚可教你女儿别处藏了，俺就你女儿房内说因缘劝他，便回心转意。"(《水浒传》第五回)

(14)（王进）出得衙门，叹口气道："俺的性命今番难保了！俺道是甚么高殿帅，却原来正是东京帮闲的圆社高二。"(《水浒传》第二回)

(15) 朱武等三个头领跪下道："哥哥，你是干净的人，休为我等连累了。"(《水浒传》第三回)

E."行了、罢了、好了"等。我们将传统上"了"单列语气词这一类用法取消，将其并入我们系统中的结果性用法、现在状态(如"太漂亮了")和最近将来时(如"来了！")中。这里表结果性用法的例子中，"了"所在小句具有明显的现时相关性，表示到目前为止或基于某种条件得出某一新的认识(参见肖治野、沈家煊，2009)，多有"行了、罢了、好了"等搭配用法，如例(16)。这一类均是句尾"了"。

(16) 王眉坐在镜前施妆，细细地、无微不至地像做功课，这倒也确是她们的功课。(我说)"得啦，薄点行了。别把脸弄得像外国人的胳肢窝。"(《空中小姐》)

综上，结果性用法比较宽泛，既不属于其他几类完成体下位用法，又有明显现时相关性。词尾和句尾"了"在结果性用法上的区别体现在两方面：1) 总体数据比例为 307∶524，句尾"了"占有优势。2) 广义狭义小类的倾向性上不同。狭义结果性用法主要是句尾"了"。广义结果性用法中，A 类广义因果用法两个"了"都有，差别不大；B、C 两类均是词尾"了"，从而适应了关系从句、内嵌句等特殊句法结构的需要；D、E 两类均是句尾"了"。[①] 由此我们也可以看出，最典型最基本的狭义结果性用法主要由句尾"了"表达，而结果性用法又是完成体最基本的用法，这也验证了句尾"了"在完成体用法上比词尾"了"更典型、更多样。

2.2　先时性用法

先时性用法表示相对于某一参照时间事件已经发生，多用来强调两个事件纯粹的时间参照关系。有的有明显的时间词语，强调先后关系；有的时间词语不明显，但也显示事件先后关系。两种情况都可以在"了"小句后加上"以后"来显示其事件先后关系，这些情况都只强调时间先后关系，不突出因果关系，所以不是结果性用法。

先时性用法最典型的是用于未然的情况，多是在对话中，有时间词的如例(17)，没有时间词但时间先后明显的如例(18)；也可以用于表示已然的情况，但不是单纯地叙述，而是通过时间先后关系突显主次，如例(19)，用一个"便"突显时间先后关系，所以这种用法是先时性而不是完整体用法，后文将有详述。

(17) 当下日晚未昏，王进先叫张牌入来，分付道："你先吃<u>了</u>

[①] Heine & Kuteva(2006)的第四章指出，欧洲语言中，由"有"义助动词构成的完成体向过去时发展的第四步就是过去完整体，且不能用于将来完成体。以此为参照，实际用例中词尾"了"不见于将然的两种结果性用法，这说明它较句尾"了"在演化道路上前进了一步。

些晚饭,我使你一处去干事。"(《水浒传》第二回)

(18) 郑屠道:"着人与提辖拿了,送将府里去。"(《水浒传》第三回)

(19) 王进见了便拜。太公连忙道:"客人休拜,且请起来。你们是行路的人,辛苦风霜,且坐一坐。"(《水浒传》第二回)

两个时期词尾和句尾"了"的先时性用法比例是 33∶23,这是词尾和句尾"了"共有的两种完成体用法中词尾"了"比句尾"了"数量多的一种用法。

2.3 经历性用法

经历性用法(experiential perfect)是指某种类型的事件在过去一段时间——通常是延展到说话时间内发生过一次或多次。在现代汉语中,一般用"过"表示,如"我去过美国";而"了"一般认为没有经历性用法,这是它与"过"的区别之一。但是,在《水浒传》前十回的部分语料中发现了 3 例词尾"了"的经历性用法,这可以分为两种情况:一种是"了"单独使用表达经历,有 1 例,如例(20)的"俺经了七八个有名的师父,我不信倒不如你",着眼于有生以来的非特定时间累积的经验及其宽泛的现时相关性;它不同于例(21)的"我枉自经了许多师家,原来不值半分",后者着眼于当下的惨痛结果得出的与当下直接相关的认识,是一种较为明显的结果性用法。另一种情况是"了"与"不曾"等共现表达经历,有 2 例,如例(22)(23)。或许有人怀疑这种经历性用法是否是"不曾"带来的,但是我们发现现代汉语口语里的"了"不可以与"不曾(没有)"共现,《水浒传》里这两句中的"了"翻译为现代汉语只能是"过",如"没有亏过你/少过你酒钱"。再加上存在"了"单独使用表经历的例子,所以这里我们判定例(22)(23)仍是早期"了"表经历的用法。值得注意的是,有的与"曾经"共现的例子中的"了"只是底层的结果性用法,如例(24),该例中的经历义由副词"曾经"表示,反映了经历性用法与结果性用法可以同存的事实。上述三种情况分别构成的"了"单用表经历、"了"在否定句中表经历以及"了"与"曾经"在肯定句中共同表示结果和经历,反映了结果性用法与经历性用法之间的连续性。①

(20) 那后生听得大怒,喝道:"你是甚么人,敢来笑话我的本事!俺经了七八个有名的师父,我不信倒不如你,你敢和我扰一扰么?"(《水浒传》第二回)

(21) 那后生爬将起来,便去傍边掇条凳子,纳王进坐,便拜道:"我枉自经了许多师家,原来不值半分。师父,没奈何,只得请教。"(《水浒传》第二回)

(22) 史进道:"我且问你,往常时,你只是担些野味来我庄上卖,我又不曾亏了你,如何一向不将来卖与我?敢是欺负我没钱?"(《水浒传》第二回)

(23) 鲁达道:"洒家要甚么!你也须认的洒家,却怎地教甚么人在间壁吱吱的哭,搅俺弟兄们吃酒。洒家须不曾少了你酒钱。"(《水浒传》第三回)

(24) 我们的通信曾经给了她很大的快乐。(《空中小姐》)

在《水浒传》中发现词尾"了"的经历性用法,但现代汉语中没有,这也不足为怪。因为"了"与"过"的关系本身就很密切,也说明完成体和经历体的关系密切,它们的体标记用法互补或能替换也可以解释。或许词尾"了"的经历性用法后来就是被"过"替代,其替代过程还有待进

---

① 本章对经历性用法的判断参照前文的定义及 Kim(1998)关于经历体的四个标准。

一步考察。另外,历史上"了"具有经历性用法也有助于解释为什么现在有的方言中相当于"了"的体标记有经历性用法,如湖南湘潭方言中的"哒"(相当于普通话的"了")就保留一种较弱的经历性用法,如"我小时候当哒兵"。(参见胡亚,2015)

《水浒传》中发现的 3 例词尾"了"的经历性用法,构成了这一时期词尾"了"可以表经历而句尾"了"不表经历的一个"类"的区别。

2.4 持续性用法

持续性用法(continuative perfect),表示一个过去发生并持续到现在的情状。Chappell(1986)指出,许多研究者都认为,双"了"句的功能类似于英语持续性的现在完成时"have been V-ing",该形式负载着动作将会持续的隐含。由此可见,双"了"句最典型的用法应该是持续性用法,如"我等了你一个小时了"。但事实证明,句尾"了"本身也可以表示持续性用法,如例(25)所表达的意思是从过去持续到说话的现在。而"我等了你一个小时"中的词尾"了"所隐含的持续义可有可无,很容易被取消,如"昨天我等了你一个小时,后来见你没来,就先走了",所以本章认为词尾"了"不具有持续性用法。

(25)"你左眼角下垂多长时间了?""不知道呵。"我忙站起来,按着自己左眼角去照墙上的镜子。(《永失我爱》)[①]

我们的语料调查中唯一的 1 例双"了"句是例(26)。有意思的是,这一个双"了"句却不是持续性用法,而是结果性用法,表示一种担心和猜测。我们认为这是量化成分在起作用。一般持续性用法中都会出

---

① 该章发表时引用的例句是《水浒传》的"小人起多时了","起"的"起床"义是瞬间动词,兼表状态义。感谢田青骅提出这一问题。

现一个量化成分,如"我等了你一个小时了"中的"一个小时"或例(25)中的"多长时间"。这样,尽管例(25)不是双"了"句,仍然表示持续性用法。例(26)虽是双"了"结构,由于没有时间量化成分,不能表示持续性用法。

(26)刘太公扯住鲁智深道:"和尚,你苦<u>了</u>老汉一家儿<u>了</u>。"(《水浒传》第五回)

也就是说,双"了"句要表示持续性用法应有时间量化成分;不含时间量化成分时,则可能表示完成体的其他用法。持续性用法只有句尾"了"才有,两个时期总共出现3例,这也是句尾与词尾"了"第二个"类"的区别。

2.5 报道新情况用法

报道新情况用法(hot news)指所呈现的信息是第一次传递给其他人,多用在对话中。Schwenter(1994)首次从历时的角度对其进行研究,认为它把新话题引入对话,并使过去情状"前景化",其现时相关性出自于它的"重要性"和"最近"两个特点。如例(27)就是报道一种新的、最近发生的、重要的情况。

(27)再说史进正在庄上,怒怒未消,只见庄客飞报道:"山寨里朱武、杨春自来<u>了</u>。"(《水浒传》第二回)

从例子可以看出,新情况用法一般在语段始端。主要根据说话者的目的判断,一般是纯粹报道一个新消息,前面没有什么铺垫;若是有解释或广义因果关系等,则属于结果性用法,如例(28);若是平静地叙述给听话者一件事,则是长对话中的叙述成分,属于完整体用法,如例(29),但该例采用的形式是词尾"了",显示了两者之间的形式差异。新情况用法与完整体用法易混也不足为怪,因为从上边新情况的定义介绍和特点,就可以看出它不仅具有完成体的现时相关性特点,更具有完整体的"前景信息"和独立报道的特点。Schwenter(1994)指出,根据西班牙语的材料,报道新情况是完成体到完整体的过渡阶段。

(28) 庄家们都动掸不得,被林冲赶打一顿,都走了。林冲道:"都走了,老爷快活吃酒。"(《水浒传》第十回)

(29)(王眉说)"昨晚,薛苹给我讲了件事。她家那儿有个女孩,自己做了杆火药枪,把她男朋友打了个满脸花。她躲在墙角,那男的走过来,她面对面举起枪,'啪'地打了过去。"(《空中小姐》)

报道新情况用法也只有句尾"了"才有,两个时期总共出现10例,这是句尾与词尾"了"第三个"类"的区别。

2.6 小结

综上所述,完成体的五种用法在我们的量化分析中都有所体现,虽然数量大小不一。具体数据如表1。

表1 词尾和句尾"了"的完成体用法比较

"了" 完成体用法	词尾"了"				句尾"了"				
	结果	先时	经历	合计	结果	先时	持续	新情况	合计
《水浒传》	150	23	3	176	138	21	1	4	164
王朔小说	157	10	0	167	386	2	2	6	396
合计	307	33	3	343	524	23	3	10	560

横向来看,比较词尾"了"和句尾"了"的完成体用法,主要是"类"的区别。二者共有的是结果性和先时性用法,《水浒传》的词尾"了"独具经历性用法,句尾"了"独具持续性和新情况用法。在共有的两种用法中又有不同:在结果性用法上,句尾"了"不仅在数量上占有绝对优势,而且在狭义结果性用法这一最基本的完成体用法上占主导地位,二者在广义结果性用法上各有倾向性。纵向来看,比较近代《水浒传》和当代王朔小说两个时期"了"的完成体用法,可以看出主要是"量"的区别。词尾"了"完成体用法的近代和当代数据比例是 176∶167,句尾"了"的是 164∶396。说明句尾"了"的完成体用法在历时变化中明显增加。总体来看,两个时期词尾"了"和句尾"了"完成体用法的总比例是 343∶560,句尾"了"占绝对优势。因此,无论是"类"的区别还是"量"的优势,都能证明句尾"了"在完成体用法上的主要地位。

以上是数据的"定量"统计,而从"定性"总结来看,在完成体用法部分主要有五点有价值的发现:第一,对结果性用法进行了广义与狭义的分类,归纳了广义因果、关系从句、将来完成等类别,不仅在结果性用法内部进行了梳理和细化,更使完成体的其他四类下位用法的特征得到了纯化和突出;第二,统计分析发现词尾"了"在先时性用法上的突出性,为完成体经由先时性用法演变成完整体用法提供了证据;第三,《水浒传》中发现词尾"了"的经历性用法,也许可以帮助我们分析"了"和"过"以及完成体和经历体的密切关系。用语义地图来展示《水浒传》中词尾和句尾"了"的完成体用法的区别(见图 1),这与陈前瑞、胡亚(2016)的不同之处就在于经历性用法是此次语料调查的新发现;第四,另一个新发现是持续性用法对时间量化成分的要求,可以帮助我们区分双"了"句的持续性用法和结果性用法;第五,报道新情况易与结果性、完整体用法混淆的问题也在语料分析中得到了区分。总之,这些有趣的新发现和具体用法的细化区分都是语料量化分析的成果,也只有在语料实例分析中才能找到一些理论上难以定义的区别性特征。

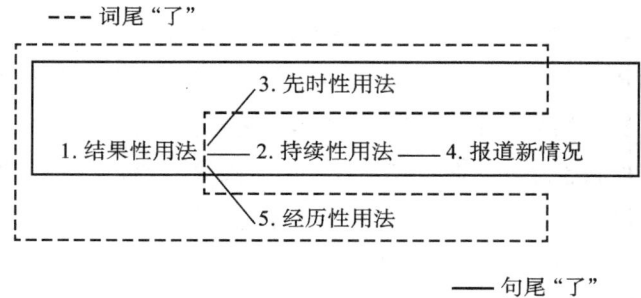

图1 《水浒传》中词尾和句尾"了"的完成体用法语义地图

3. 词尾和句尾"了"的完整体用法的区分与统计

3.1 连续叙述和独立叙述的区分

如前所述,完整体表示情状在时间上是有界的,用于叙述事件的时间序列。根据赵静静(2011),词尾"了"的完整体功能主要体现为两种用法,一是叙述连续的事件;二是叙述独立的事件。本章也将这两种用法分别简称为连续叙述和独立叙述。客观事件实际上是连续的,因此区分完整体的连续叙述和独立叙述,需要一个外在的标准。这个标准包括语篇的性质与长短。性质指叙述而非描述,叙述也可以出现在对话中某个说话人对过去事件的陈述;长短则以句号为标准,一个句号内仅有一个动作的为独立事件,否则为连续事件。①下边分别结合例句分析两种

---

① 虽然对个别用例的句号会有不同的看法,但总的趋势是一致的。

用法。

（一）叙述连续事件。叙述事件的进程，即叙述一系列发生在过去的连续的事件。如例(30)—(32)。

> (30) 从人背了诏书，金盒子盛了御香，带了数十人，上了铺马，一行部从，离了东京，取路径投信州贵溪县来。(《水浒传》第一回)
>
> (31) 智深把房中一椅独桌都掇过了，将戒刀放在床头，禅杖把来倚在床边，把销金帐子下了，脱得赤条条地，跳上床去坐了。(《水浒传》第五回)
>
> (32) 次日，小王都太尉取出玉龙笔架和两个镇纸玉狮子，着一个小金盒子盛了，用黄罗包袱包了，写了一封书呈，却使高俅送去。(《水浒传》第二回)

例(30)中都是词尾"了"，例(31)中都是句尾"了"，但是例(32)中二者兼有。我们具体分析例(32)，前两个是句尾"了"，后一个是词尾"了"，合起来都是在叙述事件，不好说一个是完成体，一个是完整体，所以我们界定这里的句尾"了"也是完整体用法。至于为什么前面用句尾"了"，后面用词尾"了"，这有可能是因为宾语前置等原因，还值得进一步研究。

（二）叙述独立事件。独立叙述可以是概括性的叙述，如例(33)概括叙述两件事情；也可以是特定性的叙述，如例(34)叙述特定场景的事件。

> (33) 她们机场连着出了两次事故。一个水箱没扣上，起飞时，一箱开水都浇到坐在下面的乘务员头上。(《空中小姐》)

(34) 除了照例很多吃的外,她又给我带了几本书。(《空中小姐》)

独立叙述在形式上有三种的类型:一是只有一个独立小句,一个动作,如例(33)的"她们机场连着出了两次事故";二是有几个小句,其中只有一个动作且该动作处于结句的位置,其他的小句只是补充说明条件或状态等,如例(35);三是有几个小句,其中表示动作的小句处于非结句的位置,如例(36),后续小句是信的内容。至于例(37)的"端王相别回宫去了"形式上只有一个小句,但前面还有一个动作"相别",而"回宫去了"仍然是句尾"了"作为连续叙述的用例。

(35) 苗头不对呀,阿眉开始和我较上了劲儿。(《空中小姐》)
(36) 胖子给空中小姐回了信,表示松手、请便。(《空中小姐》)
(37) 两个依旧入席饮宴,至暮尽醉方散。端王相别回宫去了。(《水浒传》第二回)

值得注意的是,叙述事件的用法跟之前提及的表时间先后关系的先时性用法以及表广义因果关系的结果性用法都有关联,但又不便归入其中。它们的这些区别在后文有详细说明。

3.2 "了"的完整体用法的统计

词尾和句尾"了"在《水浒传》和王朔小说两个时期的完整体用法数据如表2所示。

从横向来看,一是词尾"了"和句尾"了"的完整体数量区别,两个时期总数比例分别为574:216,词尾"了"的完整体占有绝对优势;二是叙述连续事件和叙述独立事件在数量上的区别,词尾和句尾"了"都是连续叙述用法远远超过独立叙述用法。具体而言，两个时期的词尾"了"的连续叙述和独立叙述的用例是482∶92，百分比的比例为84∶16；而句尾"了"相应的用例是172∶44，百分比的比例是79.6∶20.4。

表2 词尾和句尾"了"的完整体用法比较

"了"完整体用法	词尾"了"			句尾"了"		
	连续叙述	独立叙述	合计	连续叙述	独立叙述	合计
《水浒传》	349（94.1%）	22（5.9%）	371	130（87.8%）	18（12.2%）	148
王朔小说	133（65.5%）	70（34.5%）	203	42（61.8%）	26（38.2%）	68
合计	482（84%）	92（16%）	574	172（79.6%）	44（20.4%）	216

从纵向来看，词尾和句尾"了"的叙述独立事件用法明显都增加。《水浒传》中词尾"了"独立叙述与连续叙述的百分比之比为5.9∶94.1，王朔小说中独立叙述与连续叙述的百分比之比为34.5∶65.5。《水浒传》中句尾"了"独立叙述与连续叙述的百分比之比为12.2∶87.8，王朔小说中独立叙述与连续叙述的百分比之比为38.2∶61.8。这在一定程度上反映了"了"的完整体用法在句法上的独立性增强。

4. "了"的完成体和完整体用法量化分析的理论意义

4.1 "了"的完成体和完整体用法对立的性质与演变趋势

表3是词尾和句尾"了"的内部功能比较，表4是完成体和完整体的表达手段比较。据此我们可以从横向和纵向两个维度进行比较。

横向来看，有两个方面的区别：一是词尾和句尾"了"各自内部功能的主次,两个时期都是词尾"了"以完整体为主,完成体为辅;句尾"了"以完成体为主,以完整体为辅(见表3)。进而言之,句法位置这一形式上的区别并不能直接造成语法语素意义上的截然对立。二是完成体功能主要由句尾"了"表达,所占比例超出词尾"了"24%;完整体功能绝大部分由词尾"了"表达,所占比例超出句尾"了"46%(见表4)。可以说,词尾"了"的典型功能是完整体,句尾"了"的典型功能是完成体。二者确实存在功能对立,而且这种对立在《水浒传》时期已经形成,并在王朔小说时期得以维持。需要特别指出的是,词尾和句尾"了"在完成体和完整体意义整体上的对立不是整体的类的对立,而是频率的对立。频率的对立属于语言使用方面的对立,因此有学者认为频率也是语言知识或语法的一部分,频率会影响到语言知识的表征方式。(参见 Bybee,2006)本章的量化分析不仅描述了词尾和句尾"了"可能表达的体貌意义,而且在一定程度上描述了两者用作完成体与完整体的频率。进一步研究可以通过不同体貌意义的频率的变化精确地体现体貌意义演化的过程。

表3 词尾和句尾"了"的完成体和完整体用法的数据比较

时期	词尾"了"			句尾"了"		
	完成体	完整体	合计	完成体	完整体	合计
《水浒传》	176(32.2%)	371(67.8%)	547	164(52.6%)	148(47.4%)	312
王朔小说	167(45.1%)	203(54.9%)	370	396(85.3%)	68(14.7%)	464
平均比例	343(37.4%)	574(62.6%)	917	560(72.2%)	216(27.8%)	776

表4 完成体与完整体的表达手段比较

	词尾"了"	句尾"了"	合计
完成体	343(38%)	560(62%)	903
完整体	574(73%)	216(27%)	790

纵向来看,从近代到当代的历时数据比较,词尾"了"的完成体用法有所增加,完整体用法有所减少,数据变化幅度在 13% 左右。而句尾"了"的完成体用法显著增加,完整体用法明显在下降,数据变化幅度在 33% 左右(见表3)。这些体现了句尾"了"和词尾"了"的功能的明显分化,即词尾"了"的完成体和完整体区分程度在缩小,句尾"了"的完成体功能在显著地取代完整体。这一结论也补充了陈前瑞、胡亚(2016)提出的多功能模式的不足,在词尾和句尾"了"兼具完成体和完整体的共时结论上,从历时数据分析中发现二者在完成体功能上可能存在明显的分化。

当然,以上数据的历时比较方面可能涉及文本的差异,王朔小说的口语色彩更强,而《水浒传》的叙述性、故事性更强,而且涉及人物众多,各自人物的对话风格变化较大。这些因素都有待进一步甄别。

4.2　从完成体到完整体演化路径的多样性

从完成体到完整体的语法化路径是类型学研究中普遍认可的。随着研究的深入,学者们也在探索完成体若干用法中的哪一种是从完成体到完整体演化的桥梁。学术界隐约有两种不同的观点:一是经由完成体的报道新情况的用法演变为完整体。对这一路径的支持来自对西班牙语完成体形式的演化研究(如 Schwenter,1994 等),因为该语言中的完成体已经演变成表示最近过去事件的完整体形式,在其新的用法中体现了完成体报道新情况用法的遗留特征。这一观点在已有文献中具有广泛的影响,在主流的文献中似乎是唯一的路径。二是经由先时性用法发展成为完整体,这一路径在已有文献中只有一定的暗示。Anderson(1982)在其最初的语义地图研究的文献中把先时性用法作为完成体与完整体两个节点之间的中间环节,但是该文只是共时的跨语言比较,并没有应用于历时的演化研究。该观点在后来的研究中鲜有回响,也没有具体语言的历时研究证据的支持。不过，根据现有的语义地图的研究（如 Croft，2001），可以认为具有直接联系的概念节点之间存在历时的演化关系。

从《水浒传》中词尾"了"的完成体的用法来看，它只具有较多的结果性用法和先时性用法以及零星的经历性用法，而不具有报道新情况用法，因此难以建构词尾"了"从报道新情况到完整体的演变路径，比较可行的是从先时性用法到完整体用法。至于句尾"了"，它在早期的语料中兼有先时性用法和报道新情况用法，且前者的频率明显高出很多（21∶4，见表1），同样难以否定句尾"了"从先时性用法发展成为完整体的可能。我们目前的语料分析无法证明新情况用法的桥梁作用，但先时性用法对完成体到完整体的过渡作用却是确凿的。下文将详细论证这种过渡关系。

在语料的实际标注过程中，我们体会到完整体和结果性用法的区分较为容易，若叙述中出现明显的结果状态（如"红了脸""大怒"）或广义因果关系（因果、转折、假设等关系），则判断为结果性用法，其他的叙述则为完整体用法。[①] 当然若出现完整和结果两可的例子，则分析这两端的中间状态，主观判断其更接近哪一端，如例（38），虽然是在叙述中，但有明显的因果关系，还出现了关联词语"因"，所以我们认为该例更接近于结果性用法。鉴于结果性用法是完成体最基本的用法，也是最早产生的用法，完整体不大可能直接从这种用法产生。

---

① 根据这一判断标准，例（4）的"见了大怒"虽然也是在叙述中，但我们将其归为结果性用法，因为它表示较为具体的状态变化义，突出的是结果状态"大怒"。而把没有这种结果状态或因果突出关系的普通叙述归入完整体用法。下文在区分先时性和完整性用法的 C 类上也采用类似方法，在叙述中用一些手段突显时间主次的归入先时性用法，如例（19）的"见了便拜"；没有这种突显关系的普通叙述归入完整体用法。由此可见，完整体用法的"叙述"是一种单纯的叙述，而加入其他突显关系的叙述则被归入完成体用法。

(38)（高俅）因帮了一个生铁王员外儿子使钱，每日三瓦两舍，风花雪月，被他父亲开封府里告了一纸文状。(《水浒传》第二回)

真正难以区分的是完整体和先时性用法。完成体中的先时性用法和完整体用法的部分共同之处是叙述有时间先后关系的事件。根据理论背景和语料分析，总结归纳先时性用法和完整体的区别如下：第一，先时性用法主要出现在对话中，多为未然情况，如上 2.2 中的例证；完整体主要出现在叙述中，即使是在对话中出现，也是叙述性成分。第二，一般地按正常时间叙述的是完整体，在整体叙述中突显局部的是先时性用法。在叙述有时间先后关系的事件时，紧缩复句将两个分句合为一句，突显主次，强调时间先后，看作先时性用法，如例（19）"王进见了便拜"这种用"便"等连接的紧缩复句；而用标点分开依次叙述的分句，只是平铺直叙，没有突显主次，看作完整体用法。第三，在标点分开叙述的分句中，若出现"方才、自从、等（候/待）"等词语，突显时间先后，突显主次关系，就看作先时性用法，如例（39）。

(39) 金老道："恩人在上，自从得恩人救了，老汉寻得一辆车子，本欲要回东京去，又怕这厮赶来，亦无恩人在彼搭救，因此不上东京去。"(《水浒传》第四回)

实际标注过程中，我们体会到先时性用法和完整体用法应看作一个连续体，并可以细分为六类：

（一）A 类出现在对话中，多为未然情况，而且在紧缩复句中，如例（40）。

(40)王进大喜道:"太公放心,既然如此说时,小人一发教了令郎方去。"(《水浒传》第二回)

(二)B类也出现在对话中,多为未然情况,有的表示一种将来的安排,如上文例(17)(18);有的表示一种催促,如例(41);有的有时间副词,单纯表示一种将来的时间参照关系,如例(42)。

(41)长老道:"你看我面,快去睡了,明日却说。"(《水浒传》第四回)

(42)真人道:"太尉但请放心,既然祖师法旨道是去了,比及太尉回京之日,这场醮事祖师已都完了。"(《水浒传》第一回)

(三)C类出现在叙述的紧缩句中,有的是用"便"连接的顺承复句,突显主次,如上文例(19)的"见了便拜";有的是"V了道"的紧缩形式,如例(43);有的是含有"V了"的连谓分句,如例(44)。

(43)鲁达听了道:"呸!俺只道那个郑大官人,却原来是杀猪的郑屠……"(《水浒传》第三回)

(44)那两个和尚同旧住持老和尚,相别了尽回寺去。(《水浒传》第六回)

(四)D类出现在叙述的分句中,但有"方才、自从、等(候/待)"等词语突显时间先后关系,如上文的例(39);有的不仅有上述词语突出主次,更是表将来未发生的情况,如例(45)。

(45) 史进回到庄上,将陈达绑在庭心内柱上,等待一发拿了那两个贼首,一并解官请赏。(《水浒传》第二回)

(五) E 类是典型的叙述连续事件,如例(46)。

(46) 下得亭子,把两只袖子搭在手里,上下左右使了一回。(《水浒传》第四回)

(六) F 类是叙述独立事件。这些所谓的独立事件实际上也是连续的叙述语篇的一个部分,只是在形式上相对独立。即便这样,其内部也形成了一个由多个小句到一个连动小句再到一个简单小句这样的连续统,如例(47)—(50)。

(47) 这鲁提辖忙忙似丧家之犬,急急如漏网之鱼,行过了几处州府。(《水浒传》第三回)
(48) 王进请娘下了马。(《水浒传》第二回)
(49) 崔道成和丘道人两个,又并了十合之上。(《水浒传》第六回)
(50) 那后生又拜了王进。(《水浒传》第二回)

以上这六类,从 A 端到 F 端,形成一个从先时性用法明显突出到完整体用法突出的连续统。按照对话、未然、紧缩复句、突显主次和时间先后等因素的重要程度排序,将 A、B、C、D 四类划分为先时性用法;而按照叙述、连续事件、独立事件等因素将 E、F 两类划分为完整体用法。其中,D、E 这两个过渡类界限有点模糊,判断根据其重点在突显主次或时间,还是独立地平铺直叙。

通过对不同时期共时语料的标注,我们不仅深刻地体会到从完成体的先时性用法到完整体用法的连续性，也认识到这种共时的连续性只有构建从完成体的先时性用法到完整体用法的历时演变路径才能得以解释。结合类型学的已有研究和本章的研究，我们可以概括出从完成体到完整体的演化存在经先时性用法或报道新情况用法这两条具体的路径，不同的语言结合自身特定语法语素的形式特点和语义特点，选择适当的路径，即词尾"了"经由先时性用法发展出完整体用法，而句尾"了"的完整体用法很可能受到这两种路径的影响，且从先时性用法到完整体用法的证据更加充分。

4.3 从连续叙述到独立叙述：离过去时还有点儿距离

以往的研究只是泛泛地提到完成体演化为完整体的过程中，其语篇功能也发生演变，从突出对话中的现时相关性发展出叙述的功能，本章则进一步指出在汉语中"了"的完整体的功能还有一个从连续叙述到独立叙述的过程，这在一定程度上可以解释词尾"了"所在小句自足性的增强。

郭锐（2016）同样注意到了类似的现象，并把重点放在了汉语叙述方式的改变和词尾"了"的结句现象之间的关联上。郭文认为："了$_1$"（大致相当于本章的词尾"了"）在现代汉语中逐渐产生了结句的用法，说明"了$_1$"正在从完成体演变为过去时。根据郭文的定义，非结句的"了$_1$"是内部时间参照，要求有后续事件或数量短语等，它具有"影响性"，即表示某事件对参照时间的状况有影响；而结句的"了$_1$"的参照时间是说话时间，但没有完成体的"影响性"，而仅仅是对过去事件的客观叙述。

从我们的概念系统来看，郭文认为非结句的"了$_1$"具有影响性，是完成体。这一点支持本章将部分词尾"了"标注为完成体用法，但并非所有非结句的"了$_1$"都是完成体。凡用于连续叙述而不强调事件与说话人之间的特定相关性的都不应该定位为完成体，而应该定位为完整体。

郭文详细地统计了近代至当代的15种语料中"了$_1$"和"了$_2$"（后

者相当于名词性成分之后的句尾"了")以及其他几种"了"的结句用法的演变,发现"了₁"的结句数量总体上从明清的5%上下,增加到当代的20%左右,而"了₂"的结句比例还略有下降。这一统计数据很有价值,与本章两阶段的断代统计数据的趋势是一致的,即共同体现出词尾"了"的句法独立性增强,并弥补了本章语料阶段偏少的不足。只是我们认为这一变化背后是词尾"了"的完整体用法日益发展,其独立叙述功能明显增加,其中结句只是一个方面的表现,更为突出的表现应是词尾"了"独立成句功能的进一步发展。

郭文则认为这种结句功能的变化与汉语叙述方式的改变有关。中国传统小说采取的是被叫作拟话体的互动式叙述方式,而当代作品受西方小说叙述方式的影响,转变为单向式叙述方式,把事件当作过去发生的事,与当前无关。我们则认为,从根本上说,从完成体发展出完整体或过去时的用法是一条具有普遍性的演化路径,导致这一路径的原因有不同的解释。其中的一种解释是语言使用方式的改变。完成体除了传达"过去或完整体"的语义之外,还表示一种"现时相关性"。当这种现时相关性过度使用而被磨蚀其语用效力时,最终听者只能推理出"过去或完整体"这部分语义,完成体也就演化成完整体。(参见 Bybee et al., 1994:86—87)叙述方式只是在一定程度上发挥作用的外在因素,深入研究该因素,可以看到更多演变的细节。因此,应该具体研究这种叙述方式的演变如何促进"了"的叙述功能的演变。

至于结句的"了₁"郭文认为是过去时,[①] 我们认为应该是完成体或

[①] 郭文关于"了"可表过去时的观点引用了李铁根(2002)、Lin(2000)等文献,这些文献认为"了"在表体貌意义的同时也表示"相对过去时"含义。相对过去时是一个有争议的概念,特别是与完成体表示事件在参照时间之前发生的含义难以区分。因此在已有的类型学的重要研究中基本上不使用该术语,而是采用完成体这个术语。从本章的立场来看,"了"表相对过去时基本上没有必要再加讨论,反而是郭文的"过去时"是类型学和语法化研究中可以准确把握并有重要的节点意义的概念,而且郭文也是有意识地将完成体与过去时加以区分。

完整体,具体鉴定仍然是依据是否具有现时相关性。我们认为,结句与否是观察小句语义和语用功能的一个特定指标,但是这一指标不足以改变完成体或完整体这些具有一定普遍性的术语的界定。在跨语言比较的时候,仍然要坚持意义的标准,而不能机会主义地选用具体语言的具体标准。在郭文所引的例句中,例(51)是叙述发生在过去时间的独立事件,既是结句的、自足的,又是本章所说的完整体。例(52)也是结句,但处在因果关系的多种复句中,包含词尾"了"的原因小句还兼表示递进关系;该例显然不是按照事件的时间进程来叙述,而是表达强烈的现时相关性,属于本章所说的完成体的结果性用法,不属于郭文所说的"过去时"。①

(51) 后来,警察对我进行了单独询问。(王朔《一半是海水一半是火焰》)

(52) 巩老太太却忘不了这个碴口儿,打狗还得看主人呢,何况冯爷打了她的儿子。(刘一达《画虫儿》)

宋文辉(2019)发现在河北正定方言中,词尾"了"有两个变体:一个是[·la],具有结构上的自足性,主要表示完整体,可以跟具体的过去时间名词共现,用于前景性的事件;一个是[·ləu],结构上的自足性较弱,主要表示完成体,用于背景性的事件,侧重事件之间的各种参照

---

① 审稿专家认为:作者只承认"现时相关性",而没有注意到对后续事件的影响也是相关性;所谓完成体和完整体的区分可以说是一笔糊涂账。需要说明的是,随着研究的深入,现时相关性作为一个专业术语,不同于宽泛的语篇相关性,其内涵与外延的限定越来越严格,其内涵指过去动作带来的相关的状态,其外延倾向于有限的意义类型(参见 Nishiyama & Koenig, 2010)。可以明确地说,经过量化研究,我们对完成体的现时相关性以及完成体与完整体的区分比以前清楚多了,为厘清这一笔糊涂账建立了一定的基础。就例(52)而言,结句的"了₁"一样可以与前文的事件具有现时相关性的关系。

关系以及多种现实和非现实的广义因果关系。例(51)(52)的词尾"了"在正定话中都念[·la]，但是例(52)还要在句尾加上一个与词尾"了"语音形式相同的[·la]，形成双"了"句，以表示某些特殊情况下的完成体功能，从而区别于例(51)[·la]的完整体功能。宋文认为，词尾[·la]结构上的自足性与语义上的完整性以及篇章的前景性具有内在的关联性。本章认为，宋文用结构上的自足性说明词尾[·la]与完整体较高的相关关系，要比郭文用结句直接界定普通话的词尾"了"的过去时要更为妥当。本章对词尾和句尾"了"的完成体与完整体用法的量化统计，一定程度上就是量化不同位置与体貌意义的关联度。

至于一些学者说到"了₁"也有过去时的功能。这一观点应该从两个方面来看，当某个完整体形式用于动态动词的叙述功能时，有时也标注为过去完整体，这时候完整体与过去时的区分并不明显；但并不能因此而将这些完整体形式直接称为过去时。根据 Bybee et al.(1994:92)，完整体与过去时的区分主要看两点：

一是看体标记与动词的共现。完整体与静态谓词共现时，它或者表示状态的变化，或者表示现在状态的存在，后者如汉语的"这件衣服大了一号，退了吧!"，它表示这件衣服现在不合身；真正的过去时表示状态在说话时间之前存在，而在说话时间该状态并不存在。① 洪波(1995)把普通话中词尾"了"的这种功能概括为"偏离标准体"，郭锐(2016)所说的结句的"了₁"并不包括这种看法。但是，对词尾"了"的整体分析应该能够很好地说明两种用法的共时和历时关系。从共时和历时两个角度来看，词尾"了"与静态谓词共现产生两种不同的特殊意义，正好说明了体貌标记与动词语义类型之间的互动关系。因为一般认为，时与

---

① 这种测试仅限于典型的静态动词。另外，在宾语从句中有时状态动词需要与主句的过去时保持时的一致性，从而与现在是否存在该状态无关。这一点认识是根据审稿专家的意见得出的。

动词的内在语义类型没有什么关系，是一种更为泛化的时间语义，过去时与静态谓词共现时体现出标准的过去时的含义。因此，即便是把与动态谓词共现的结句的"了₁"看作过去时也是不合适的，因为它排斥了静态谓词，正好说明它多数情况下还只是一种过去时完整体。

二是看作为完整体的体标记与进行体或未完整体标记的共现。如果结句的"了₁"是过去时的话，它应该能跟进行体共现，共同表示过去进行体。这显然是不行的，如"他正在看了一本书"完全不可接受。汉语存在一系列表示进行体或未完整体意义的形式，它们与词尾和句尾"了"形成宽泛的对立关系，从而巩固了词尾"了"的体貌意义，使之发展出完整体的用法。这也是完成体语法化为完整体而不是过去时的一般条件。

词尾"了"的完整体用法逐步发展，从连续性叙述逐步发展出可以结句，甚至是可以以一个小句的形式自足性地叙述一个独立事件。可以说是朝着过去时方向发展了一步，但还不是典型的过去时用法，离演化成为过去时还有一定的距离。这一认识不仅准确地反映出词尾"了"的语法化的阶段性特征，而且也更加接近多数研究对汉语时体系统以及汉语类型特征的认识（参见 Bybee, 1997）。

5. 结语

本章对近代语料《水浒传》前十回及当代王朔小说的部分语料中词尾和句尾"了"的完成体和完整体用法进行了量化分析，共时分析的结果显示，两个"了"兼有完成体和完整体，但二者也存在基于频率差异的功能对立：词尾"了"以完整体为主，句尾"了"以完成体为主。在完成体方面，除了句尾"了"数量上的优势，二者还具有不同的完成体下位用法：两个"了"共有的是结果性和先时性用法，句尾"了"独具持续性和新情况用法，早期词尾"了"独具经历性用法；在完整体方面，词尾和句尾"了"都是叙述连续事件用法远远超出叙述独立事件用法。历时的分析显示，词尾"了"的完成体用法有所增加，完整体用法有所减少；而句尾"了"的完成体用法显著增加，完整体用法明显下降。这说明句尾"了"和词尾"了"可能存在功能分化的趋势。

本章确立了一些标准和关键因素以区分完成体和完整体，将完成体的结果性、新情况和先时性用法与完整体分别比较，最为突出的是建立了一个连续统判定先时性用法和完整体，并总结了各自的一些关键因素，如完整体的"叙述、连续事件、独立事件"，先时性用法的"对话、未然、紧缩复句、突显主次或时间先后"，以便在该连续统中区分一定的阶段性。这些关键因素也可以按照重要性程度排序，可以视为区分完成体和完整体的操作性标准。

词尾"了"经由完成体的先时性用法发展出完整体用法，不同于已有研究广泛提及的从完成体的报道新情况用法发展到完整体用法的路径，体现了从完成体到完整体语法化路径的多样性。完整体自身的发展存在一个从连续叙述到独立叙述的发展过程，并在句法上体现为词尾"了"所在小句的独立性逐渐增强，但是还没有发展成为过去时用法，仍然体现了从完成体到完整体语法化路径的一致性。

本章只是一个初步的尝试，如有可能，下一步的工作是进一步扩大语料的调查范围，分析各个不同时期"了"的用法变化，思考词尾和句尾"了"功能叠加背后的深刻原因，争取做到量化研究与理论研究相互支持。

第五章 从方言语音看"了"的功能演化*

1. 引言

"了"是汉语语法研究的热点和难题,也是汉语语法研究发展水平的一面镜子。李小军(2016:93—116)归纳了已有研究中不同方言的助词"了"在其演变过程中的语音变化以及音义互动关系,在材料和理论两方面均富有启发性。由于已有研究主要使用动态助词和事态助词或语气助词这几个意义标签,在"了"的语法意义的描述方面还不够细致;有些更加细致的描写还没有被充分地关注,如吴继章(2006,2007,2008)等对河北魏县方言"了"的两种读音和两种位置的描写,因而未能更好地展现 Bybee et al.(1994)提出的形式与意义平行虚化的过程。陈前瑞(2016),陈前瑞、胡亚(2016)把普通话或北京话的助词"了"分化为完结体、完成体、完整体三种典型的体貌功能以及现在状态、最近将来时两种非典型的时体功能,其中完成体又分化为几种语用性质的用法。胡亚、陈前瑞(2017)在已有研究的基础上进一步把完整体分化为连续叙述和独立叙述两种用法,并指出词尾"了"是从结果性用法经由先时性用法发展成为完整体的,不同于从完成体的报道新情况演化为完整体的路径。这些研究为"了"的跨方言比较提供了更加细致的概念系统,丰富了观察和分析方言事实的视角;但这套概念系统的确立以及

---

* 本章与吴继章合作完成,原载《汉语学报》2019 年第 2 期。

这些概念节点之间的共时关系和历时演变关系也都有待于方言事实的检验。

本章主要基于河北、河南和山东方言的材料来分析助词"了"的功能演化,尤其偏重河北魏县的材料。之所以选择这些地区的方言,是因为这些地区的助词"了"与北京话中的"了"的同源关系比较明显(参见高晓虹,2010),且具有更加丰富的语音变化现象,得到了比较充分的描写。本研究严格根据"了"的位置来区分词尾"了"和句尾"了",这与刘勋宁的系列研究(如刘勋宁,1990,2010)的思路是一致的。词尾"了"严格界定为"动/形+了+宾/补"中的"了",如"我听了这件事很高兴"。句尾"了"界定为作为小句的"动/形/名+了"中的"了",如"我听了很高兴"。本章首先讨论词尾"了"的方言语音与功能演化,因为词尾"了"的形式与功能相对简单;然后分析句尾"了"的方言语音与功能演化;最后总体上讨论方言语音与助词"了"功能演变相关的几个理论问题。需要说明的是,本章主要分析"了"的时体功能,对其在部分方言中的能性意义暂不涉及。

2. 方言语音与词尾"了"的功能演变

2.1 "了"的演化路径及完结体的音义表现

陈前瑞、胡亚(2016)概括了词尾和句尾"了"主要时体功能的语义地图,即图1。该图的基本思想与 Bybee et al.(1994)一致,即源于结束义的完成体(perfect)是从完结体(completive)发展而来,又会进一步发展成为完整体(perfective)。只有把"了"的完成体用法置于从完结体到完整体的演化序列中才能进一步认识完成体自身的形式与意义的关系。

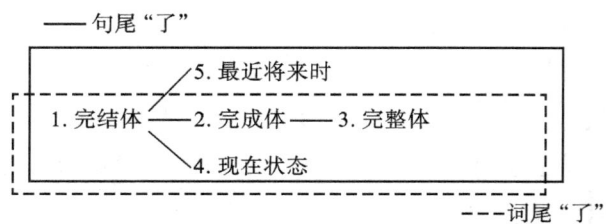

图 1 词尾和句尾"了"主要时体功能的语义地图

吴继章(2006)对魏县方言的"了"的语音和用法进行了详细的描写,为本章的分析提供了重要的语料基础,魏县方言的例证除行文中有相应说明的之外,均引自该文并标注该文的页码与编号。本章根据新的概念系统对这些例句进行了重新解读和归类。在魏县方言中,词尾和句尾的"了"有两种读音:一种读[lan],标为"了₁"(为了便于阅读,本章轻声标记一律不加点);一种读[lau],标为"了₂"。跟北京话类似,魏县词尾和句尾"了"都具有完结体的功能,都读"了₂",本章一并讨论。完结体多用于祈使句,且动词是表示去除义的自主动词,表示动作完全、彻底的结束。如例(1)为句尾"了"的完结体功能,例(2)为词尾"了"的完结体功能。

(1)把房子拆了₂!(22 页例 28)
(2)砸了₂那个破玩意儿!(22 页例 38)

魏县方言句尾"了"的完结体跟北京话一样,还可以出现在否定句中,但前者还有自己的特点。吴继章(2006:22)特别指出:"了₂"处于句尾或小句的末尾时,既可以像一般情况下的"了₂"一样读轻声,也可以读阴平,但读轻声或阴平句义不同。当"了₂"读轻声时,答句仅仅是把动作行为的结果作为事实告诉问话人;而当"了₂"读阴平时,答句强调虽然事情没能做成、没能如愿,但动作行为的主体是竭力想做成的,句子突出的是这种主观上的努力。如例(3)(4)。可见,完结体在表示最明显的强调意义时,还可以恢复声调,在形式和意义的两个方面都表现得最为实在。

(3)他走了₁没有? 他没走了₂/他差一点儿没走了₂。(22页例22)

(4)那个谁的病好了₁没有? 他的病没好了₂,人早没了₁俩仨月了₁。(22页例26)

2.2 词尾"了"完成体的音义关系

本章的完成体是指事件发生在参照时间之前,并具有现时相关性。其跨语言的典型例证是英文的 have 加过去分词构成的现在完成式。完成体在实际使用中会体现出各种具体的现时相关性,表现为一些具体的用法。陈前瑞(2016)在陈前瑞、胡亚(2016)的基础上,构建了词尾"了"、句尾"了"和双"了"句的完成体的语义地图,见图2,该图涉及四种用法。跟词尾"了"直接相关的有两组用法,即结果性用法与先时性用法、结果性与持续性用法,四种用法的解释详见下文结合例证的分析。

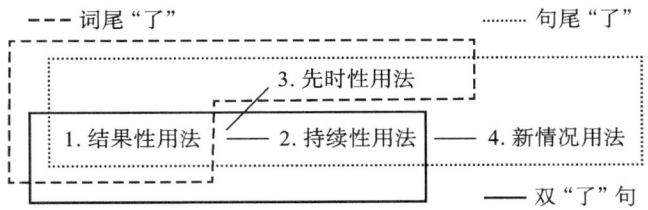

图2 词尾"了"、句尾"了"和双"了"句完成体用法的语义地图

2.2.1 词尾"了"完成体的结果性用法与先时性用法的音义关系

完成体结果性用法,表示当前状态是由过去发生的动作引起的,即过去发生的事件的结果在说话时间(或其他参照点)仍然存在。这是完成体最基本的用法。根据胡亚、陈前瑞(2017),结果性用法又分为两种:一种是狭义的结果性用法,是指由过去动作行为带来的现在结果及状态,也包括现在状态的改变;一种是广义的结果性用法,其中有一类是包含宽泛的因果、假设、条件、转折、让步等关系。

魏县方言中,词尾"了"狭义的结果性用法,读[lan],标为"了₁",如例(5)(6),都是已然的且小句带有量化成分。该形式是一种相对简单、弱化的形式,因为它关联的是一组较为虚化且不具有强调意义的用法,如后文将要讨论的完整体意义。例(5)描述动作"拆"带来的状态是"一地灰";例(6)的"吃"带来的状态是"不饿",所以该句的言外之意是不急于吃。这些都是从"了"所附加的动词的语义直接衍推出来的某种现时相关的状态。

(5)他家拆房子拆了₁一地灰。(14页例8)
(6)锅里头的饭我先吃了₁点儿。(14页例5)

而广义的结果性用法中,凡涉及已然并带有无定量化成分的因果关系的,也读[lan],标为"了₁",如例(7)(8)。例(7)是显性的因果关系,例(8)表面上是转折关系,但预期信息之间仍然体现了因果关系,即"因为只有那一点儿路,所以应该只走很短的时间"。

(7)馍馍怪好吃的,我一口气儿吃了₁仨。(14页例2)
(8)就那一点儿路儿走了₁仨钟头。(14页例19)

但是,凡涉及假设、条件等非现实语境且宾语不含无定量化成分时,读[lau],标为"了₂";该形式是一种比[lan]相对复杂的形式,它关联的往往是比较实在并具有强调作用的意义,如前文涉及的完结体意义;如例(9)是无关联词语的假设句,例(10)是虚拟的让步句。后文涉及魏县方言的"了₁"与"了₂"的,读音与此节标注的一致,不再一一注明。

(9)剥了₂皮儿好吃。(27 页例 148)
(10)就算你真的当了₂书记了₂,也不能跟着老三说的那样对乜(人家)。(26 页例 140)

吴继章(2006)还特别指出定语中的"了"也是"了₂",从举例来看并不受已然和非已然条件的限制,如例(11)(12)。胡亚、陈前瑞(2017)也把这种定语或关系从句中的用法归为广义的结果性用法。

(11)放大了₂的相片儿看得清。(29 页例 198)
(12)写差了₂的字儿有六七个呢。(29 页例 199)

先时性用法表示相对于某一参照时间事件已经发生,多用来强调两个事件纯粹的时间参照关系。魏县方言中的先时性用法有两种读音。

一是未然的或已然的,但宾语或补语不带无定的量化成分,读[lau],标"了₂"。例(13)为未然的先时性用法,例(14)为已然的先时性用法。例(15)的宾语由指示性成分与量化成分构成,吴继章(2006)明确指出这种结构中的"了"仍读"了₂"。

(13)我下了₂学以后给你打电话。(24 页例 89)

(14) 他俩见了₂面儿就吵起来了₁。(23页例65)
(15) 你先吃了₂这几服药再说。(24页例79)

二是宾语或补语带有无定的量化成分的先时性用法,其中词尾"了"读[lan],标为"了₁"。例(16)言前一事件之短,例(17)言前一事件之长,均为已然的,只是强调无定量化成分的存在。

(16) 他才站了₁一站就坐那儿了₁。(16页例59)
(17) 天一直阴了₁月把子才晴啊。(16页例70)

2.2.2 双"了"句完成体的结果性用法与持续性用法的音义关系

图2中现代汉语双"了"句只有结果性用法和持续性用法,两者具有直接语义关系,但其演变关系一直缺乏很好的论证。

陈鹏飞(2005)指出,在林州方言中,"吃了半了钟头了"如果表示吃的动作的持续即持续情状,词尾"了"读[lə⁷];如果表示非持续的情状,词尾"了"读[lau]。这两种不同的读法中,都含有句尾"了",但句尾"了"的读法是一致的。陈文的持续情状就是完成体的持续性用法,表示动作在说话时间仍然持续,即在说话时间"吃"的动作仍然在延续,从而表达"吃得太久了"之类的言外之意;所谓的非持续情状,即双"了"句的结果性用法,表示"吃"的动作结束了半个小时,现在可能正处于消食或可以活动的状态,大致属于狭义的结果性用法。林州方言双"了"句的结果性用法的语音形式要比持续性用法更为实在,而结果性用法关联的是动作的终结点,持续性用法关注的是动作持续的任意终止点,后者更为虚化,从而体现了形式与意义的平行虚化。

但是,在河北魏县方言中,双"了"句中词尾"了"并不因为动词的不同特点以及同一动词的不同解读而读不同的音,而且句尾"了"也跟词尾"了"一样,读[lan],标为"了$_1$"。如例(18)(19):

(18)他睡了$_1$觉了$_1$。他睡了$_1$一个钟头了$_1$。(15页例46)
(19)他来了$_1$这儿了$_1$。他来了$_1$两天了$_1$。(15页例47)

可见,如果词尾"了"有强弱两种不同的读音,不同的方言在双"了"句这两种用法上会采取不同的语音表现,或区分,或不区分。如果区分两者,正好可以帮助我们观察两种用法意义的虚实和演变关系。但是,根据现有材料,并没有发现哪一个方言在持续性用法上采用复杂的形式,而在结果性用法上采取虚化的形式。可见,完成体的语义地图对完成体形式这两种用法的音义关系有较好的预测作用。

2.3 词尾"了"的完整体的音义关系

完整体是词尾"了"语法化程度最高的一种用法,它表示情状在时间上是有界的,用于叙述事件的时间序列。在已有的汉语方言的描写文献中一般统称为动态助词或完成体,并不区分完成体与完整体。胡亚、陈前瑞(2017)构拟了完整体从连续叙述到独立叙述的发展过程。从这个角度看,已有的方言描述中,有不少涉及词尾"了"的独立叙述的用法,但很少涉及完整体的连续叙述用法。比较例(20)(21)和例(22)(23)这两组例句:前者有明显的现时相关性,尤其是例(21)的"才"与"恁些"对比,显示出明显的责备之意,因而是完成体功能;后者只是客观地叙述过去发生的具体、独立的动作,属于完整体功能。

(20)那东西我只要了$_1$一丢丢儿。(14页例6)

(21)他把才浇过的地踩了₁恁些坑。(14页例9)
(22)老师给了₁他三本儿书。(14页例3)
(23)他嘭(溅)了₁我满身水。(14页例7)

上述4例中词尾"了"均为"了₁",都是相对弱化的形式,从而看不出两者之间的差异。但是,吴继章(2008:117)指出:在"V+了+O+了₁"中,如果动词为"给","了"可以绝对地自由变读,如该文所引的例(24)(25);"了"前的动词为其他动词时,句中的"了"自由变读就不那么"绝对"了。首先,读"了₁"的频率要明显地高;其次,句中的"了"读"了₂"时,句子有强调事件发生的时间距"今"较为久远的意思,因此,当句中出现"早""早就""好几年头里……就"等词语时,"了"读"了₂"的频率就会高一些,如该文所引的例(26)(27)。可见,同样是"给"字句在双"了"句中有两读,但由于"给"本身的双及物句型的限制,语音变化本身不再负载意义;但在非"给"字句中,复杂形式具有更为明显的现时相关性,弱读形式具有较低的现时相关性。语音的变化反映了现时相关性的强弱,也是间接地体现了主观性的强弱。

(24)他把东西给了我了₁。
(25)你真舍得,把怎么(那么)大个孩子也给了乜(人家)?
(26)好几年头里,他就在老家那边盖了房子了₁。
(27)他上大学那一年,早就结了婚了₁。

完成体为何会发展成为完整体?学术界没有特别好的解释。Bybee et al.(1994:86—87)认为,完成体除了传达"过去或完整"的语义之外,还表示一种"现时相关性"。当这种现时相关性过度使用而被磨蚀其语用效力时,最终听者只能推理出"过去或完整"这部分语义,完成体也就演化成完整体。通过魏县方言词尾"了"的变读,我们可以体会到现时相关性的磨损会导致语音的弱化,反之,通过语音的非弱化形式可以更好地突显这种相关性。不过,这种非弱化形式的突显在特定句式如"给"字句的双"了"句中会失去作用,一旦句尾"了"不被使用,就会彻底失去现时相关性,进而获得完整体功能。

至于具有完整体功能的词尾"了"在语音上是不是进一步弱化,一些方言中的变韵和变调现象是否关涉形式与意义的平行虚化,还有待进一步研究(参见李小军,2016:105—112)。①

2.4 词尾"了"形式与意义演化关系的讨论

从图2来看,结果性用法与先时性用法存在直接关联,一般认为先时性用法要比结果性用法更虚,正常情况下,先时性用法要比结果性用法的语音形式要更为弱化。但是,从魏县方言"了"的分布范围来看,先时性用法在更多情况下要比结果性用法的语音形式更为实在,其复杂形式在魏县方言中主要关联完结体(参见2.2.1对词尾和句尾"了"完结体功能的描述)、能性意义等较为实在的意义。

据陈鹏飞(2005),河南林州方言中这种较为实在的"了"读[lau]而不读[lʌʔ]或[ləʔ]。陈文把这种用法与近代汉语的完结动词"了"联系起来,如例(28)(29)。据王琳(2010),施其生(1996)最早在汕头方言中发现了类似的用法并论证了它与汉语史上表"完毕"义"了"的关系。

(28)有一僧吃粥<u>了</u>,便辞师,师问……(《祖堂集·观和尚》)

---

① 另可参见张慧丽、潘海华(2019)对动词变韵与事件结构的关系的分析。该文的观点或许还可以从多功能性的角度进一步分析。

(29) 见了师兄便入来。(《敦煌变文集·难陀出家缘起》)

杨永龙(2001：151、165、181)认为,《朱子语类》中"做了这一事,却做那一事"的"了"兼表"完毕"和"先时",因为这里的"做"为延续性情状,其中的"了"是动词性质的,是补语。在 VO 为终结情状的情况下,动词都是瞬间完成的,"了"无法负载完毕义,转而突显变化的完成,强调时间上的先后关系。陈前瑞、张华(2007)经过统计分析,发现在《祖堂集》《三朝北盟会编》中"VO 了 VP"或"V 了 OVP"表时间先后的用法先于表因果关系的用法。从本章的术语来看,在动词为持续动词的情况下,这里表示时间先后的"VO 了 VP"或"V 了 OVP"并不是真正的完成体,而是完成体之前的完结体,反映了更早发展阶段的语义特点。由此也就解释了部分方言中部分先时性用法保留早期复杂语音形式的特点。

基于前文的描述,本章发现魏县等方言中的"了"从完结体经完成体至完整体的演变并非单线条的(见图 3,图中的实线框为完成体的不同用法)。完结体为相对复杂的形式如魏县标为"了$_2$"的[lau],进入完成体的结果性用法中形式与意义开始分化。原有的复杂形式继续保留,用于定语中的(受图形限制在图 3 中未标注)或非现实、非无定量化的结果体,并在此基础上发展出非量化的先时性用法。相对简单的形式如魏县标为"了$_1$"的[lan],用于无定量化的、已然的结果体,进而发展出已然的、带无定量化宾语的先时性用法,最终演化为完整体。北方部分方言材料中"了"的形式与意义对应关系,加深了我们对完成体语法化过程的复杂性和规律性的认识。[①]

[①] 宋文辉(2019)报道了河北正定方言词尾"了"的两个变体,分别表示完成体和完整体。可参见本书第四章的引证。另可参见范晓蕾(2018)。

第五章 从方言语音看"了"的功能演化 111

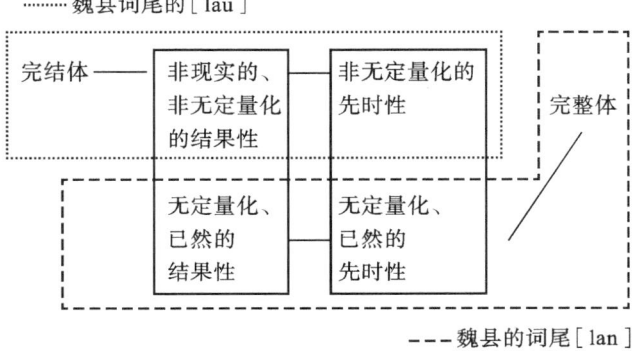

图3 魏县方言中词尾"了"的形式与意义对应的语义图

3. 方言语音与句尾"了"的功能演变

3.1 句尾"了"完成体功能的音义关系

3.1.1 新情况用法的音义表现

根据图2,句尾"了"有四种完成体用法,由于结果性用法、先时性用法的关系以及结果性用法与持续性用法的关系在前文已经有所讨论,这里首先重点讨论新情况用法在方言中的音义关系。新情况用法一般认为是语法化程度较高的完成体用法,被视为向完整体用法发展的桥梁(Schwenter,1994)。

魏县方言中句尾"了"新情况用法读为[lan],标为"了₁"。吴继章(2006)在语气助词的标签下,列举了两类不同句法形式的例句。本章对其进行了重新理解,其中有的属于我们所说的新情况用法,如例(30)(31)(32),它们形式简短,不含有任何评价性成分,可用于直截了当地告知听话人完全不知道的新信息,而且这些新信息一般是近期发生的。

(30) 他走了₁。(17页例74)

(31) 房子倒了₁。(17页例75)

(32) 小三儿结婚了₁。(17页例77)

张宝胜(2011)指出,河南汝阳话的句尾"了"存在下面的区别。例(33)读[lɛ],属于"行域"的用法,描述事件的实际情况,相当于本章的完成体的结果性用法;例(34)读[lə],属于"言域"的用法,标明下面是说话人要告诉听话人的内容,相当于本章的新情况用法。比较而言,新情况用法在语音上略轻,是一种更加虚化的用法。

(33) 他闺女学习可好,今年考上北大了_行[lɛ]。

(34) 你知道呗,他闺女学习可好,今年考上北大了_言[lə]。

3.1.2 其他完成体用法的音义表现

魏县方言句尾"了"已然的结果性用法均读为"了₁",如例(35),可后接"换一件吧"等话语;下面例(36)为非现实的广义的结果性用法,读为"了₂"。

(35) 衣裳烂了₁。(17页例88)

(36) 红了₂就摘了₂,熟了₂就放起来。(26页例127)

句尾"了"先时性用法,不管是未然还是已然都是"了₂",因为它不存在后接无定量化成分的问题。如例(37)—(40)。其中例(39)的"了₂"位于动宾短语之后,保留了更早时期的分布特征,类似于前文提及的《祖堂集》中的"VO了VP"。

(37) 人一来齐了₂就上菜。(23页例58)

(38) 房子盖好了₂就住到里头。(23页例59)

(39) 他干罢活儿了₂就走了₁。(23页例63)

(40) 那几个人起来了₂就上路了₁。(23页例64)

魏县方言句尾"了"的持续性用法主要体现在双"了"句中，这是因为在该方言中带量化成分的句子中词尾"了"不像在其他方言中可以以零形式出现，而必须强制性出现。其句尾"了"总是以"了₁"的形式出现。

总之，魏县方言的新情况用法的"了"均为简单形式"了₁"，不同于结果性用法和先时性用法，有的有两种语音形式，且后两者的一种复杂形式代表早期形式的语音形式；这说明新情况用法较为虚化的意义与其相对简单的语音形式是一致的。河南林州、安阳等地的方言也存在类似的情况，限于篇幅，不再详述。

3.2 句尾"了"的其他时体功能的音义关系

陈前瑞、胡亚(2016)概括了词尾和句尾"了"主要时体功能的语义地图，即上文图1。从中可以看出句尾"了"除了完成体之外，还有比完成体更加实在的完结体、比完成体更加虚化的完整体，另有两种非典型的时体功能：现在状态和最近将来时。下面逐一考察这些功能在部分方言中的音义关系。为叙述方便，也部分涉及跟词尾"了"的叠加的功能。

3.2.1 现在状态的音义表现

据吴继章(2006:15)，词尾的"了₁"可以用于带数量成分的形容词之后，有的表示性状发生了变化，这时数量成分表示变化前后性状方面差别的量，如例(41)，这些性状的变化在胡亚、陈前瑞(2017)中归为狭义的结果性用法。有的不表示变化，而是反映从两个以上事物的对比以及事物与某种标准的对比当中显现出来的性状差别,如例(42),这种用法陈前瑞、胡亚(2016)据 Bybee et al.(1994)归为现在状态用法。

(41)他一个月胖了₁十五斤。(15 页例 33)
(42)这一片儿庄子(宅基地)比那一片儿大了₁二分。(15 页例 35)

就句尾"了"而言,其现在状态用法也是"了₁",如例(43)—(45)。

(43)心里边别扭死了₁。(17 页例 97)
(44)他吃得铁(太)多了₁。(93 页例 21)
(45)她太漂亮了₁!

由于现在状态的谓词为状态谓词,该用法最有可能是从谓词为形容词的结果性用法发展而来。根据张宝胜(2011),例(46)属于"知域"的用法,但可以加"已经",形成例(47),属于"行域+知域"的用法;在语音上既可以读[lɛ],也可以读[lə],而单纯的行域用法只能读[lɛ]。可见,在汝南方言中,现在状态用法在形式上出现了进一步弱化的迹象。

(46)这双鞋太小了!
(47)这双鞋已经太小了!

3.2.2　最近将来时的音义表现

最近将来时表示事件在不久后发生,是句尾"了"与"词尾"了"最为明显的时体意义的差别。陈前瑞、王继红(2012)引用《汉语方言地图集》

的资料证明汉语方言绝大部分方言点采用不同的形式来区分完成体与最近将来时的用法。由于这些方言的形式不一定具有同源性，只能用来证明区分这两种功能的必要性，难以证明这两种功能的虚实和演化关系。

岳立静（2006：102）根据《山东省志·方言志》的材料，列举了山东中西部28个方言点在已然的双"了"句、未然的假设用法以及最近将来时用法上的区别，提供了非常富有启发性的材料。其中17个方言点提供了上述三种环境四种位置的语音形式，本章将这些环境与语音的对应关系列为七种情况（见表1）。

表1　山东中西部17个方言中"了"形式与意义

三种环境	双"了"句		未然的假设用法	最近将来时	方言数量
四种位置	词尾	句尾	句尾	句尾	
一（聊城为例）	lou	la	li	lia	1种
二（单县为例）	lə			la	1种
三（日照为例）	lə		la		1种
四（潍坊为例）	liɔ		lə		2种
五（东明为例）	la		lo	la	1种
六（菏泽为例）	lou	la	lou	la	8种
七（诸城为例）	lə				3种

以上山东方言材料显示，最近将来时虽然也是未然的，但并不是普遍从未然的假设用法发展而来的，因为只有一个方言点这两种用法的形式相同，即日照。前文的魏县方言材料也提到，在这种假设的结果性用法中倾向于保留早期的形式。最近将来时最有可能是从已然的句尾"了"的用法发展而来，因为有8个方言点这两种功能采用同样的形式来表达，在各种组合分布中占比最大。例如菏泽方言的最近将来时和已然的句尾"了"为[la]，见例（50）（48）；未然的假设用法和词尾这两种用法为[lou]，见例（49）（48）。

(48) 他吃了［lou］饭了［la］。
(49) 下雨了［lou］，就回来。
(50)（要）下雨了［la］，快回来！

由于山东方言并没有系统地提供新情况的用法，所以无法依据现有的山东方言材料建构新情况用法和最近将来时之间的关系，需要有进一步的调查。虽然陈前瑞（2005a）发现最早的最近将来时用法兼有新情况用法的理解，但是还需要有方言证据的支持。根据张宝胜（2011），河南汝阳的新情况用法和最近将来时用法都被归为"言域"的用法，读音都是［lə］，如例（51）；不同于前文"行域"的［lɛ］以及"知域"的两可读音。

(51) a. 走了［lə］，走了［lə］。
　　 b. 再见了［lə］。
　　 c. 谢谢你了［lə］。

可见，最近将来时用法最有可能从新情况用法发展而来。当然，在最近将来时产生的过程中，也会衍生出其他的言域的用法，如例（51）的a为最典型的最近将来时用法，b用未来的"再见"来表示告别与即将离开的事件，c为典型的以言行事。

4. 语音形式与"了"的功能演化关系的讨论

4.1　形式与意义平行虚化是概括性的趋势

以往的汉语研究对于词尾"了"和句尾"了"哪一个更为虚化有不同的观点。王洪君、李榕、乐耀（2009：330）不同意陈前瑞（2008a）对普通话中"了₁"和"了₂"（分别大致对应于词尾"了"和句尾"了"）的核心功能的区分,指出,汉语中"了₂"的语法化程度并不弱于"了₁",将"了₁"时体意义归于"核心视点体",将"了₂"时体意义归于"边缘视点体"的看法,未必合适。从笔者近年来的研究以及本章的研究来看,对于词尾与句尾"了"的音义关系应该有这样几点认识：

第一,总体上比较"了₁"和"了₂"的语法化程度并非不可以,但总归不够准确。陈前瑞(2008a)本着语法语素多功能的思路,区分了"了₂"的多种功能,但对"了₁"的功能未做明确的区分。胡亚、陈前瑞(2017)的统计发现,词尾和句尾"了"都具有完成体和完整体用法,但是词尾"了"的完整体用法的比例要高于句尾"了"。从这个意义上讲,词尾"了"的语法化程度要高于句尾"了",这在理论和数据两个方面都有证据支持。因此,我们看到魏县方言中词尾"了"的完整体功能读[lan],词尾"了"的完成体功能有的读[lan]或[lau],但后者的主观性更强;而句尾"了"的完成体功能因具体用法不同而读[lan]或[lau],其完整体功能只能读[lan]。同样无法从整体上直接比较两者的虚实,而只能从演变的角度就其某几种具体的功能来比较虚实。

第二,个别方言点的反例也不足以推翻形式和意义平行虚化的一般规律,因为这一规律本身是具有统计上显著性的规律而非绝对的规律。比如山东方言的最近将来时用法大多数与双"了"句中的句尾"了"保持同样的形式;只有新泰方言中最近将来时功能读[liau],保留"了"除声调之外的全部音素,而词尾"了"和未然的假设用法读[lau],双"了"句的句尾"了"读[liau]或[lie]。这种例外的存在不必否定整体的规律,而只需要另外的解释。不排除一些方言对于有特殊表达效果的用法采用早期的复杂形式来突出其特殊的表达效果。这就是李小军(2016:375)所说的语音变化的语用强化效果。

第三,复杂形式既可以是合音形式,也可以是早期形式的保留。高晓虹(2010:182)指出:"助词'了'在普通话及合一型山东方言中只有一种读音;而在二分型山东方言中有两种读音,分别对应于不同的句法分布和功能意义,即二分型的两种读音是有条件的分化。因此,二分型应该是后起的,是从早期一种形式分化而来的;合一型则保留了早期的状态。"在我们看来,山东中西部17个方言点中只有3个方言点即诸城、沂水、郯城,在双"了"句、未然的假设、最近将来时这四个位置上都读[lə],其他方言点都对这四种形式采用比[lə]更为复杂的形式。要认为这些复杂形式都是后起的,显然比较困难,无法系统性地解释形式与意义平行虚化的趋势。实际上,部分高度虚化的合一型反而是语法化程度最快,是新近产生的音变;而其他的语音形式,如[liau]、[liou]、[lao]、[lie]、[lou]、[lɔ]都不像是后期产生的复杂形式,而是[liau]的不同形式的弱化形式。句尾的[lia]、[lã]、[la]更有可能是"了"与"啦"等的合音形式。总之用动态的平行弱化过程来解释音变似乎更有道理,即便有合音的存在,也只有将合音纳入动态的弱化过程中才能一并解释由句尾"了"启动、词尾"了"与句尾"了"朝同一方向弱化的动态过程。

4.2 已然与无定量化宾语的作用比较

根据吴继章(2006)的描述,在魏县方言的先时性用法中,已然和无定量化宾语最大可能的组合有四种情况,但实际只有三种情况(见表2)。吴继章(2006)没有列出 b "? 明天吃了一碗饭就走"的情况,但明确指出魏县方言里小句中的"了"的语音形式与表示"未然"的祈使句中"了"的语音形式[lau]相同,"了"后不能出现数量成分(不包括指量成分)(32页)。

表2中,a 和 d 都不含无定量化宾语,已然的属性不同,但读音都是[lau]。可见单纯的已然与否的区别并不足以影响词尾"了"的读音,

反而是无定量化宾语有着更为直接的作用。比如 c 和 d，都是已然的，但在无定量化宾语的参数上形成对立，c 含无定量化宾语因而读[lan]。b 的情形很少说，无法考察在非已然的情况下，无定量化成分是否足以改变"了"的读音。所以我们看到的魏县方言的材料是已然和无定量化成分共同影响现实性用法中词尾"了"采取相对弱化的形式[lan]；相对而言，无定量化成分的作用更为突显。

表2　魏县方言已然与无定量化成分对词尾"了"的读音的影响

	已然	无定量化成分	组合存在的可能性	读音及例句
a	-	-	+	[lau]：我下了$_2$学以后给你打电话。你先吃了$_2$这几服药再说。
b	-	+	?	?明天吃了一碗饭就走。
c	+	+	+	[lan]：天一直阴了$_1$月把子才晴啊。
d	+	-	+	[lau]：他俩见了$_2$面儿就吵起来了$_1$。

需要进一步分析的是无定量化宾语的实质是什么？我们尤其关心句法制约背后有没有语义的动因。在"我下了$_2$学以后给你打电话""你先吃了$_2$这几服药再说"和"他俩见了$_2$面儿就吵起来了$_1$"中"了"的作用部分相当于"以后"，表示前一动作结束后进行后一动作，"了"与其早期的"结束"有明显的语义关联，揭示的是前一动作内在的自然终止点的实现。比如，"下学"和"见面儿"均为具有终结特征的达成情状，动作本身就包含了终结特征所具备的自然终止点；"吃这几服药"也由于定指短语的存在而具有自然终止点。在"我吃了饭就走"和"他干罢活儿了$_2$就走了"中，"吃饭""干活儿"是活动情状，不具有自然的终止点；可能需要用"了"来单独或辅助表示动作的完毕义的实现。

但在"天一直阴了$_1$月把子才晴啊"中，"月把子"为量化时间宾语，表示的"阴"这一状态的任意终止点，而非情状的自然终止点；"了"表示情状任意终止点的实现,是一种较为虚化的意义。根据孔祥卿(2001)的报道,在河北辛集话中,"我吃了[li]两碗饭就走了[lia]"也能说,词尾"了"为弱化形式。一般认为"吃两碗饭"仍然是具有自然终止点的结束情状;不过,笔者认为这种无定量化宾语虽然也表示自然终止点,但同时也是对动作的量化,而且这种量化并没有内在的规定,因而可以随数量而变,一定程度上接近于任意终止点。实际上,动作带上了无定量化成分也就同时具有了一定程度的终止点,本身具有一定的体貌意义,因而难以从内部观察并限定了小句的完成或完整的体貌意义,"了"本身的意义并不显著。所以,在现代汉语中"他正在吃三碗饭"是不成立的,"他正在吃一碗饭"虽然成立,但"一碗饭"的作用并不是真正的量化,而是表示无定。总之,含无定量化成分的小句中"了"与"了"的"结束"义的概念距离较远,是一种更为虚化的界限含义,有可能诱发"了"的弱化。可见,无定量化宾语句中"了"的轻读这一句法现象背后确有语义的动因。一种特定音变的实际产生可能有句法、语义和语用因素的叠加作用,其中某一个因素往往起不到决定性的作用。

4.3 多功能模式与相关理论的互补

关于"了"的多种用法,已有多种不同的理论模式对其进行了富有启发性的探讨。这些理论模式至少包括吴福祥(2009)的语义图模型,肖治野、沈家煊(2009)的"三域"理论,刘丹青(2014)的显赫范畴理论,比较这些理论模式在分析"了"的形式与意义平行虚化的问题上的互补性,是一个富有趣味的问题。

吴福祥(2009)的语义图模型与本书依据的多功能模式本质上是一致的,只是在功能节点的选择上略有不同。在吴文的"得"义动词多功能性的概念空间中,体貌意义的主线是:"得"义动词——动相补语——完整体。该文与本章的区别在于其动相补语相当于本章的完结体、完成体,而本章的完成体又细分为多种不同的用法。比较而言,"动相补语"这一个节点不便于描述"了"的不同位置、不同语音形式的意义以及动态的音义变化过程。

从前文的描述可以看出,"三域"理论的提出,启发了方言研究者从新的角度发现更多的方言事实,解释了部分方言从行域、知域到言域的音变规律。这些现象也为本书的多功能模式所关注。但是,"三域"理论毕竟是一个高度概括性的理论,具有很强的解释性,并具有广泛的适用性。该理论同样不足以用来描述方言细致的形式与意义的平行虚化规律。比如,同样是结果性用法和先时性用法,魏县方言分别有两种读音,三域理论无法解释它们在形式和意义上的复杂性。特别是结果性用法中,狭义的结果性用法读[lan],是最典型的行域用法,如例(52);而广义的结果性用法读[lau],而该用法反而接近于知域的用法,如例(53)(54)。在这里,类似于知域的用法并没有显示出比行域更为虚化的形式。

(52) 他锄停当了$_1$地了$_1$。我去时候,他锄停当了$_1$二亩地了$_1$。(15 页例 45)
(53) 现在看不出来,大了$_2$就聪明了$_1$。(24 页例 77)
(54) 分数高了$_2$他就骄傲起来了$_1$。(24 页例 78)

刘丹青(2014)不把"大了一号"中的"了"视为完整体的语义,而视为完整体功能的扩展,体现了汉语体范畴作为显赫范畴的扩张性,并用物尽其用的普遍原则来解释。刘文对完整体的严格界定与本章是一致的,并不因为"了"处于词尾位置就视为完整体,其扩张方向与本章的演变方向也大致是一致的,不同之处是本章认为该用法是从完成体的结果性用法发展而来。根据 Bybee et al.(1994:77),不管是完结体、完成体还是演化过程中的完整体在与静态谓词共现时,都可以发展出现在状态的用法。可见从典型的体意义到现在状态意义是一个具有一定普遍性的语义演变路径,虽然物尽其用的原则可以合理地解释其多功能性,但它跟体范畴作为显赫范畴的关系的多样性还可进一步限定。

因此,在实际研究中我们需要多种不同的理论模式,每一个理论模式都可以提供一种新的视角,对一定范围的材料提供更好的解释。不同的理论视角可以互补,从而引导研究者发现并解释更多的语言事实。

5. 结语

本章利用北方方言中"了"复杂的音变材料来分析多功能模式中节点之间的分合以及节点之间的演化关系,得到以下几点比较突出的认识:

第一,词尾"了"的先时性用法中,非现实、不带量化形式的较多采用复杂的语音形式;已然、带有无定量化宾语的则倾向于采取弱化的语音形式,该形式与词尾"了"完整体用法的语音形式一致,一定程度上支持词尾"了"从完成体的先时性用法到完整体的演化路径。

第二,句尾"了"的新情况用法和最近将来时功能倾向于采用弱化的形式,新情况用法的形式与完整体的形式一致,支持句尾"了"从新情况用法发展出完整体的演化路径;最近将来时用法的语音形式与新情况用法一致,说明最近将来时可能是从新情况用法发展而来,这与历时材料的双重理解是一致的。

第三,通过分析方言中"了"的音变也形成了一些初步的理论认识,即用形式和意义平行虚化的思路可能更好地认识方言中"了"的分合以及虚化过程,特定结构中的音变是句法、语义和语用因素共同作用的结果,"了"的多功能模式与其他几种相关理论是互补的。

第六章 汉语经历体标记"过"的演变路径 *

1. 引言

汉语和类型学的经历体研究相对薄弱,这是因为经历体的研究在共时系统的分布、历时演变的过程和词汇来源的多样性这三个方面都遇到诸多困难,许多重要材料不容易获得。(详见杨永龙,2001;林新年,2004;彭睿,2009;王继红、陈前瑞,2014)关于经历体标记"过"的演变路径也有三个问题没有得到很好的解决:一是经历体的体貌定位问题,特别是经历体与完成体的关系在已有研究中没有理清楚,本章认为经历体只是类型学中完成体(perfect)的若干用法之一。二是经历体的用法从何而来?一般认为是表示完结或完毕义的完结体发展而来,而忽视了中间应有的重要环节——某种完成体的用法。三是经历体用法的进一步发展及其类型学意义未见充分讨论。本章在梳理前两个问题的基础上重点讨论第三个问题。

2. 概念框架

已有的研究把词尾"过"分为"过$_1$"和"过$_2$","过$_1$"表示完结,

---

* 本章与张曼合作完成,原载《汉语史研究集刊》第19辑,巴蜀书社,2015年。

如例(1);"过₂"表示经历,如例(2)。

(1)语文和数学作业都已经做过₁了。①
(2)我去过₂上海。

陈前瑞(2012)在类型学的概念框架下,把经历体视为完成体(perfect)的一个下位用法,即经历性用法,遵照国内的惯例,也称为经历体;相应地,把句尾"了"等所表示的非经历的完成体用法统称为已然体。这样,经历体和已然体都是完成体的下位的语义标签。在此基础上,对"过₁"和"过₂"可进行重新切分。"过₁"分为两类,"过₁₁"为完结体,可重读,如例(1);"过₁₂"为完成体中的已然体,如例(3)(4):

(3)吃过₁₂饭再走。
(4)吃过₁₂北京烤鸭再走。

其中的"过"并不强调"彻底地做完某事",不一定是把北京烤鸭吃完才走,不符合Bybee et al.(1994:54、57)对完结体的定义,即"彻底地做完某事"。Bybee et al.(1994:54)还特别强调:"在参考语法中贴有'已完成的动作'标签的语法语素并不一定就被认定为完结体,除非作者的描述和解读含有'彻底、完全、直至完成',否则我们会把这些语法语素理解为完整体(perfective)。"虽然此处把没有"彻底"等意味的语法语素定性为完整体并不准确,因为完结体和完整体之间还有一个完成体阶段;但是,对于完结体的定义应该说具有一定的可操作性。"过₁₂"这种

---

① 吕叔湘主编(1980)所引的"过"的完结用例为"杏花和碧桃都已经开过了"。贺阳教授指出,此例中的"过"还有"超过(某个范围和限度)"的意思。笔者认为,"过"这种用法应该是在一般的完结意义上发展而来的,增加了一种程度和评价的意义。

完成体的用法应该定性为完成体或已然体的先时性用法[①],只表示事件之间的先后关系。"过$_{12}$"不可以重读。语音的变化显示完结体和完成体在语法化水平上的差距。

刘丹青(1996b:23)指出,对于日常生活常规性行为以及计划中预料的行为,苏州话并不用常用的普通"完成体""仔",而用"过",表示"完成体"的"过"与表示经历体的"过"不同,经历体的"过"可重读,但"完成体"的"过"不能重读。刘丹青所谓的"完成体"相当于普通话的词尾"了"及其典型的完整体功能,但与词尾"了"一样,这里表述的典型功能并不是叙述事件的序列而是时间参照关系,故应为类型学中的完成体中的已然体,所以对刘文的这种完成体加注引号,以示区别。

杨永龙(2001:第五章)把《朱子语类》(例中简称《朱子》)中既有一定的趋向意义,又有一定的体意义的"过"称为"过$_0$",并进一步区分为两类:一类是"过$_{02}$",表示动作所涉及的对象从头到尾V一遍,如例(5),本章称之为"过$_{1102}$";一类是"过$_{01}$",它一方面表示动作的受事从眼前通过或消失,另一方面也表示动作的完毕,如例(6),本章称之为"过$_{1101}$"。

(5)读书者譬如观此屋,若在外面见有此屋,便谓见了,即无缘识得。须是入去里面,逐一看过$_{1102}$,是几多间架,几多窗棂。看了一遍,又重重看过$_{1102}$,一齐记得,方是。(《朱子》173页)

(6)某所集注《论语》,至于训诂皆子细者,盖要人字字与某着意看,字字思索到,莫要只作等闲看过$_{1101}$了。(《朱子》191页)

显然,根据Bybee et al.(1994:57)对完结体的定义"彻底地做完某事",

[①] 本章在发表时采用"前时性"的说法,现改为"先时性"。本章提出"已然体"作为与"经历体"对举的概念,在后续研究中因为细分用法而没有广泛使用。

"过$_{1102}$"是最典型的完结体,例(5)的"逐一、重重、一齐"只是对"彻底地做完某事"的进一步强化。"过$_{1101}$"是不是完结体需要略加讨论,其中例(6)的"等闲"只是对"彻底地做完某事"的进一步淡化,因为其本身具有彻底义,所以才可以加以淡化。因此,彭睿(2009)指出"过$_{02}$"与"过$_{01}$"都是一类。本章把与"逐一"等共现的"过$_{1102}$"称为完结体的强完结用法,把与"等闲"等共现"过$_{1101}$"称为完结体的弱完结用法,两者都是由所在语境决定的,因此不可能是两种独立的规约性的用法。但是,区分这两者仍然是有意义的,由此可以更加深入地观察到完结体用法本身的使用特点。这两种用法在跨语言中的分合情况还有待进一步的研究。

"过$_2$"为经历体,学术界没有争议,并且已经认识到跨语言研究中汉语"过$_2$"的使用频率最高是一个例外(Dahl,1985:143);但对这一例外的性质没有进行足够深入的研究。陈前瑞(2012)在 Kim(1998)的基础上,把经历体的用法细分为两种:一是经历体的非特定用法,指发生在非特定时间的经历,如例(7),可记为"过$_{21}$";二是经历体的特定用法,指发生在特定时间的经历,通常限于一两周之内,如例(8),可记为"过$_{22}$"。该用法才是汉语经历体的特点。日语的经历体就不能与特定时间词语共现。

(7)我小时候去过$_{21}$上海。
(8)我昨天/上周去过$_{22}$上海。

3. "过"从完结体到已然体的发展

3.1 从强完结"过$_{1102}$"到弱完结"过$_{1101}$"

"过$_{1102}$"在唐代偶尔也可以见到。(杨永龙,2001:223)

(9) 望嵩楼上忽相见，看过$_{1102}$花开花落时。（刘禹锡《送廖参谋东游》二首之一，《全唐诗》卷365）

"过$_{1101}$"在《朱子语类》以前的用例中非常罕见。（杨永龙，2001：215）杨永龙在《全唐诗》《祖堂集》等多个语料的初步调查中，只得到两个比较典型的例子：

(10) 忍过$_{1101}$事堪喜，泰来忧胜无。治平心径熟，不遣有穷途。（杜牧《遣兴》，《全唐诗》卷523）
(11) 当时史官已被高祖瞒过$_{1101}$，后人又被史官瞒。（《二程集》258页）

可见历史语料支持从强完结"过$_{1102}$"到弱完结"过$_{1101}$"的演变，从语义泛化的过程来看，也是非常自然的。

3.2 从弱完结"过$_{1101}$"到完成体的结果性用法"过$_{1201}$"

彭睿（2009）已经指出，连续事件的首事件是他所谓的"V过$_{mq}$"（mq为隐喻性的趋向用法）向"V过$_1$"演变的临界性或桥梁性语境，如：

(12) 若只读过$_{1101}$便休，何必读！（《朱子》188页）
(13) 若只看过$_{1101}$便住，自是易得忘了。（《朱子》1633页）

这里的"过"由于前文有"只"来弱化"看"的过程，后文有反问和"忘了"从结果印证"过"的"过程"必定没有得到强化，说明这里的"过"只能是弱完结体"过$_{1101}$"。两例"过"后的"休、住"进一步强化了"过"的弱完结义。而该文所谓的隐喻性趋向用法在我们看来就是强调从头到尾的过程的强完结义。

彭睿(2009)进而指出,"V过$_1$">"V过$_2$"演变的环境应该是可以歧解为连续事件句和事理因由句的歧义性复合事件句。林新年(2006:140—141)发现在南宋之前就有这样的用例,如例(14);彭睿也在《朱子语类》发现了这样的用例,如(15)(16)。

(14)村里男女有什摩气息?未得草草,更须勘过$_{1201}$始得。(《祖堂集·药山和尚》)
(15)如用兵御寇,寇虽已尽蓟除了,犹恐林谷草莽间有小小隐伏者,或能间出为害,更当搜过$_{1201}$始得。(《朱子》332页)
(16)然圣人教人,须要读这书时,盖为自家虽有这道理,须是经历过$_{1201}$,方得。(《朱子》161页)

彭睿认为这里的"过"既可以理解为完毕义,也可以理解为经历义。在我们看来,这里的"完毕"义即使存在也只能是弱完结义,并没有任何强调强完结的成分。特别是在例(16)中,"经历过"实际上难以理解为任何意义上的完毕义,只是一般的事件发生的含义,相当于句尾"了"。这里凸显的意义是前后分句之间的条件关系,其中"方、始"进一步显示这种条件关系;而条件关系是一种广义的因果关系,因此,根据 Bybee et al.(1994:54)对完结体与完成体的区分,我们认为前一分句的"过"是完成体的结果性用法,这里标为"过$_{1201}$",其中第一个1表示传统的"过$_1$",2表示我们所说的完成体用法,01表示完成体用法中最典型的结果性用法。这些用例不是经历性用法。因为经历性用法通常是在过去一个不确定的时段内可以多次发生并没有延续到现在的事件,这些用例只体现抽象的因果关系,并不存在明显的过去时间。虽然过去时间不是经历体的必有因素,但必定是典型的经历体的典型特征。相应地,我们把前文讨论"过"的完成体的先时性用法进一步标注为"过$_{1202}$"。

4."过"从已然体到经历体的发展

4.1 从结果性用法"过$_{1201}$"到非特定经历用法"过$_{21}$"

完成体的结果性用法前后分句存在明显的条件关系;而非特定经历用法与情景通常存在狭义的因果关系,但并非明显的条件关系。因此,从语义上看,非特定经历用法与结果性用法的关系应当更加密切一些。

据杨永龙(2001:217—218),在《朱子语类》之前的北宋或南宋之交的语料中,仅发现"过$_2$"的用例2例,即:

(17) 又如太史书,不知周公一一一曾与不曾看过$_2$,但甚害义理,则必去之矣。(《二程集》246页)
(18) 是日午刻,有旨召对内殿。上问劳,圣语温厚。良臣等皆至感泣。上问过界事,皆如语录对。(《三朝北盟会编》,《近代汉语语法资料汇编·宋代卷》)198页]

例(17)涉及周公,未涉及具体时间,其中又有"曾"与"过"分别位于动词的前后,所以是非特定经历,即使有"一一","过"也难以按照早期的强完结体的意义来理解,可见"过"的经历用法已经规约化。例(18)含"是日午刻",应当是特定时间,但"过界"似乎连用,不能理解为"[问过][界事]",因为《近代汉语语法资料汇编·宋代卷》中的《三朝北盟会编》有11例"过界",似乎是指当时两国交往中比较重要的"通过边界"并时常引发矛盾的事情。(参见史文磊,2013)

杨永龙(2001)所引用的《朱子语类》"过$_2$"用例中,或带非特定时间状语,如(19)的"真宗时";或兼带经历义副词,如例(20)的"旧"与"曾";未见例(21)那样带特定时间状语或不带时间状语但可以理解为特定事件的用例。而且这些用例用的"过"所在小句与直接的上下文都存在明显的相关性,或如例(19)的狭义因果关系,例(20)的让步关系。进一步分析还可以发现,让步关系实际上也包含了让步前分句与后分句对立面之间的因果关系,让步否定的就是这种暗含的结果意义。因此,完成体的非特定经历用法与结果性用法关系密切。

(19)《传灯录》极陋,盖真宗时一僧做上之。真宗令杨大年删过$_{22}$,故出杨大年名,便是杨大年也晓不得。(《朱子》3028页)

(20)看文字须子细。虽是旧曾看过$_{22}$,重温亦须子细。每日可看三两段。(《朱子》171页)

4.2 从非特定经历用法"过$_{21}$"到特定经历用法"过$_{22}$"

在《金瓶梅词话》中,"过"表经历的用法有70余例,绝大多数是非特定经历的用法,只有零星几例为特定经历用法,例如:

(21)婆子道:"大官人,有什么难处之事!我前日已说过$_{22}$,幼嫁由亲,后嫁由身。……"(《金瓶梅词话》第8回)

(22)宋御史问道:"是那个西门千兵?"蔡御史道:"他如今见是本处提刑千户,昨日已参见过$_{22}$年兄了。"(《金瓶梅词话》第49回)

在《红楼梦》《儿女英雄传中》也只是分别检索到6例和3例特定

经历用法。由此可见,特定经历用法是在非特定经历用法之后发展而来。特别是在例(22)中词尾"过"与句尾"了"共现,显示特定经历用法与非经历体的完成体有相通之处。

4.3 从结果性用法"过₁₂₀₁"到先时性用法"过₁₂₀₂"

Anderson(1982)描绘了完成体的概念空间,即图1。其中的 C-R result(具有现时相关性的结果状态),如 He has left,尽管还可以说"他走了三次怎么还在这里?"之类的话语,但一般也可以表示他不在这里。C-R anterior(具有现时相关性的先时事件),如 He has just studied the whole book (so he can help)。这两者相当于我们的完成体的结果性用法,而 anterior perfective(完整性完成体)表示诸如 Mary will have left by then 或 John thought Mary had left 之类的用法,只是单纯表示相对于某一参照时间事件已经发生,似乎没有明显的现时相关性,与"吃过饭再走"非常接近,相当于我们所说的完成体的先时性用法,这种用法一般发生得比较晚,非常接近于完整体。

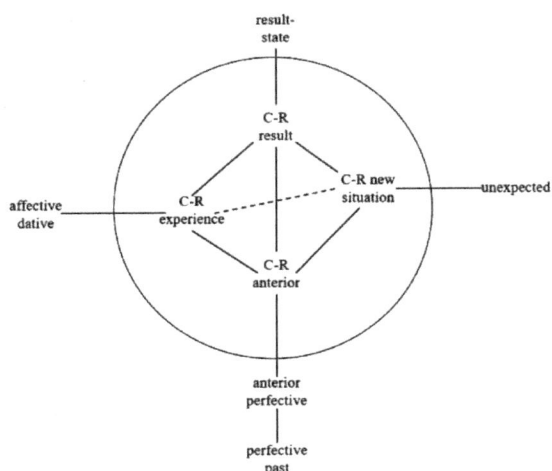

图 1 完成体的概念空间概要图

"过$_{1202}$"的先时性用法较早的用例见于《醒世恒言》:

(23) "众兄弟且不要忙,趁今日十五团圆之夜,待我做了亲,众弟兄吃过$_{1202}$庆喜筵席,然后自由自在均分,岂不美哉!"众人道:"也说得是。"(《醒世恒言》36 卷)

(24) 刘公请进堂中,吃过$_{1202}$茶,然后引至房里。此时老军已是神思昏迷,一毫人事不省。(《醒世恒言》10 卷)

例(23)是未然的时间先后安排;例(24)是已然的程序性的先后安排,这种用法与叙述事件时间进程的完整体非常接近,难以截然分开;只是前者更加凸显时间前后关系,而不是单纯地叙述事件的时间进程本身。

下面是《红楼梦》中先时性用法的用例。前两例中,"过$_{1202}$"与词尾或句尾"了"共现,共同表示先时性用法;后两例"过"独立表示先时性用法。这些用例有的完全无法理解为"彻底地做完某事",如(26)的"瞧过";有的根据实际情况,不必理解为"彻底",而应理解为一种程序,只要发生了就行,如例(25)的"焚过";有的虽然可以勉强还原出"彻底地做完某事",但在实际语境中说话人完全没有强调"彻底"的意思,如例(27)(28)的"吃过"。

(25) 贾赦等焚过$_{1202}$了天地寿星纸,方开戏饮酒。(《红楼梦》71 回)

(26) 又指着众姊妹说:这是某人某人,你先认了,太太瞧过$_{1202}$了再见礼。(《红楼梦》69 回)

(27) 说着,便仰头向窗外道:"宝姐姐,吃过$_{1202}$饭叫莺儿来,烦他打几根络子,可得闲儿?"(《红楼梦》35 回)

(28) 说毕,便一直的出去了。吃过$_{1202}$饭,洗了手,进来拿金线与莺儿打络子。(《红楼梦》35回)

普通话的"过"也只有经历性和先时性用法,据此,有可能在这两种用法之间建立起发展关系。但是,这也存在很大的风险,因为先时性用法与经历性用法差距甚大,先时性用法强调前后相续,而经历性用法具有时间上非连续性的特征,两者语义联系不密切。从先时性用法中"过"与词尾或句尾"了"共现的现象来看,词尾或句尾"了"在先时性用法的发展过程中起到了重要的铺垫作用。因此,经历性用法和先时性用法也有可能是分别从结果性用法发展而来,《朱子语类》保存的"过"的结果性用法如"须是经历过方得"进一步支持了这种设想。结果性用法突出因果联系,不强调密切的时间先后;而先时性用法强调密切的时间先后关系,但不突出两者的因果关系。这样从语义联系、形式标记的共现以及历史发展这三个方面都能得到很好的解释。

"过"的这种先时性用法在《红楼梦》中出现的频率最高,这与前文提及的吴语中"过"的同类用法很可能有一定的联系,值得进一步研究。

5. "过"演变的终点与岔道

5.1 从完成体到完整体

据陈满华(1995:115—118),湖南安仁方言的"嘎"[ka°](原文上标"。"表轻声)表示动作的结束,且动词与"嘎"之间不能插入补语,如例(29),这表明"嘎"保留了动作完毕的用法。另一方面,"嘎"接量化宾语,如例(30)(31)。我们观察到:"买、请"类动词后即使在普通话中也不能加"完",其中的"嘎"在动态叙述中可以用来叙述事件的序列,因此可以视为完整体用法。

(29) 洗嘎衣裳困一觉。
(30) 买嘎几张票。
(31) 请嘎蛮多人。

安仁话的"过"[koº]则只表经历而不表完毕。因此，陈满华认为，动词后的"过"在古代（包括近代）有表示完毕和经历两种用法，后来两种用法分化为两种不同的读音。尤其有说服力的是，安仁不少地方（如安平等地）的人还将"嘎"念为[kuaº]。陈满华进而推测，不仅安仁方言的"嘎"，而且整个湘、赣方言里与"嘎"类似的"咯、咖、解"等都有可能源于表完成的"过"。

从陈满华的论述可以看到，"过"的完结体、经历体（完成体）和完整体用法在语音上有所区别。完结体与完整体念[kaº]，经历体念[koº]，语法化过程中语义弱化的同时也发生了语音的分化，从而在安仁话乃至湘赣方言中构建出"过"作为完成类语法语素完整的语法化链。"过"像其他的完成类语法语素一样，在汉语中走到了该路径体貌意义的终点——完整体。只是，在安仁方言中另一个更接近于普通话"了"的"哒"[daº]更占上风，使得"嘎"做完整体时仅限于更接近口语的单音节词，而"哒"则可以用于从普通话中借入的双音节词，如"改变、休息、练习、完成"等。[①]

5.2 从完结体到重行体

南方方言中不少地方的"过"可以表示前一行为无效、失效或不理

[①] "过"在赣方言中的完成体和完整体功能可参见罗荣华（2013）。

想而重新进行一次,动词前面也可以有"重新、再"一类副词,刘丹青(1996b:28)称为补偿性重复体,也有的称之为重行体,如张双庆主编(1996)。本章采用后一种更为简洁的说法。刘文指出苏州以南的吴江方言中的"过"的此种用法是更单纯的形态现象。

(32)辫篇稿子伊勿称心,我只好写过一遍。
(33)茶淡脱特,泡过一杯吧。

张双庆主编(1996)中的论文普遍把这种体貌意义归为"貌",相当于陈前瑞(2008a)的阶段体,它与涉量阶段体的短时体、反复体正好组成一个小的阶段体系统。对于重行体的语法化路径现有研究很少提及。基于杨永龙(2001)对完结体的深入研究,我们认为它与强完结体表示的"从头到尾"有着密切的联系。杨永龙(2001:220)指出类似于完结体的"过"在强调周遍性的同时也强调了从头到尾的过程,而经历体的"过"只能从整体上观察在某个参照点之前早已终止的事件。在我们看来,这是意义重点从从头到尾的过程到过程的终止点的转移,也可以视为一种转喻。同样道理,从完结体的"从头到尾"到重行体也存在类似的转喻。例(32)的"写过"实际上就是"从头到尾"地重新写,而例(33)的"泡过"由于"泡"的动作本身不强调过程,因此"过"在这里也只是单纯地重新发生一次。

重行体的"过"在文献中很少专门报道,林华勇(2005)是为数不多的文献之一。该文从廉江方言"过"的重行体用法出发,不仅从杨永龙(2001)的材料中看到了强完结的"过$_{02}$"向重行体演变的痕迹,而且还在北京话材料中找到了类似的过渡现象,如:

(34)到了学年终,系主任该从新选过……(老舍《听来的故事》)

(35) 他的七棱八瓣的脸好像刚刚用刀从新雕刻过一回, 棱角越发分明。(老舍《火葬》)

这两例中"过"与"从新"共现, 共同表示重行体的意义, 说明"过"的这种用法还没有规约化。

6. 汉语经历体相关用法的概念空间及语义地图

6.1 汉语经历体相关用法的概念空间

基于上述研究, 我们把汉语经历体相关用法的概念空间用图2来表示。其中的实线椭圆或圆角矩形表示概念空间的一级节点, 包括完结体、完成体、完整体这三个类型学中语法语素的基本意义类型。虚线的椭圆为二级节点, 分别为已然体和经历体, 这是根据广义的汉语(包括通用语与汉语方言及不同时期的汉语)的概念切分特点提出的。用实线连接的是类型学研究中最基础的用法或功能, 其中已然体的具体用法仅列举了跟经历体相关的两种, 其他四种用法限于图形的限制从略。经历

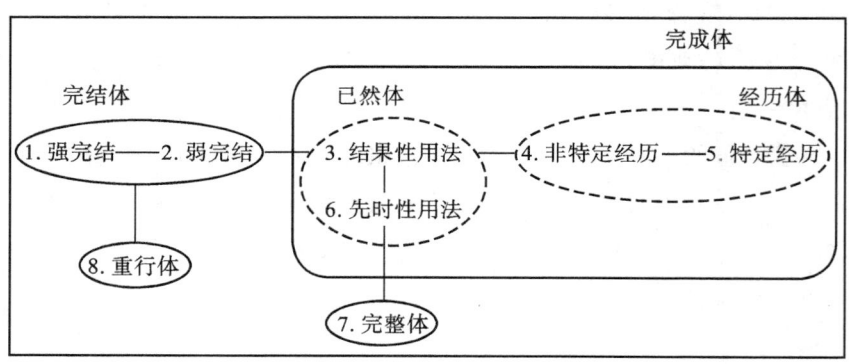

图2　汉语经历体相关用法的概念空间

体的两种用法也是根据 Kim(1998)从已有的经历性用法中分化而来的。张敏(2010)基于汉语事实,将某些功能节点分化为两层级的节点,本章提出的概念空间中功能的节点分为三个层次,这是在张文的基础上为适用类型学和汉语事实的一个变通,也可以说是一种创造性应用。

6.2 汉语经历体标记的语义地图和语法化路径

现代汉语通用语经历体标记"过"的语义地图见图3。在图3中,现代汉语通用语的"过"(细虚线)覆盖1、2、4、5、6五种用法,而且由于缺乏明显的结果性用法(3),所以从基础用法的角度来看,汉语通用语的"过"并没有覆盖其连续的空间。造成这一现象的原因是汉语通用语另有一个"了",它挤占了"过"的结果性用法以及未来可能的完整体的用法的空间。但是从二级节点的角度来看,"过"仍然涵盖了由完结体、已然体、经历体组成的连续的空间。从这个角度看,我们对语义地图的连续性假设应该有更深的层级的理解。共时系统的语法语素的对立以及语言接触等其他因素都有可能影响语义地图表面上的连续性,因此,更能体现语义地图连续性的是基于历史语言事实的语法化路径。

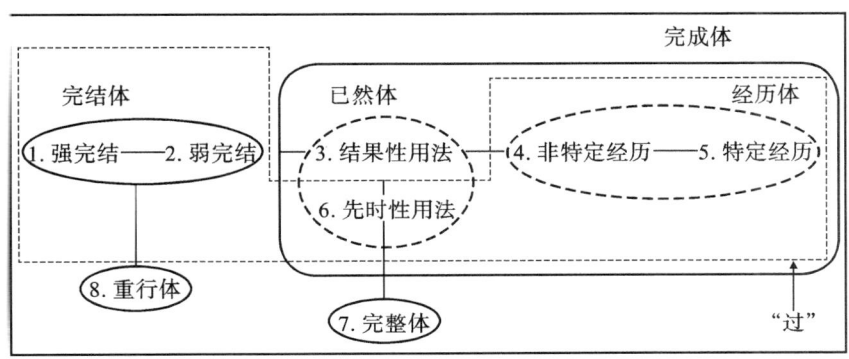

图3 现代汉语通用语经历体标记"过"的语义地图(细虚线)

因此，在图 4 的现代汉语通用语经历体标记"过"的语法化路径中，3 的结果性用法仍然保留在历史文献以及从汉语中借入"过"的民族语言中，如燕齐壮语（韦景云等，2011：167）的例（36），从而帮助我们更加深入地理解已然体和经历体的关系。正是 3 这一用法使得经历体的语法化路径成为一条可以理解的连续路径。

(36) tu⁴²mou²⁴ mɯŋ³³ kwuːŋ²⁴ kwa³⁵ ɕou³³ ʔdai⁵⁵.
　　 只猪　你　　喂　　过　　就　　得
　　"猪你喂了就行。"

陈前瑞（2012）在分析现代汉语词尾"了"的完成体用法时，发现词尾"了"的完成体仅有结果性用法和先时性用法，不像句尾"了"那样有多种用法。例如：

(37) 有人偷走<u>了</u>我的钱包，麻烦您借我一些钱。
(38) 明天咱们吃<u>了</u>饭就走。

现代汉语词尾"了"的这种用法分布，说明在完成体用法的内部结果性用法和先时性用法具有直接的共时联系并可能具有历时的演变关系。①

有了汉语经历体的概念空间，我们就可以进一步勾勒汉语方言及汉语史中各种经历体标记的语义地图。如果我们能够掌握更多的跨语言的事实，就可以进一步描绘类型学中经历体的概念空间。由于汉语经历体最为复杂，方言和历史的材料非常丰富，类型学中的经历体的概念空间应当优先根据汉语的事实来描绘。

---

① 关于语法化和语义地图之间的关系以及建构历时概念空间的方法参见吴福祥（2014）。

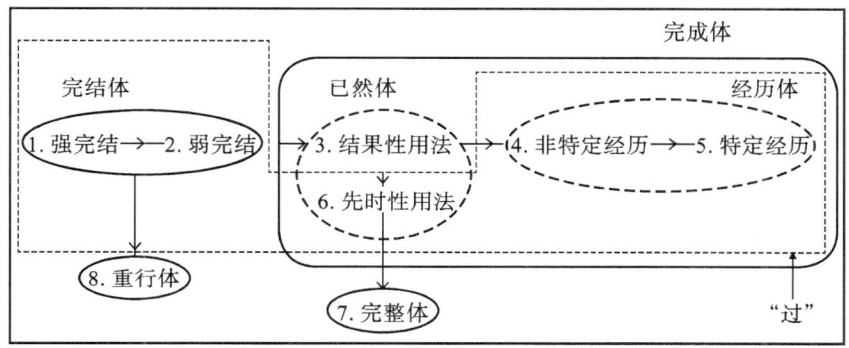

图 4　现代汉语通用语经历体标记"过"的语法化路径(细虚线)

7. 结语

Chappell(2001)把汉语"过"类经验标记看成传信标记,同样也构建了汉语方言中各种用法的演化路径。但是该文的演化路径只是根据方言共时的事实构拟的,没有从丰富的历史文献中发掘支持其理论的基石。陈前瑞、王继红(2009)就对这种看法存有疑虑,并认为即使经历性用法有类似于传信范畴的某些特点,也最好视为对完成体的经历性用法所具有的现时相关性的进一步解释,而不能用它来完全取代经历标记的体貌性质。

本章从类型学的角度出发,基于 Bybee et al.(1994)提出跟完成体相关的语义的发展阶段,将其中的完结体分化为强完结和弱完结体,将完成体细化为已然体和经历体,并对这两种体貌范畴的用法进行了进一步的分化,还利用方言的事实把重行体纳入阶段体。上述研究表明把经历体放到体貌的范畴似乎在描述的精确性和历史解释的强度上都要优于把经历体视为一种传信范畴。[①]因此本章仍然遵照类型学主流的研

[①] Liu(2004)已经指出把"过"视为传信有不周之处。刘丹青在第二次"语言中的显著性与局部性"学术讨论会(2013 年 12 月 20 日,北京语言大学)的讨论中进一步指出,有传信范畴的语言中,经历体与传信标记可以共现,进一步说明经历体不应归入传信范畴。

究传统,把经历性用法视为完成体的一种用法。至于从理论上论述经历标记表示的是体貌范畴还是传信范畴,还有待专门的比较和论证(可参见 Tantucci,2015)。

  本章构建的汉语经历体相关用法的概念空间、语义地图和语法化路径是对已有研究成果的进一步概括和综合,较好地体现了完成体用法的多样性和一致性,也有待更多语言材料的检验。

第七章 "尝"的语法化及其类型学意义 *

1. 引言

经历体的类型学和语法化的研究一向较为薄弱,其研究的难点在于:一是专用经历体标记的分布区域比较受限,多见于东亚、东南亚及非洲,(Dahl, 1985:144)故共时材料受限;二是经历体用法发展的过渡环节不甚清晰,如汉语的经历体标记"过",(彭睿,2009)缺乏特别有说服力的早期材料;三是经历体的词汇来源多样性的报道与描述还不够充分(参见伍和忠,2005:200;陈前瑞,2012)。从这个意义上看,汉语历时与方言材料对于学术界深入认识经历体有特别重要的意义。古汉语常用的表示经历体意义的副词有"尝"和"曾",比较而言,"尝"本义明确,多个义项的虚实关系比较明显,是经历体语法化和类型学研究中很有价值的样本。

根据前人的研究特别是解惠全等(2008:52)对杨树达《词诠》的概括,"尝"跟本章相关的义项可以分为以下四种用法:

(一)品尝义,为动词本义,《说文》云:尝,口味之也。

(1)君子有酒,酌言尝之。(《诗经·小雅·瓠叶》)

---

* 本章与王继红合作完成,王继红为第一作者,原载《语言科学》2014年第5期。

(二)尝试义,为本义的引申义,仍为主动词,《词诠》:凡试于事亦曰尝。

> (2)诸侯方睦于晋,臣请尝之。若可,君而继之;不可,收师而退,可以无害,君亦无辱。(《左传·襄公十八年》)

(三)试着义,后接谓词性成分,是"尝试"义用于方式状语的半虚化用法。《词诠》将这一用法注释为:副词,试也。本章概括为"试着",意在突出其句法功能。

> (3)虽然,请尝言之。(《庄子·齐物论》)

(四)经历义,为时间副词用法,是虚化的典型的经历体意义。

> (4)俎豆之事,则尝闻之矣。(《论语·卫灵公》)

这四种用法的虚实关系比较明显,整体的历时发展关系也易于建构。但是,虚化和半虚化用法之间的细节——特别是经历义怎么从试着义发展而来,并不是很清楚。现有研究中对"尝"的分析散见于各类工具书,较为专门的研究仅有刘道锋(2009)及伍和忠(2005)的部分章节。前者主要分析词汇意义的演变;后者虽然题为《"尝试"、"经验"表达手段论》,是经历体研究的第一本专著,也指出尝试与经历在语义上具有较为直接、较为密切的联系,(40页)但对这两个范畴之间的发展关系缺乏深入的分析。

本章在现有研究的基础上进一步分析"尝"的试着义与经历义的语义联系,重点分析经历体的典型特征与试着义的关系,探讨"尝"的经历义演化过程中的几个关键环节,最后从跨语言的角度讨论从尝试到经历这一演化路径上的相关理论问题。

2. "尝"的试着义与经历义的关系

2.1 "尝"的试着义的用法特点

本章对"尝"的分析以"上古汉语标记语料库"中"尝"的用例为基础。① 该语料库中"尝"字共 667 例,大部分为成熟的经历义,试着义的用例并不多见。由于在上古早期的语料如《论语》《左传》中,"尝"经历义就已经成熟,只是数量较少,因此历时语料本身无法显示其发展的阶段性。本章将整个上古语料作为一个共时的状态,希望通过较大规模的语料分析,发现"尝"的试着义的一些有意义的使用特点。

(一)试着义多见用于施事为说话人或第一人称的未然用法,属自谦式表达。这种用法在现代汉语中常用"V一下"或动词重叠的方式来表达。例(5)(6)中"尝"所在小句在本章所引的译注中分别翻译为"现在试计算一下军队出征的情况吧""现在我姑且说说"。也有个别已然陈述用例,如例(7),其中"尝"所在小句在所引版本中翻译为"并尝试着为人治病"。②

---

① "上古汉语标记语料库"当时对 36 部上古文献的语料进行了标注,这些文献包括:《诗经》《左传》《史记》《尚书》《周易》《仪礼》《周礼》《礼记》《春秋公羊传》《春秋谷梁传》《国语》《战国策》《论语》《孟子》《墨子》《庄子》《荀子》《韩非子》《吕氏春秋》《老子》《商君书》《管子》《晏子》《孙子》《大戴礼记》《韩诗外传》《尉缭子》《六韬》《文子》《孝经》《孔子家语》《新语》《新序》《春秋繁露》《淮南子》《睡虎地秦墓竹简》。

② 韩兆琪在《史记》的注释中按曰:或谓"尝"通"常",亦可。王利器主编(1988:2221)把"已"注为:"动词,实践。"对这两处注释暂存疑。

(5) 今尝计军上，竹箭羽旄幄幕，甲盾拨劫，往而靡弊腑冷不反者，不可胜数。(《墨子·非攻中第十八》)

(6) 予尝为女妄言之，女以妄听之。(《庄子·齐物论》)

(7) 臣意对曰："……要事之三年所，即尝已为人治，诊病决死生，有验，精良。"(《史记·扁鹊仓公列传》)

(二)试着义也见于施事为听话人或第二人称的未然用法，这种情况下试着的意义有的已经不明显，主要表示一种委婉的建议，也类似于现代汉语的"V一下"或动词重叠的用法。例(8)(9)中"尝"所在小句在所引译注中分别翻译为"君王何不试着派他到成周而考察一下呢？""你再请他来看看"。

(8) 公告栾书，书曰："其有焉。不然，岂其死之不恤，而受敌使乎？君盍尝使诸周而察之？"(《左传·成公十七年》)

(9) 壶子曰："乡吾示之以天壤，名实不入，而机发于踵。是殆见吾善者机也。尝又与来。"(《庄子·应帝王》)

(三)试着义也少量用于第三人称的未然用法，如例(10)"然胡不尝考之百姓之情？""然则胡不尝考之诸侯之传言流语乎？"的主语不可能是"我"，最有可能的是"今天下之士君子"。

(10) 今天下之士君子或以命为亡。我所以知命之有与亡者，以众人耳目之情，知有与亡。有闻之，有见之，谓之有。莫之闻，莫之见，谓之亡。然胡不尝考之百姓之情？……若以百姓为愚不肖，耳目之情，不足因而为法。然则胡不尝考之诸侯之传言流语乎？(《墨子·非命中》)

上述三种情况中,除个别已然的用例外,绝大多数用例都与现代汉语中动词重叠的用法非常接近,主要用于表示委婉的语用含义。

2.2 "尝"的经历义中试着义的痕迹

"尝"的部分典型的经历体用法,特别是第一人称用法,虽然一些注释中都直接用"曾、曾经"来翻译,但细细品味,也可以看出试着义的痕迹。

> (11) 子墨子曰:"子之所谓义者,亦有力以劳人,有财以分人乎?"吴虑曰:"有。"子墨子曰:"翟<u>尝</u>计之矣。翟虑耕而食天下之人矣,盛,然后当一农之耕,分诸天下,不能人得一升粟……故翟以为虽不耕织乎,而功贤于耕织也。"(《墨子·鲁问第四十九》)
>
> (12) 吾<u>尝</u>终日而思矣,不如须臾之所学也;吾<u>尝</u>跂而望矣,不如登高之博见也。(《荀子·劝学》)

语篇中典型的试着义的语义结构是:先有一种认识或方法,经过初步的思辨或实践,可能有两种后续情况:一种是发现这种认识或方法不对,进而否定之;一种是这种认识或方法得到了验证,进而肯定之。如果是后一种情况,往往直接肯定,而无须突出这种尝试的阶段,使得试着义固有的行为的少量性和实验性的特征因为得不到凸显而淡化。一旦突出地强调这种尝试阶段,就往往是否定这种认识或方法,得出与之相反的方法或认识。因此例(11)的"翟尝计之矣"一般理解为"我曾经也是这样想的",但是由于有后续的"然后当一农之耕,分诸天下,不能人得一升粟"以及"故翟以为虽不耕织乎,而功贤于耕织也"的反衬,完全符合试着义语篇的语义结构,似乎也可以理解为"我也曾尝试着这么思考过"。例(12)的"吾尝终日而思矣"与"吾尝跂而望矣"由于有"不如须臾之所学也""不如登高之博见也",也可以理解为"我曾经尝试着终日而思""我曾经尝试着跂起脚来看"。比较而言,后续小句的否定观点更加凸显,使得前文中可能包含的试着义变得不那么显著。总之,这些经历义中的试着义的痕迹,进一步强化了试着义和经历义的语义联系。

2.3 "尝"的试着义的体貌意义

既然经历体是从试着义发展而来的,那么经历体这种体貌意义又是从哪种体貌意义发展而来的呢?从前文的分析可以看出,试着义接近于现代汉语动词重叠的用法。动词重叠一般认为是表示"量少时短"的短时体,而短时体在实际使用中往往有尝试的含义,这也是前文中试着义可以翻译为动词重叠或"V一下"的内在语义理据。

汉语通用语及汉语方言中表达经历体的手段还有如下跟"尝"相关的成分:现代汉语通用语的"一度"(于立昌、吴福祥,2011),苏州及崇明方言的"歇""歇过""过歇"(本义为"一会儿",叶祥苓,1988:104;张惠英,2009:195),山东寿光及胶南方言的"回"(张树铮,1995;郝晓瑜,2013),鄂东英山方言的"趟子"(陈淑梅,2001:87;项菊,个人交流),这些都是动作的动量或时量成分,它们在形成经历体意义之前同样也应该具有某种体貌意义,但是在体的系统中,我们又不可能给每一种形式设定一种过渡性的体貌意义。无论是从描写还是解释的角度,都需要有一定的概括性。与这些成分相比,"尝"从本义来看,"品尝"都是少量地食用某种食物以辨识整个容器内的食物味道;从引申的实义来看,"尝试"是初步地进行某种行为,并获得某种结果,从而做出选择全部行为的合适方式;从引申的半虚义来看,"试着"的少量的含义主要体现在第一人称和第二人称的委婉用法上,委婉也就是减少"请求"

或"要求"在量的方面的力度。在"尝"的虚化中"少量"的含义一脉相承，有可能是其意义的核心成分，这也是试着义与"一度""歇""回""趟子"的相通之处：时间副词"一度"在虚化之前表示时量，是在时间上有明显边界的量，且两个边界之间的持续量也是一个相对较小的量。苏州方言的"歇"更是直接的时量成分。山东胶南方言的"回"、湖北英山方言的"趟子"本义是动量，是一个限定次数的动量单位。这些成分以及动词重叠和"V一下"在量上都有一个共同的特点：就是表示一个限定的动量。因此，从体的意义上可以概括为一个在时间、数量或方式上都加以限制的体貌意义，简称限量体，限量体可以视为动词重叠所表示的短时体的上位概念。限量体没有进入实际的时间流程，因而不具有实际终止点，只具有相对受限的限定终止点。陈前瑞（2008a：273）曾把短时体与反复体概括为涉量阶段体，现在看来，在一个具有普遍意义的体貌系统中，可以用限量体取代短时体，它与反复体构成了明显的对立，都是一种广义的阶段体，这种体貌意义介于典型的词汇意义和语法意义之间，是体貌意义语法化过程的中间环节。

在俄语中类似汉语短时体及这里提出的限量体的体貌意义被概括为 delimitative，意指有限的动作延续（Stoll, 1998）。Smith（1997：244）也指出俄语的动词前缀 po- 影响动作的持续特征，并构成完整体（perfective，缩写为 Perf）的动词形态；po- 表示动作持续的时段比所期待的时间稍短，它不必然要求带时间短语，但也可以带。例如：

(13) On porabotal (časok).
　　 He worked[Perf] a bit (for an hour).
　　 他干了干活儿。

在俄语中这种具体的限量体的意义与其他表示动作开始、停止的体貌意义一起被概括为完整体的范畴，并与未完整体形成对立。但是，也有学者认为，俄语的完整体实际上是一种派生的体范畴，不是一种屈折的体范畴。(Bybee & Dahl,1989)从这个意义上讲，俄语的 po- 与汉语的动词重叠、"一度""歇""回""趟子"虚化前的意义以及本章讨论的"尝"的试着义在语义和语法化程度上都很相近，都可以归为限量体。

Kim(1998)基于韩语的材料在附注中简要提到经历体区别于完成体的三个主要特征，但没有展开说明，这里结合汉语的情况进一步讨论这三个特征的性质以及它们与限量体的语义联系：1）非连续性，即过去事件造成的状态没有持续到说话时间，如"她也红过"意味着现在不红。当然不同的情状与经历体共现时的非连续性不完全一致，如"他学过法语"跟"他学了法语"相比，似乎后者的法语水平保持得更好一些。"我见过他"跟"我见他了"相比，前者的结果状态可以取消，可以说"我见过他，但现在认不出来"，而不好说"我见他了，但现在认不出来"。这里两者的区别主要体现在"见"的时间上，前者是非特定的过去时间，后者发生在相对较近的一个特定时间。2）可重复性，事件不能像"死"一样不具有可重复性，除非是能够起死回生的神话人物。3）特殊性，即事件不能是吃饭等没有信息量的日常事件，而必须具有特殊信息的事件，如"我吃过扬州炒饭"等。

限量体的提出不仅具有很好的概括性，而且便于解释经历体三个区别性特征的来源以及经历体的历史演变。首先，限量体表示情状存在于一个限定的数量或时间范围内，这就意味着在这个范围之外，该情状以及由该情状构成的事件可能不成立。这就很有可能产生典型经历体的非连续性特征，如例(14)的"将百万军"之荣耀已成往日记忆。

(14) 绛侯既出，曰："吾尝将百万军，然安知狱吏之贵乎！"
（《史记·绛侯周勃世家》）

其次，限量体表示情状不是一个无界的情状，而是一个有时间边界或限定终止点的情状。而只有限定终止点的情状才有可能是重复的情状。例（7）"即尝已为人治，诊病决死生，有验，精良"，只有反复尝试并"有验"，才有"精良"之美誉。这就很好地解释了源于限量体的经历体所具有的可重复性。

最后，限量体存在于一个限定的范围内，这就与该范围之外的状况形成了对比，从而凸显了该情状的特殊性。一般来说，只有具有特殊性的情状才值得特别一提。如例（14）的"将百万军"就与"狱吏之贵"形成鲜明的反差。

上述三个方面的特征，如果只是从尝试的角度来分析，就不够清楚，毕竟"尝试"还是一种比较具体的语义，只有经过泛化，漂白掉行为方式的少量性和行为目的的实验性，单纯表现事件内在的时间结构即限量性，才能进而产生具有高度概括性的经历体意义。

3. 从尝试向经历演化的几个问题

3.1 "尝"的词义演变与语法化的关系

刘道锋（2009）曾把"尝"的词义发展概括为：

（15）辨别滋味—祭祀祖先—试探—经历—曾经

（15）中的"辨别滋味"等同于本章的品尝义，试探义等同于尝试义，其间穿插了祭祀祖先义。祭祀祖先义是在日常意义的基础上发生的一种专门的意义，其核心意义并没有偏离其本义，因此，本章认为这种专门的意义除极端情况外，一般不出现在以意义泛化为特点的虚化路径上。

从"品尝"到"尝试"是从一种感官动作到一种适用于普遍动作的泛化，而且"品尝"就是通过品尝食物一小部分的味道推知整个食物的味道，并继续做出下一步的决定：或决定吃还是不吃，或采取进一步的行动以改进食物的味道。从尝试义到试着义是一种转喻，是从凸显行为本身到凸显行为方式的转喻。从试着义到经历义则是从动作方式到动作带来的经历或影响的转喻。

这一系列的转喻是以语用推理为基础的：既然已经尝试了某种事情，必然是以试着的方式从事了该事情；既然已经尝试了某种行为，就一定发生了某种行为。在这一系列的语用推理中，经由语境获得的作为后项的新的解释都是从作为前项的成分的内在性质衍推而来。Croft（2000：161）就认为正是这种性质的语用推理决定了语法化的单向性。具体而言，在试着义中，行为的方式是焦点意义，而动作行为为预设义；但在经历义中，原来作为预设义的动作行为的发生转而成为焦点意义；所在小句成为更大语境的一部分，常常用来作为广义因果关系的前件。这也是前文例（11）（12）从一些经历义"尝"的用例中能够找到试着义的痕迹的内在理据。[①]

从体貌意义的角度来看，"尝 VP"构式中"尝"的试着义所具有的内在的限量义，也对后续的语法化的方式和路径起到了独特的作用。限量本身就是一种具有限定终止点的情状，既可以用于未然也可以用于已然；在实际话语中，一旦引入了具体的说话时间和参照时间，这种具有限定终止点的动作往往成为具有实际终止点的动作，表示发生在说话时间或参照时间之前的动作或事件，从而获得了完成体或经历体的体貌意

---

① 此处用语用推理进一步解释隐喻操作的过程，受审稿专家意见的启发，并借鉴了吴福祥（2003）对"勾勒转换"（profile shift）（Norvig & Lakoff, 1987）的阐释和应用。

义。另一方面,"尝"的限量只是规定了动作两端存在端点,并没有规定动作实际持续的长度、实际执行的力度以及距说话时间的距离,为后续发展出"事件在过去不确定的时间里至少发生过一次"的经历体典型意义(Dahl,1985:141)奠定了基础。这正好体现了Bybee et al.(1994:9)所谓的源头决定论,即进入语法化的构式的实际意义独特地决定了随后的语法化的路径以及相应的语法意义。①

(15)中"曾经"义直接来源于动词的"经历",其例为(16);解惠全等(2008:53)也按曰:"尝"之本义为品尝,由此引申为动词经历义,其时间副词义是经历义的虚化。

(16)险阻艰难,备<u>尝</u>之矣。(《左传·僖公二十八年》)

本章不赞成这种观点。首先,这种动词的经历义非常罕见,除该例外在本章的语料中鲜见其他明显的用例。其次,经历体用法的产生不仅仅是意义的虚化,同时也是语法范畴的变化,由于鲜见经历义动词直接带体词宾语或者名词化的谓词宾语的早期用例,因此从该意义无法建构语法范畴的演化路径;相反,在"尝VP"的构式中,从"尝试"到"试着"能够很好地构建意义演变和形式扩展之间的互动关系。不过,这种观点也提供了另一种启发,即"尝"的词汇意义的演变与语法意义的演变具有平行性,都是从"尝试"的意义出发,分别发展出词汇性的经历义和语法性的经历体意义;不过语法性的经历义已经不限于经历本身了,"经历"只是经历体语义和用法多方面特点的一个标签。

---

① 审稿专家认为,从试着义到经历义的过程中,其中的细节也就是限量义的作用不容忽视。此处对限量义与经历体的意义关系的论述受到此意见的启发。谨此致谢!

3.2 "尝"未见典型的非经历的完成体用法

Chappell(2001)把汉语经历体标记视为传信标记,并把汉语方言的经历体标记的语法化路径概括为两类:一类是来自"经过"义途径,实义动词经由趋向补语经完成体用法获得经历体用法,如官话的"过";另一类是来自"知道"义途径,实义动词经由知道义获得经历体用法,该途径仅见于闽语的"别"(bat)[Lien(2007)记录了两个变体:bat4 和 pat4]。彭睿(2009)认为诱发"V过₁>V过₂"演变的环境应该是可以歧解为连续事件句和事理因由句的歧义性复合事件句,如林新年(2006:140)所引的例(17):

(17) 村里男女有什摩气息?未得草草,更须勘<u>过</u>始得。(《祖堂集·药山和尚》)

陈前瑞(2012)把完成体看作一个上位范畴,把经历体视为完成体标记的用法之一,进而把非经历的完成体用法称为已然体,大致对应于 Dahl & Velupillai(2013)定义的完成体的结果性用法,用来表示事件发生在参照时间点之前,并对时间参照点具有某种影响或在该参照时间点仍然是相关的,如例(17)。从汉语经历体语法化路径的类型来观察"尝"的用法,可以获得一些新的认识。

"尝"的经历义作为典型的经历体用法,常常用在话语的开头,引入一个过去不确定的事件,或进一步展开论述,或与后文的当前情况形成对比。在《左传》的 10 个用例中,用于对话的第一个小句的有 5 例,如例(18);用在句子的第一个小句的有 3 例,如例(19);另有 2 例,虽然不在第一个小句,但处在句子的第一个层次,与后面的部分形成因果联系,如例(20)。这些句子均无时间状语,因而默认的理解是过去非特定的时间。

(18) 示子服惠伯曰:"即欲有事,何如?"惠伯曰:"吾尝学此矣,忠信之事则可,不然,必败。……"(《左传·昭公十二年》)
(19) 郫子士请御之,弥援其手,曰:"子则勇矣,将若君何?不见先君乎?君何所不逞欲?且君尝在外矣,岂必不反?当今不可,众怒难犯。休而易间也。"乃出。(《左传·哀公二十五年》)
(20) 同官为寮,吾尝同寮,敢不尽心乎?(《左传·文公七年》)

在"尝"的时间副词用例中,有些不符合经历体的典型用法,比如:

(21) 先黥布反时,高祖尝病甚,恶见人,卧禁中,诏户者无得入群臣。群臣绛、灌等莫敢入。十余日,哙乃排闼直入,大臣随之。上独枕一宦者卧。哙等见上流涕曰:"始陛下与臣等起丰、沛,定天下,何其壮也!今天下已定,又何惫也!且陛下病甚,大臣震恐,不见臣等计事,顾独与一宦者绝乎?且陛下独不见赵高之事乎?"高帝笑而起。(《史记·樊郦滕灌列传》)
(22) 上曰:"吾高世行三者何事?"盎曰:"陛下居代时,太后尝病,三年,陛下不交睫,不解衣,汤药非陛下口所尝弗进。夫曾参以布衣犹难之,今陛下亲以王者修之,过曾参孝远矣。……"(《史记·袁盎晁错列传》)

在这两例中,"尝"所在小句前,分别有时间状语小句"先黥布反时""陛下居代时",均为一个相对具体的时段,"尝"所在小句交代整个事情的起因,即"高祖尝病甚""太后尝病";其后续小句顺着陈述直接相关的后续情况,即"恶见人,卧禁中,诏户者无得入群臣""三年,陛下不交睫,不解衣,汤药非陛下口所尝弗进",整体上构成一个连贯的陈述,前后小句之间存在明显的因果关系。王利器主编(1988:2096、2173)中,"尝"仍然翻译为"曾"或"曾经"。但是,这里的"尝"所在小句不像是表示典型的经历体意义,不具有典型经历体所具有的非连续性,而是在一定程度上强调情状的连续性及其后续影响,似乎也可以解释为"高祖病得很严重""太后病了"。从这个角度来看,"尝"所在小句也可以表示在一段时间内一件具体的事情发生了,而不突出其经历义,这种用法接近于完成体最常见的用法——已然体用法。

可见"尝"在演变为经历体用法的过程中,除个别用例可以勉强理解为完成体的已然体用法之外,未见特别典型的已然体用法,其语法化路径与Chappell(2001)概括的两类路径略有不同。造成这一现象的原因,很可能与"尝"的限量体意义有关。限量体有明显的边界,与其他部分形成明显的对比,因此不大容易发展出具有明显的延续性的已然体用法。虽然明显的对比也是一种广义的现时相关性,但毕竟不是一种延续性的结果,而是一种非延续性的结果。

3.3 "尝"的非特定经历和特定经历的区分

前文提到《左传》中"尝"的经历体的用例均无时间状语,其他文献中的"尝"即使带时间状语,也只是"昔、故、高祖之微时"之类的非特定时间状语,如例(23)—(25):

(23)昔赵襄子尝以其姊为代王妻,欲并代。(《史记·张仪列传》)
(24)齐襄公故尝私通鲁夫人。(《史记·齐太公世家》)

(25) 汉兴，高祖之微时，尝杀大蛇。(《史记·封禅书第六》)

陈前瑞(2012)根据 Kim(1998)把经历体的这种用法概括为非特定经历用法。但是下面两个用例有所不同：

(26) 陈亢问于伯鱼曰："子亦有异闻乎？"对曰："未也。尝独立，鲤趋而过庭。曰：'学《诗》乎？'对曰：'未也。''不学《诗》，无以言。'……"(《论语·季氏上》)
(27) 二十五年，复入朝。是时上未置太子也。上与梁王燕饮，尝从容言曰："千秋万岁后传于王。"王辞谢。虽知非至言，然心内喜。太后亦然。(《史记·梁孝王世家》)

这两例都是记述一次具体的事件，在一次具体的时间和场景中，听说双方有一些具体的、有重要意义的对话。因此，陈前瑞(2012)根据 Kim(1998)把这种经历体的用法概括为特定用法，该用法在类型学研究中非常罕见，目前仅见于汉语和韩语，而且在韩语及汉语部分方言如山东胶南话中是用不同的形式来表达的。(Kim，1998；郝晓瑜，2013)此前的研究虽然提出这两种用法，但并未论及其历时发展关系。"尝"的特定经历用法只是个别的零星用法，很可能是在非特定用法的基础上发展出来的新的用法。陈前瑞、张曼(2015)证明，"过"的经历用法是先有非特定经历用法后有特定经历用法。可见，非特定经历用法先于特定经历用法，这可能是一条具有普遍性的规律，且汉语经历体的特定经历用法跟非特定经历的用法一样，都有非常悠久的历史。

3.4 "尝"的经历义演化路径构拟

基于前文的材料，本章根据已有的关于完成体、经历体的研究，把

"尝"的演化路径构拟如下：

(28) 品尝→尝试→试着/限量体→（已然体）→非特定经历体
→特定经历体

跟汉语典型的经历体标记"过"相比，"尝"的语法化路径有三个方面的特点：1) 词汇来源义不同，"过"是一种空间位移意义，而"尝"是一种味觉感官意义，两者都是跟人类的身体经验密切相关的意义。2) 语法化的关键环节不同，"过"的经历义源于"完结""完毕"义，是完结体，是一种基本的阶段体意义①，该意义是完成体语法化的主要路径之一；而"尝"是经由限量体发展出经历体，限量体是一种涉量阶段体，它在语法化中的作用并没有得到广泛的报道。3) "过"在现代汉语中还保留着"吃过就走"这样的已然体用法，在《朱子语类》中还保留了一些强因果关系的用法；但"尝"未见典型的已然体用法，所以在(28)中的已然体上加注括号。

"尝"跟"过"相比，有两个共同点同样值得关注：1) 都是经由阶段体发展出经历体用法；2) 都是从非特定用法发展出特定用法。

4. 从尝试到经历的跨语言比较

根据现有的材料，一些语言中同样存在从尝试到经历体的演变路径。根据戴庆厦(2012:167)，景颇语的貌词 ju^{33} 表示动作行为已经过去或表示"试一试"，该形式来自动词的"看"。例如：

---

① Chappell (2001)认为表"完结、完毕"的"过"不在经历体发展的路径上，这一点似有不妥，参见陈前瑞、张曼(2015)。

(29) pe^{31}kjin^{33} lǎ^{55}khoŋ^{31} laŋ^{31} tu^{31}ju^{33} ni^{ʔ55}ai^{33}.
　　北京　　二　　　次　　到（貌）（尾）
　"我到过北京两次了。"
(30) naŋ^{33} n^{33}tai^{33} po^{ʔ31}nam^{31}si^{31} ʃa^{55}ju^{33}u^{ʔ31}!
　　你　这　　种　果子　吃（貌）（尾）
　"这种果子你吃吃<u>看</u>！"

景颇族所说的另一种语言——载瓦语的动作动词 wu^{55}"看"除动词用法外，还有助动词和曾行体用法，其中的助动词用法被分析为状貌助词，相当于汉语的动词重叠；朱艳华（2012）进而指出，共时平面的这三种用法显示了 wu^{55} 历时发展中的一种演变关系：动作动词→助动词→曾行体。

韩语的 pota 的原型义是"用眼睛感受外界事物"，其实义用法还有：见面、相亲、品尝、测试、达成、经历等多种。[①] 这与汉语的"尝"有相似之处，同样体现了词义演变和语法意义演变的平行性。pota 还有多种虚义用法，跟本章相关的用法有：1) 试着；2) 经历；3) 猜测义。（崔智娟，个人交流），这些虚义用法中 poda 之前还必须有不同的连接词与谓词相连，表示经历时还必须与过去时形式共现。

根据林华勇（2007），广东廉江方言的"看"义语素"睇"后加"过"组成的"睇过"有虚、实之分。当为实义时，"睇过"为"动+助"结构；当为虚义（助词）时，"睇过"既可表"尝试"又可表猜测。比如"着倒衫睇过"有四个意思：

　A. 曾经穿着衣服看过［睇过：动+经历体"过"，实义］
　B. 穿着衣服重新看［睇过：动+重行体"过"，实义］

---

　① 韩语的材料最初由北京语言大学刘英明老师提供，韩国博士生崔智娟也在讨论中提供了许多材料。详细讨论可参见刘英明（2013）。

C. 穿着衣服试试看［睇过₁，虚义］

D. 可能穿着衣服［睇过₂，虚义］

从以上四种用法来看，廉江方言的"睇过"具有本章讨论的试着义（C）以及韩语中类似成分所具有的猜测义（D），但没有经历义。另据林华勇（2007），香港粤语的"睇过"只表示试着不表示猜测。说明猜测义是从试着义发展而来，且不必经过经历义。很可能是试着义分别发展出经历义和猜测义，猜测义和经历义不一定存在线性发展关系。

从这些材料来看，都是"看"义动词发展出尝试、试着和经历用法，而古汉语的"尝"是从品尝发展出尝试、试着和经历用法，可见不同的感官动词的语法化路径出现了汇聚，从而可以概括出一条更加具有普遍性的路径：

(31) 味觉、视觉类感官动词→尝试→试着→经历体
　　　　　　　　　　　　　　　　　　　↘猜测

这其中还有一些问题值得进一步思考：1）其他感官动词或认识义动词是否也会有同样的发展路径？ 2）源于感官动词的经历体是否都没有明显的已然体的用法？初步了解韩语中包含 pota 的构式没有已然体的用法（崔健，个人交流）。3）猜测义属于哪个语法范畴？初步看来，更接近于传信范畴的推断传信。［参见刘英明（2013）的描述］如果把猜测看作传信范畴，那么 Chappell（2001）把汉语经历体标记视为一种传信标记的看法就值得商榷，毕竟经历义与猜测义还是有较大的距离。把经历义归入传信范畴后，会在较大程度上改变传信的内涵和外延。要全面回答这些问题，显然还需要更多的跨语言的材料。[①]

---

① Liu(2004)在评述该文时已经指出这种观点存在部分的不合理之处。

还有一些语言中经历体的词汇来源与感官动词或感知动词有关:缅甸语的经历体标记 ph^{55} 的实词义为"拜佛,看"(胡素华,2012;常青,个人交流;Jenny & Hnin Tun,2016:391);闽语的经历体"别+V"(bat)的"别"也有"知道"的词汇意义(Chappell,2001;Lien,2007);爪哇语经历体构式"tahu+V"中的 tahu 有"知道"义,并与马来语的经历体形式"pernah+V"有同源关系(Dahl,1985:144;Stevens & Schmidgall-Tellings,2004:985)。但是,它们的语法化路径并不为人所知,现有的多功能用法也很少,以至于难以构建其语法化路径。从这个意义上讲,汉语"尝"研究至少能提供一种思路:在相关语言中寻找相关的多功能用法;如果找不到相关的多功能用法,也要思考为什么。是从动词直接发展出经历体用法,还是相关的用法在历史发展过程中被覆盖了。

5. 结语

"尝"从品尝到经历的演变看起来似乎比较明显,但从语法化和类型学的角度看,我们还是希望把这一演变过程弄得更加清楚一些。汉语相比于其他语言,有着更为丰富的历史语料,当我们对其他语言的演变路径犯难的时候,往往求诸汉语的历史语料。尽管"尝"的历史演变在上古早期的语料《论语》《左传》中已经发展成熟,无法展示阶段性的历史发展;但是我们还是从整个上古语料中发现了"尝"的演化的痕迹,找到一些有价值的线索,进而启发我们对经历体的相关问题进行更加深入的思考,得出了以下几点有新意的理论认识。

"尝"从动词"品尝"到经历义的中间环节为试着义,试着义可以与汉语通用语及方言中的"一度""歇""回""趟子"等完全语法化之前的意义一并概括为限量体,这样不同词汇来源的具体意义,经过泛化后汇聚为限量体,进而发展为经历体。

更重要的是，我们在限量体与经历体的三个典型特征——非连续性、可重复性、特殊性之间建立了比较显豁的联系，找到了这三种典型语义特征的源头。

通过与典型经历体标记词尾"过"的比较，我们找到了两者之间的一些异同，并把这些异同归结于两者不同的词汇来源和演变路径。

通过与其他语言中的类似的演变路径相比较，我们发现从感官动词经由尝试发展为经历体是一条具有一定普遍性的路径。以这条路径为参照，可以进一步思考源于感官或感知动词且多功能性不明朗的经历体的语法化路径。

由于材料限制，我们掌握的跨语言材料还不够充分，希望本章能抛砖引玉，引发更多的调查与讨论。[①]

[①] 王统尚、石毓智(2018)也研究了相关问题，思路不尽相同，可参照。

第八章 试论"曾"的反预期与经历义的演变关系[*]

1. 引言

"曾"在古书的虚词解释中明确地分为两类用法：一是语气副词，音"增"，可译为"竟然、简直、甚至"等，如例(1)；一是时间副词，音"层"，义同"尝"或"曾经"，如例(2)。

(1) 谁谓河广？<u>曾</u>不容刀。谁谓宋远？<u>曾</u>不崇朝。(《诗经·卫风·河广》)

(2) 庄公存之时，乐<u>曾</u>淫于宫中，子般执而鞭之。(《公羊传·闵公》)

对于这两种用法传统小学有两种不同的观点。王引之《经传释词》在引用多篇字书、韵书的基础上，得出结论："以上诸书，皆音义判然，不相淆杂。"(81页)只有袁仁林《虚字说》试图在这两种用法之间建立语义关联："'曾'字有正反二用：正用言其向曾如此，反用多带诘问意，故尾声多用'乎'字平拖，以见未尝如此意。"(101页)

当代学者对"曾"的这两种用法也有不同的观点。龚波(2005)认为，

---

[*] 本章原载《古汉语研究》2018年第2期。

时间副词用法是从语气副词用法发展而来，不同于从时间副词到语气副词的常规路径，属于语法化和主观化的反例。谷峰（2010：198）认为两者没有历时的源流关系，引申无从谈起。这两种针锋相对的观点各有得失。龚文重在界定时间副词最终的演变结果，缺乏对语气副词用法的深入分析。谷文重在探讨两者典型用法的区别性，忽略了非典型用法的连续性。

本章在类型学的概念框架下重新分析"曾"的两种用法之间的语义演变关系。"曾"的语气副词用法，语义上属于"惊异"（mirativity）范畴的反预期用法。有的研究主张把它从示证或情态范畴中独立出来。（DeLangcy，1997，2012）"曾"的时间副词用法，在语义上属于体貌范畴的完成体的经历性用法，也可以径直称为经历体用法。（参见陈前瑞，2016）惊异范畴是近年来讨论的热点，而专属的经历体标记则是汉语体范畴的特点之一，从反预期到经历是富有特色的跨范畴演变，揭示这种跨范畴的共时联系和历时演变的共相和殊相是近些年来类型学和语义演变研究关注的热点。（参见刘丹青，2014；吴福祥，2015）本章基于汉语丰富的上古语料，分析"曾"的语气用法演化为时间用法的萌芽，分析"曾"的时间用法中语气用法的痕迹，讨论反预期和经历这两种功能联系在跨语言材料中的多样性与一致性。

需要说明的是，对于上古汉语的变调、变声与意义变化之间的关系，学术界有两种观点：一种是构形说，认为变调和变声是上古形态的残留；一种是构词说，认为变声、变调的本质是区别词义而非区别词性。（参见张忠堂，2010，概述部分）对"曾"的两种用法之间音变的解释超出了本章的范围和笔者的专业领域。受材料和篇幅限制，本章不涉及"曾"的实义。

2. "曾"的语气用法的类型与典型性分析

2.1 "曾"的语气用法的功能分类

"曾"的语气用法也包含不同特点的用例,学者对这些用例的分合提出了不同的看法。韩峥嵘(1984:587)把"曾"的"竟然"义以外的用法都概括为表示强调,可译为"甚至""连……都"。吴庆峰主编(2006:407)把否定成分之前的"曾"的全部用法概括为"加强否定语气"。谷峰(2010)及后续研究倾向于分出多种不同的用法。[①] 本章基于对"上古汉语标记语料库"全部上古文献(下文简称为"上古语料库语料")的检索,得到语气副词"曾"的99个确定用例,把"曾"的语气用法一并归入反预期用法,并将这一用法细分为两种语用功能(关于反预期用法的论述和分类参见吴福祥,2004):

(一)违背说话人和听话人的预期。一般理解为"竟然",如例(3);在反问句的语境中可具体理解为"难道、怎么",如例(4),虽然意义是否定性的,但形式仍然是肯定的;在出现极端项的情况下,可理解为"连……都",如例(5)。除个别例句以外,小句主语均为第二、三人称。

(3)去其故乡,事君而达,卒遇故人,<u>曾</u>无旧言,吾鄙之。(《荀子·宥坐》)

(4)子夏问孝。子曰:"色难。有事,弟子服其劳;有酒食,先

---

① 谷峰(2010)明确地将"曾"的语气用法分为四种,其后续研究《上古汉语语气副词"曾"的分布、功能与演变——以"曾"与相关虚词的比较为线索》(待发表)则倾向于认为"曾"在演变过程中有分化为四种用法的倾向。感谢谷峰先生惠赐其博士论文的后续研究成果。这里仅引用两者一致的地方,并标注为谷峰(2010),有兴趣的读者可追踪其后续研究。

生馔，<u>曾</u>是以为孝乎？"（《论语·为政》）

(5) 人也，忧忘其身，内忘其亲，上忘其君，则是人也，而<u>曾</u>狗彘之不若也。（《荀子·荣辱》）

（二）违背特定社会共享的预期，在与否定词共现的情况下理解为加强否定的"简直、根本、完全"等，小句主语多指说话人，在"上古语料库语料"中，这种用法的典型用例共5例，过渡用例1例，即例(6)的"臣愚陋，曾不足以承明诏"。在这种情况下，可以理解为违背"陛下"预期的"竟然"，如阎丽译注(2003：275)；但如果侧重于说话人的自谦，自认为达不到社会公认的标准，也可以理解为加强否定，翻译时不直接对译，如赖炎元注译(1984：393)、张世亮等译注(2012：572)。例(6)(8)是最典型的加强否定的用例。例(9)(10)主语为明确的第一人称代词"我"，其语篇的语义结构相同：第一部分对举事实，第二部分阐释原因。第一部分正反对比增强了"曾"加强否定的功能。第二部分通过设问自我阐释原因，实际上取消了理解为"竟然"的可能性。上述例证均为第一人称，也有1例的主语为省略的泛指行为人，如例(11)，"曾"表示在设定的语境下，根据大家的背景知识完全无法做出某种动作。①

(6) 陛下乃幸使九卿问臣以朝廷之事，臣愚陋，<u>曾</u>不足以承明诏，奉大对。臣仲舒昧死以闻。（《春秋繁露·郊事对》）

(7) 且臣之说齐，<u>曾</u>不欺之也。使之说齐者，莫如臣之言也，虽

---

① 于智荣(2002：231)把例(9)"而我曾无邻里之闻"翻译为"而我竟然没有传播于邻里的好名声"。许匡一译注(1993：1173)把例(10)的"我曾无有间里之闻"翻译为"而我却在穷巷乡里之间无人知晓"。卢元骏注译(1979：507)把例(11)的"曾不可以大息小"翻译为"就无法用更大的武器来制止它"。可见，"曾"的加强否定用法容易被误解或忽视，翻译的时候也不一定能够显现出来。

尧、舜之智不敢取也。(《战国策·燕策一》)

(8) 左师触龙言愿见太后,太后盛气而胥之。入,徐趋而坐,自谢曰:"老臣病足,<u>曾</u>不能疾走,不得见久矣……"(《史记·赵世家》)

(9) 舜何人也?我何人也?夫启耳目,载心意,从立移徙与我同性,而舜独有贤圣之名,明君子之实;而我<u>曾</u>无邻里之闻,宽徇之智者。独何与?然则舜乇勉而加志,我僤僈而弗省耳。(《新书·劝学》)

(10) 三代与我同行,五伯与我齐智,彼独有圣智之实,我<u>曾</u>无闾里之闻、穷巷之知者,何?彼并身而立节,我诞谩而悠忽。(《淮南子·修务训》)

(11) 鲁石公剑,迫则能应,感则能动……相离若蝉翼,尚在肱北眉睫之微,<u>曾</u>不可以大息小,以小况大。用兵之道,其犹然乎?(《说苑·指武》)

基于上述分析,可以看到"竟然"义是语气副词"曾"的典型功能,而加强否定用法是在特定的句法、语义和语用中分化而来的功能,难以用单一的参数(如人称、否定)径直区别二者。

2.2 "曾"的语气用法的典型性分析

在"上古语料库语料"中,"曾"语气用法的典型性可从以下三个方面进行分析:

(一)"曾"所在小句谓词形式多为否定性的。99例中,否定形式有82例,如前文所举的例(1)的"曾不容刀"。肯定形式只有17例。这17例当中14例为肯定形式的反问句,如前文的例(4)的"曾是以为孝乎?",只有3例为陈述句,如例(12)(13)(14)。这3例分布在《诗经》《论语》

《晏子春秋》中,不过《晏子春秋》的用例有一定的争议。①

(12) 戎成不退,饥成不遂。曾我暬御,憯憯日瘁。凡百君子,莫肯用讯。(《诗经·小雅·雨无正》)
(13) 季子然问:"仲由、冉求可谓大臣与?"子曰:"吾以子为异之问,曾由与求之问。"(《论语·先进》)
(14) 吾君仁爱,曾禽兽之加焉,而况于人乎!此圣王之道也。(《晏子春秋·内篇杂上》)

谷峰(2010:198)认为已然的时间副词"曾"与语气副词"曾"的反预期和反诘用法没有历时的源流关系,主要理由有二:一是表已然的"曾"只用于陈述句,反预期的"曾"可以用于疑问句,反诘的"曾"只见于疑问形式的句子,时间和情态用法在分布上泾渭分明。二是与否定词连用时,已然的"曾"只分布在否定词右侧,如"未曾";反预期或反诘的"曾"只分布在否定词左侧,如"曾不"。上述3例语气副词"曾"出现在肯定陈述句中,另有13例出现在肯定反问句中,均与否定词无关,都出现在动词的左侧;这并不支持谷文的上述观点,进而启发我们思考在肯定句中语气副词和时间副词之间更为密切的联系。②

(二)"曾"所在小句谓语的情状类型多为状态情状,其典型意义为"竟然存在这样的状态"。在99例中有79例的谓语为状态情状,这其中有的谓语动词直接由状态动词构成,如例(9)"而我曾无邻里之闻"的

---

① 张纯一(1935:131)和吴则虞(1962:314)都认为例(14)的"曾"为"禽"的讹文的并入。此说可供参考,但非定论。感谢审稿专家指出这一点。

② 在肯定反问句中,语气副词"曾"与反问句的言外之意在语义上和谐一致,如例(4)的"曾是以为孝乎?",也有助于"曾"的语义虚化,即诱发听话人将"曾"的语气义分析为反问句所承担的意义,使得"曾"不再负载语气义。参见 Bybee et al.(1994)对"和谐"的语义演变机制的分析。

"无";有的由助动词加动词构成,如例(11)"曾不可以大息小"的"不可以"与"息"。但是,也有20例由动态谓词直接构成。这些动态谓词有的在语境中可以体现为过去发生的动作,如例(13)"曾由与求之问"之前有"季子然问:'仲由、冉求可谓大臣与?'",可理解为"竟然问起了由与求",兼有语气和时间意义。在标注为语气用法的用例中,类似的兼有双重理解的用例在《论语》和《孟子》中共有4例,除例(13)外,还有例(15)(16),它们都是对刚刚发生的过去事件的评论,并且带有非常明显的语气。类型学的已有研究表明,包括经历体在内的完成体先是与动态谓词共现,然后扩展到与静态谓词共现,从而产生兼表状态存在的语气用法。(参见Bybee et al.,1994:74;陈前瑞、胡亚,2016)与此不同的是,"曾"与静态谓词共现时,典型地理解为语气用法;但与具有可变化的时间属性的动态谓词共现时,就有较大的可能理解为时间副词,只是时间副词的含义还没有成为"曾"的语义意义。两者都体现了语法语素与动词语义类型之间具有规律性的相互作用。

(15) 季氏旅于泰山。子谓冉有曰:"女弗能救与?"对曰:"不能!"子曰:"呜呼!曾谓泰山不如林放乎?"(《论语·八佾》)

(16) 曰:"然则吾子与管仲孰贤?"曾西艴然不悦,曰:"尔何曾比予于管仲?管仲得君如彼其专也,行乎国政如彼其久也,功烈如彼其卑也。尔何曾比予于是!"(《孟子·公孙丑章句上》)

(三)说话人对"曾"所在小句的命题本身典型地持负面立场且小句位于结句位置。99例中标注为负面立场的有81例,标注为中性立场的有9例,标注为正面立场的有9例。当说话人对命题持负面立场时,特别是以反诘的形式来表达这种负面立场时,"曾"所在小句常处于结句位置,并处于话语中极为突出的位置,也通常负载最为强烈的感情色彩,这些特征与"竟然"义都是相互吻合的;如例(4)的"色难。有事,弟子服其劳;有酒食,先生馔,曾是以为孝乎?",反问句处于句末。但是例(3)的"去其故乡,事君而达,卒遇故人,曾无旧言,吾鄙之"中,"曾无旧言",处于倒数第二个小句,成为陈述过去事实部分的最后一个小句,为全句最后一个小句鲜明的负面立场提供证据。在这种非结句的情况下,"曾无旧言"与"吾鄙之"就具有类似于完成体的现时相关性的关系,两者具有明显的因果关系,"曾"所在小句同样具有接近于完成体或经历体的话语功能。

总之,"曾"的语气副词的典型用法的确与完成体在句法特征、语义类型、语篇结构这三个方面判然有别。但是,在每一个特征内部都存在非典型的情况。在非典型的情况下,语气副词用法与时间副词用法保持着更为密切的联系,有些用例似乎可以在保持原有的语气副词用法的同时,可与已然或曾然的时间语义相互兼容。

3. "曾"的时间用法的典型性

3.1 "曾"早期的时间用法的典型性

在"上古语料库语料"中,可以确定为时间副词的"曾"有 11 例,分析这些用例的典型性,可以发现以下几个特点:

(一)肯定用例有 8 例,如例(17)。可见早期用例以肯定用法为主,且以陈述句为主,仅 1 例为疑问句,如例(18)。这样就与上文提及的语气用法的非典型用法的肯定形式联系起来了。否定用例有 3 例,如例(19)。此例中的"未之曾有"在"未"和"曾"之间插入了前置的代词宾语"之",不同于后世常见的"未曾有";龚波(2005)认为此例"似乎"是时间副词,显示时间副词的否定用法发展较晚。龚文就是以否定用法的"未曾"作为时间副词产生的标志。在我们看来,标志性的区别性特征总是晚于非标志性特征的出现。

(17) 孟尝君<u>曾</u>待客夜食,有一人蔽火光。客怒,以饭不等,辍食辞去。孟尝君起,自持其饭比之。客惭,自刭。士以此多归孟尝君。(《史记·孟尝君列传》)

(18) 秦王忿然作色,怒曰:"公亦<u>曾</u>见天子之怒乎?"(《说苑·奉使》)

(19) 夫以德得民心以立大功名者,上世多有之矣。失民心而立功名者,未之<u>曾</u>有也。(《吕氏春秋·季秋纪》)

(二)动态情状有 9 例,既有动态性比较强的"待客、出游、淫(施淫)、刺、入、见",也有动态性较弱的"为(担任)"。其中"见、入(侵入)"为达成类情状,各 2 例,相对较多。静态谓词仅 2 例,即例(19)"未之曾有"的"有",例(20)"官未曾乱也"的"乱"。历史语言学及第一和第二语言习得等多个领域的研究表明,不同语言的完成体标记均倾向于先与达成类情状共现①,然后与活动类情状共现,最后与状态情状共现。[参见杨素英(2016)对"体假设"的介绍]可见,从谓语的情状类型来看,时间副词与语气副词保持了规律性的联系,其中动态动词的肯定性用法是这两种用法的过渡语境。

(三)除 2 例直接作为问答句之外,"曾"所在小句作为结句小句的有 3 例。这 3 个用例中,一个表达鲜明的否定性立场,如例(19)的"失

---

① Meisterernst(2015:335)指出,《史记》的 7 例时间副词以与达成动词共现为主。

民心而立功名者,未之曾有也";一个表达肯定型的解释,如例(20)的"官未曾乱也";一个作为后续事件并可能兼有否定性评价,如例(21)的"梁王以此怨盎,曾使人刺盎"。其他6例均出现于始发小句或第二小句,如例(17)的"孟尝君曾待客夜食",以引出后续事件,并作为后续评论的依据,但肯定与否定评论的偏向性并不明显。全部用例中明显带有否定立场的只有4例。可见,从语篇的结构和小句所表达的立场来看,时间用法与语气用法的非典型用法也有相承之处。

(20) 文武不备,良民惧然身修者,官未<u>曾</u>乱也。(《史记·循吏列传》)

(21) 梁王欲求为嗣,袁盎进说,其后语塞。梁王以此怨盎,<u>曾</u>使人刺盎。刺者至关中,问袁盎,诸君誉之皆不容口。乃见袁盎曰:"臣受梁王金来刺君,君长者,不忍刺君。然后刺君者十余曹,备之!"(《史记·袁盎晁错列传》)

3.2 "曾"的时间副词与语气副词用法的双重理解

在"曾"标注为时间副词的11例中,有3例有不同程度的双重理解,既可以理解为时间副词,也可以理解为语气副词,为构建从语气副词到时间副词的演变路径提供了极为难得的佐证。而且,这3例中语气副词所带有的反预期的程度逐渐减弱。例(21)的"袁盎进说,其后语塞"是构成"梁王以此怨盎"的原因,但是"曾使人刺盎"的确出乎叙述者和社会共享的预期。此例的反预期含义是显性的,只是按照这种理解,叙述者的立场过于明显。"派、刺"均为动态动词,语篇整体为记述过去发生的事件。"曾"所在小句与前文构成明显的现时相关性,且"曾使人刺盎"作为一种非特定的概括性叙述,与后文的"然后刺君者十余曹"所表述的重复性事件相互呼应,既符合经历体的常规语义模式,也符合史书的概括性叙述风格。因此,该例的"曾"可以视为同时具有时间副词和语气副词的含义。①

例(22)(23)中"曾"所在小句均为"虏曾一入",但是小句所带有的反预期功能却有程度和性质之别。例(22)前文有"是以匈奴远避,不近云中之塞"构成预期信息,"虏曾一入"本身只是过去的一次行为,但对比之下产生出乎意料的含义,因而其结局也是在意料之中,即"尚率车骑击之,所杀甚众"。例(23)的前文有"先帝置孟舒云中十余年矣",预设了经历体理解所需要的过去不确定的时间段以及抵抗入侵的长时间准备,"虏曾一入"本身不具有明显的反预期意味,可视为客观地叙述曾经发生的事件;超出预期的不是"曾"所在小句,而是后文"孟舒不能坚守,毋故士卒战死者数百人",故有"公何以言孟舒为长者也"之感慨。如果联系后文来看,"虏曾一入"或许可以勉强地理解为"敌人就(曾)攻进来一次,他也守不住"。反预期意义不再是例(23)中"曾"的语义内容,而成了间接相关的语用意义。②

(22) 今臣窃闻魏尚为云中守,其军市租尽以飨士卒……是以匈奴远避,不近云中之塞。虏<u>曾</u>一入,尚率车骑击之,所杀甚众。(《史记·张释之冯唐列传》)

(23) 上曰:"先帝置孟舒云中十余年矣,虏<u>曾</u>一入,孟舒不能

---

① Meisterernst(2015:335—336)不赞成 Watson(1993)将此例按语气副词翻译(even sent a man to assassinate him),认为此例既没有否定词也没有感叹和反问的标记,没有理解为语气副词的证据。前文的分析已经表明语气副词的用例实际上不受这些形式标准的限制。王利器主编(1988:2175)译为:曾派人行刺袁盎;韩兆琦(2010:6159)译为:就派人进京来暗杀他。

② 根据 Meisterernst(2015:335—336),在《汉书》的对应文本中,例(21)没有出现"曾"及其他表示语气或经历的副词,例(23)改成了"常"(通"尝")。另外据查,例(22)改成了"尝"。从《史记》和《汉书》的异文来看,例(22)(23)的时间意义比例(21)要明显一些。

坚守,毋故士卒战死者数百人。长者固杀人乎?公何以言孟舒为长者也?"(《史记·田叔列传》)

"曾"在《史记》语料中的确存在双重理解的用例,龚波(2006)认为只有在东汉《论衡》语料中出现了多个"未曾"的用例之后,该用法才明确地形成。《史记》的这些带有双重理解的临界环境用例超过全部上古时间副词用例的四分之一,应该说具有一定的临界频率(参见彭睿,2011),是非常有力的演变证据。有意思的是,在中古时期的《世说新语》中,有11例"曾"的时间用法,其中有2例否定和1例疑问用例,如例(24)(25);肯定与否定用例的比例与上古时期相当,但肯定用例未见明显的双重理解现象。否定与疑问用例均带有明显的反预期含义,说明经历和反预期的语义关系非常密切,尤其是在否定和疑问环境中,经历义容易临时附带上一定程度的反预期的语用意义。

(24)宣武曰:"卿向欲容事,何以便去?"答曰:"友闻白羊肉美,一生未曾得吃,故冒求前耳,无事可咨。今已饱,不复须驻。"了无惭色。(《世说新语·任诞》)

(25)谢太傅为桓公司马。桓诣谢,值谢梳头,遽取衣帻。桓公云:"何烦此。"因下共语至暝。既去,谓左右曰:"颇曾见如此人不?"(《世说新语·赏誉》)

综上,"曾"语气用法的非典型用例跟时间用法的典型用例在肯定的句法形式、由动态动词构成的语义特点、因果关系的话语结构这三个方面存在一定的相似性。用例或范例(exemplar)的相似性被认为是构式在共时系统中语义表征的基础(Bybee, 2006),也是语言演变的实现过程的基础(De Smet, 2012),这是基于使用的语言理论(usage-based theory，详见 Bybee，2010)的基本立场。本章对"曾"的不同用法的典型性分析在理论和实践两个方面与该理论是一致的，是将该理论应用于汉语语义演变研究的初步探索。

4. 反预期与经历的跨语言联系及其理论意义

4.1 反预期与经历的跨语言联系

根据 DeLangcy(1997:36)，"惊异"的基本功能是在句子上加标记表示其信息对说话人而言是新的或者是令人吃惊的，而不考虑该信息的来源是一手还是二手的。Aikhenvald(2012:473)把已有的跨语言研究中用语法手段表示的归于惊异范畴的意义概括为以下5点：1)突然发现、揭露或意识到的；2)令人吃惊的；3)没有思想准备；4)反预期的；5)新信息。[①]本章讨论的"曾"的语气用法可以归入惊异范畴的反预期意义。现有研究也非常关注惊异范畴与相关范畴的跨语言联系，DeLangcy(1997)认为惊异范畴反映了命题在说话人整个认识结构中的地位，在共时和历时中惊异与时、体、示证和情态都有复杂的互动关系。该文侧重藏缅语从惊异范畴到完成体或示证范畴的演变关系，但是对于藏缅语的示证范畴学界存在一些不同的认识，使得对惊异与示证范畴的演化关系有不同的意见。不过，Aikhenvald(2012:210)指出，聚焦于现时相关性的完成体即使在不兼表示证用法的情况下也可以获得惊异用法。因此，惊异用法和完成体以及兼表示证用法的完成体之间存在多种可能的

---

① 王健(2013)将 mirativity 翻译为意外范畴，林青(2014)翻译为惊异范畴，比较而言，略带书面色彩的"惊异"更适合作为一个宽泛的语法范畴或语义范畴的名称；而"意外"则适合描述该范畴所表达的5种语法意义中的某一种，如反预期或吃惊。当然，这些意义之间的区别还有待细化。

语法化路径。

仅就经历体意义和反预期意义而言,已有的不可多得的跨语言材料同样展示出不同的共时关系和历时演变路径。

(一)从反预期到经历。Heine et al.(1991:202)在描写非洲尼日尔-刚果语族 Ewe 语的"看"义动词 kpɔ́ 时,构拟了一条子路径,即(26),其中的从未(EVER/NEVER)在语义上接近于否定的经历体用法,如例(27),其中 a、b 分别是反预期和确认或经历用法。① 但是这一路径是根据共时多功能性构拟出来的,汉语"曾"的语气副词用法和时间副词用法明显处于不同的历史时期,且存在双重理解的文本材料,因而可以初步证实从反预期到经历的演化路径。反过来,Ewe 语的共时多样性进而可以加强证明"曾"的两种用法之间的联系具有跨语言的一致性。

(26) 看(see)>反预期(COUNTER-EXPECTATION)>确认(REALLY)>经历(EVER/NEVER)>已经、尚未(ALREADY/NOT YET)

(27) a. xɔ   sia   mé   kɔ́   kpɔ́   o
    房子 这   否定 是.高   看   否定
    '这个房子确实很高(我印象中它小得多)。'
   b. e-se-e   kpɔ́   a
    2单-听-3单   看   疑问
    '你真的听到了那个?/你曾经听过那个?'

根据 Grangé(2010),印度尼西亚的马来语中,有两个完成体标记 pernah 与 sempat,两者都在谓语动词前。sempat 还有反预期的用法,如例(28)为完成体兼表反预期的用例。此外,根据《印尼语大词典》

---

① 分别引自 Heine et al.(1991)第 7 章的例(61)和(52)。

(Sugono,2008:1404),sempat还发展出类似于pernah的经历体用法,如例(29)仅有经历体的含义。但是,在马来西亚的马来语中,sempat只有反预期功能,表示有(难得的)机会做某事,并发展出接近于完成体的用法,但还没有明显的经历体用法。① 马来语两种变体的发展差异从另一个角度证明从反预期到经历的历时演变路径。

(28) Iwan sempat ber-temu dengan Sri Sultan.
伊万 完成/反预期 交互-见面 介词 苏丹.尊称
'伊万有幸见到苏丹。'
(29) Di daerah itu banyak pen-curi yg sempat
在 地区 那 多 名词化-小偷 连词 经历
meng-heboh-kan masyarakat.
主动.做-轰动-使役 社会
'在那个地区(有)很多曾经轰动社会的小偷。'

另外,经历体作为完成体的一个下位范畴,它通常是典型的完成体用法即完成体的结果性用法发展而来。(参见陈前瑞,2016)为了跟经历体或经历对举,该类用法也可以简称为已然体或已然。印尼语的反预期标记在形成经历体用法之前,明显还经过了一个已然体的用法,如同汉语的"过",(参见陈前瑞、张曼,2015)这也符合多数经历体的演变过程;但也有些经历体并没有经过明显的已然体的阶段,如本章考察的"曾"以及上古汉语的另一个经历体标记"尝"。(王继红、陈前瑞,2014)至于 Heine et al.(1991:202)构拟的(26)中经历进一步发展成为类似于已然的用法,还有待更多证据的检验。

---

① 该例的检索、核对、标注及马来西亚的马来语的情况均由马来西亚籍博士生杨育欣提供。

(二)从经历到反预期。林华勇、肖棱丹(2016)在报道四川资中方言"来"的多功能性时,构拟了一条子路径,即(30)。其中的"曾然"除了经历体用法之外,还包括近过去等用法。其中的"确认"用法用于感叹句末尾,带有夸张的语气,从文中的举例来看,仍然适用于过去事件,如例(31)。例(32)是作者所谓的惊讶用法,是一种反预期的用法。

(30)趋向动词 > 曾然 > 确认 > 惊讶
(31)他一口气就吃了五个馒头来!
(32)太阳从西边出来了来!

资中方言"来"与 Ewe 语的确认用法非常接近,都可以适用于明显的过去事件,似乎也印证了这两种语言或方言中在经历和反预期之间存在一个确认的中间环节。但是,这种确认用法在"曾"的语气用法中很难找到完全相当的对应物。比较而言,加强否定的用法剔除否定词已经表达的含义之外,"曾"独立承担的用法似乎可以用"强调或确认"来描述。两种"确认"的区别是:"曾"主要确认一种现在所处的状态,而"来"可以确认过去发生的特殊事件。这种差别可能与其词汇来源密切相关。

不过,更为突出的问题是:前文讨论的"曾"的双重理解的用法主要涉及经历义与竟然义,且都出现在肯定句中,基本不涉及"曾"的加强否定的用法。据此,可以得出两点具有类型学意义的观察:

第一,经历和反预期可以双向演变,这种双向性并不是要否定语法化的单向性,而是不同词汇来源的语法语素或者说虚实程度不同的语法语素可能具有不同的演变路径。

第二,经历和反预期之间的演变可以有确认或已然这个中间环节,也可以没有明显的中间环节。这体现了两者演变路径的多样性与一致性。一致性表现在两者具有语义上的联系,多样性还表现在演变的阶段可以有不同的表现，仅就已有的材料而言可以简要表述为(33)。其中，从反预期直接到经历是上古汉语"曾"的路径，从反预期经已然到经历是印尼语 sempat 的路径，从反预期经确认到经历是 Ewe 语的 kpɔ́ 的路径，从经历经确认到反预期是四川资中方言"来"的路径。

(33)

```
           确认
         ↗    ↘
    反预期 ────→ 经历
         ↘    ↗
           已然
```

4.2 从反预期到经历演化路径的理论意义

从反预期到经历的演化路径对已有的语言学理论提出了若干挑战，值得进行深入讨论。

第一，龚波(2005)已经指出，"曾"从语气副词到时间副词的过程中，语义不是虚化了，而是"实化"了；主观性不是增强了，而是减弱了。从主观性的角度来看，"曾"确实是减弱了主观性。总体而言，主观化只是一种经常发生或者是占主导地位的倾向，但并不排除某些相反的过程。(Traugott & Dasher, 2002: 281)语法化虽然有所谓的反例，但真正意义上的反例并不充分。就"曾"的演变而言，虽然违背了 Heine et al.(1991)提出的从时间到性质这一宏观过程，但从"竟然存在一种状态"到"在不确定的过去时间事件至少发生一次"的经历义之间，语义并不是"实化"，而是虚化，比较实在的主观性较强的"竟然"义被漂白了，从而可以分布在相对客观的叙述性语境中。从确认存在一种状态到确认事件的发生仍然体现了语义的虚化。因为对存在状态的确认属于宽泛的结果体(Nedjalkov & Jaxontov, 1988)，状态本身往往隐含带来该状态的动作行为，从确认存在一种状态到确认事件的发生仍然符合从

结果体到完成体或经历体的演化方向。(参见 Bybee et al., 1994:69)

第二，反预期与经历在语义上具有密切的相关性。Kim(1998)曾指出经历体具有特殊性的特征，即事件不能是吃饭等没有信息量的日常事件，而必须是具有特殊信息的事件，如"我吃过扬州炒饭"等。这种特殊性与反预期的意外性本质上有相通之处，只是在程度上存在明显的差别。经历体的特殊性只是其成立的制约条件而非其在语篇中的突显意义，它在语篇中关联宽泛的现时相关性。这种特殊性可以经由语境吸收等逐步成为显性的反预期意义，如例(31)虽然是确认功能，但命题内容中"一口气"与"五个馒头"的反差，明显超出了说话人的预期，因而有可能在四川资中方言中产生规约化的反预期意义。而《史记》中双重理解用例(22)(23)的"虏曾一入"说明，"曾"从反预期发展出经历义的过程中，反预期的意义逐渐磨损，成为或强或弱、或直接或间接的语境意义，使得跟动词语义更为密切的体貌意义得以显现出来。反预期和经历的双向演变虽然不能都用主观化来解释，但仍然可以用语用意义的语义化或语义意义的语用化加以解释。

第三，谷峰(2010:198)根据 Cinque(1999)关于副词共现的限制规律，提出副词演变要遵循 [VP 副词 > 句子副词] 的向上爬升过程，演变后的副词应该占据更高的句法层级，而龚文提出的演变路径明显有悖于副词演变的一般规律。基于已有的形式主义语法化研究的精神，谷峰把 Cinque(1999)的共现限制上升为历时的演变限制，具有敏锐的理论意识。不过，Cinque(1999)提出的副词的共现限制以及相应的演变限制都还只是一个非常概括的思路，还有待细化。在没有充分细化之前，该限制还不足以成为否定汉语及相关语言演变事实的前提。[①]

---

① Narrog(2009, 2010)细化了 Cinque(1999)的层级，并应用于历史演变研究，提出了一个动态化的层级，即处于较低层级的范畴会获得同一层级或更高层级范畴的意义或功能。限于篇幅，本章不再展开讨论。

5. 结语

上古汉语的副词"曾"具有语气和时间两种用法,同时具有两种不同的读音。传统训诂学和现代语法化研究提出了不同的看法。本章基于对上古汉语语料的穷尽性分析,发现语气副词的非典型用法和时间副词早期的典型用法具有一定的相似性,且存在若干兼有双重理解的例证,尝试证明时间副词是基于用例的相似性从语气副词演化而来。从宏观和微观两个角度证明两种用法之间可能存在语法化理论和基于使用理论的可以解释的语义联系。

现有的跨语言材料已经发现,在经历和反预期这两种范畴之间存在不同方向的演化关系,这一事实对已有的形式语言学理论和功能语言学理论提出了挑战。在理论与事实的表面冲突之间,也有不同的研究取向,有的径直接受相关理论,有的着手修正现有理论。在跨语言材料中反预期和经历存在双向演变路径,且其间可能存在不同的演变环节。这说明不同词汇来源的语法语素可能具有不同的演变路径和演变阶段。只是由于资料限制,这些语言内部分析和跨语言比较都具有一定的推论性质,均有待进一步研究的检验。

第九章　惯常义演变为经历义的多样性[*]

1. 引言

本章从基于使用的理论视角，比较英语、马来语与古汉语中从惯常到经历的语义演变过程。基于使用的理论（usage-based theory）是在功能、类型、历史和认知等视角的语言研究中逐渐汇聚而成的一种语言理论，它主张"语言系统根植于具体的使用并在使用中得以形成"（Neels, 2015:213）。该理论较早地应用于语言习得和语言教学的研究，近些年来开始成系统地应用于历史语言学研究。本章尝试将该理论应用于从惯常义演变为经历义的跨语言比较研究，试图解决英语、马来语、古汉语以及类型学相关研究的一组难题。

首先，以英语的 *used to* 为例。Neels（2015）在 Binnick（2005）等的基础上进一步认为，*used to* 在原有的惯常用法的基础上发展出了一种 anti-present-perfect（反现在完成体）的用法，即例（1）。如何将该用法纳入类型学完成体用法的分类并建构其演变路径？这仅从英语来看可能有一定的理论难度，但如果引入汉语经历体的视角，问题就没有那么复杂。

(1) There *used to* be a house there. '那地方<u>曾经</u>有<u>过</u>一间房子。'

---

* 本章与杨育欣合作完成，原载《外语教学与研究》2018年第6期。

其次,马来语的时间副词 *biasa* 以惯常用法为主,经历用法为辅,并存在不少两可的用例,如例(2)。第一个 *biasa* 为惯常义,表示他经常打仗,所以对战术非常了解。第二个 *biasa* 的惯常义和经历义相对均衡,可以表示没打过仗或不常打仗。这些用例不仅有助于确定惯常义向经历义演化的语用因素,还可以提供更多的细节,加深我们对演变机制的认识。

(2) Biasa ia ber-perang dan tahu ia akan segala tipu hikmat
惯常 3.单 交互-打仗 和 知道 3.单 关于 所有 骗术 智慧
pe-perang-an itu. Akan anakanda sekalian ini orang
名词化-战争-名词化 那 至于 孩子.敬称 全部 这 人
muda belum *biasa* ber-perang.
年轻 否定 惯常/经历 交互-打仗
'他常常打仗,(所以)知道一切战术。至于这些孩子都是年轻人,不<u>常</u>打仗/还没打<u>过</u>仗。'

再次,上古汉语的"常",如例(3),在王利器主编(1988:197、221)中注为通表经历义的"尝",却翻译为惯常义;韩兆琦(2010:796)则径直译为"常"。这说明同音相借的假借与语义引申之间还有更多的纠结之处,这种纠结之处在语言使用方面具有哪些普遍性和特殊性?

(3)秦始皇帝<u>常</u>曰"东南有天子气",于是因东游以厌之。(《史记·高祖本纪》)

最后,来看历时类型学的研究。台湾闽南话的经历体形式 *pat4*(识,据 Lien, 2007, 2015)在 16 世纪末 17 世纪初的文本中标注为:know, be used to doing(van der Loon, 1967:141),Chappell(2001:63,83)据此建构了从知道义经惯常义到经历义的演化路径。可见从惯常到经历是汉语方言乃至世界语言经历体演化的重要路径,但资料极为匮乏,急需利用一切可以利用的语料来加强论证。

需要说明的是,本章的惯常与经历属于体范畴的语义标签,是对某个语法语素的某个具体用法的标注。本章由惯常义演变为经历义是指某个语法语素在其惯常义的基础上产生经历义的新用法。语义演变过程中新旧用法会形成三种演变结果:一是新旧用法共存,但有主次之别;二是新用法取代旧用法;三是新用法被其他成分覆盖。(参见吴福祥,2017)本章将在这一理论背景下比较三种语言特定路径的演变过程。

纵观英语、古汉语和马来语,它们都可能存在有待论证的从惯常到经历的语义演变过程。即使这一演变过程成立,三种语言的演变过程必然会存在一些差异。下文依次讨论英语、马来语和古汉语的相关现象的使用特点,最后从基于使用的理论视角解释该语言演变的一致性与多样性。

2. 英语 *used to* 反现在完成体用法的性质与使用特点

英语 *used to* 的专题研究广泛应用了基于使用的理论(Neels,2015)、基于跨语言比较的语义分析(Hantson,2005)、基于语料库的量化分析(Tagliamonte & Lawrence,2000)等理论方法,为跨语言研究建立了良好的参照。本节基于已有研究从类型学的角度进行理论上的探讨和使用特点的归纳。Binnick(2005:366)把 *used to* 看作完成体的重要理由是:"*used to* 既不是一个过去时,也不是惯常体的标记。它是一种现在时,是在话语中具有直指功能的时。它的分布与用法类似于现在完成体，其功能是一种反现在完成体，用于将过去的状态与事件从现在的事态中分离开来。"Hantson(2005)则基于相似的理由提出了类似的anti-perfect(反完成体)的术语。如例(1)的着眼点不是要报告过去的习惯，而是将过去与现在对比，突出现在与过去有所不同，或者强调过去的存在对现在的影响。这一点是很有见识的，因为对比也就是一种特殊的现时相关性。Neels(2015)通过对英语历时语料的统计，发现英语 *use(d) to* 在19世纪以前还保留现在时形式，现在时形式消失以后才突显出过去与现在对比的意义。宽泛地说 *used to* 是一种反现在完成体是没有问题的，Neels(2015)也基本沿用这一观点，但从完成体的跨语言比较的角度来看，会引发一些相关的思考：

第一，能否把 *used to* 的所有用法归入一种特殊的完成体？Binnick(2005,2006)和Hantson(2005)采取的是肯定性的做法，Neels(2015)认为不必采取非此即彼的观点，而把反现在完成体作为 *used to* 语法化路径上的一种新的功能，但是没有深入比较这两种分析方法的异同、得失与理据。根据Haspelmath(2003)，Binnick和Hantson采取的方法是把一个形式在一定条件下的所有用法统一到一个概括性的标签之下，其方法论的基础是结构主义的概括法；Neels(2015)采取的办法是分化不同的用法，观察这些用法在历史上的演变过程，其方法论的基础是功能主义的多功能法。如果像Binnick(2005)那样把 *used to* 所有的用法都归入反现在完成体，就看不到 *used to* 背后演变的规律性，甚至会给惯常的用法带来曲解。实际上，惯常的用法在语篇中往往都有相关性，如例(4)，但句中的有生主语I和动态动词 *torture* 使得小句保持着非常突出的惯常的意义。因此，不同的语义标签之间往往不是含义有无的差别，而是含义是否凸显的差异。

(4) I *used to torture* cats. Now I'm a vegetarian. '我以前<u>经常</u>

<u>虐猫</u>，现在是素食者。'

把 *used to* 的惯常和经历用法区分开来，完全符合 Bybee et al. (1994:44—45)提出的区分语法语素的时体意义的三个标准：1)一个语法语素的两个用法在另一种语言里要用不同的形式来翻译；*used to* 的这两种用法在汉语里就要分别翻译为"常常"和"曾经"。2)两种用法各有不同的解释；惯常对动作发生的次数有较高的要求，而经历的最低要求是动作至少发生过一次，两者存在量级上的差异：惯常义衍推经历义。3)一个语法语素与别的语法语素或特定语义的动词共现时会带上不同的含义；*used to* 的经历义最容易产生于与静态动词的共现。总之，Neels(2015)所体现的多功能的思路要比 Binnick(2005)的概括性思路能更好地进行共时和历时的比较，顺着多功能的思路可以有助于理解从惯常义到经历义的演变过程。

第二，现有的完成体用法分类中没有反现在完成体的说法，是增加一类完成体用法还是归入某种已有的用法？本章认为可以直接归入完成体下位的经历性用法(参见陈前瑞，2016)。已有的多个研究已经归纳出 *used to* 具有非连续性的特点，即 *used to* 后续动词所表达的过去的行为或状态不再存在(Hantson, 2005; Binnick, 2005)。Hantson(2005:267)明确指出，这种非连续性还是一种可以取消的会话含义，其语法化程度不及现在完成体形式。Declerck(1991:341—342)也认为，即便是例(5)通常理解为"门还开着"，但仍然可以理解为"在有生之年我至少在一个场合下打开了那扇门"，后一种理解就是对完成体经历性用法的定义的最佳诠释：事件在过去不确定的时间内至少发生一次。这说明 *used to* 与现在完成体形式的经历性用法在规约化和非连续性的性质上有相通之处。

(5) I *have opened* the door. '我开过这扇门。'

经历性用法或经历体最突出的特征就是非连续性,即情状在现在时间不成立。这是汉语语言学长期以来的共识(王还,1988),也是东亚语言经历体跨语言比较的共识(Kim,1998)。因此,从跨语言比较的角度来看,没有必要另立一种特殊的完成体,也没有必要在已有完成体经历性用法之下另立一种特殊的用法。至于 *used to* 跟现在完成体以及其他语言的经历性用法的异同,则是类型学进一步研究的课题。

基于已有的研究并与后文的马来语与古汉语的材料相比较,英语 *used to* 的经历性用法除了表示过去与现在的对照关系之外,还具有两个使用特点:第一,动词倾向于状态动词,*used to* 与 *like*、*live*、*be*、*believe*、*hate*、*know* 等共现时最容易产生经历的理解(Neels,2015)。如 Hantson(2005:252)所举的例(6)的 *used to be married* 很难理解为惯常义,只能翻译为经历义。第二,句法上很难以否定形式出现。Neels(2015:182)指出,在从英国国家语料库(BNC)和当代美国英语语料库(COCA)中提取的所有用例中,*used to* 几乎没有否定形式。如果要表达否定的意思,最常见的手段是用 *never*。英语学界对 *used to* 的研究为后文分析马来语、古汉语的同类现象提供了重要的理论视角和句法参数。

(6) They *used to be* married but are no longer married.
'他们以前结过婚但现在不再处于已婚状态。'

3. 马来语 *biasa* 从惯常到经历的语义演变

根据 Baharom(2005),*biasa* 作为动词,其含义为"习惯、熟悉",

作为副词有惯常和经历两种用法，作为名词通常会带上词缀 *ke...an*，表示习惯、常规，属派生用法。本章对 *biasa* 的分析以澳洲国立大学"马来语平行语料库"（Malay Concordance Project）[①] 中 *biasa* 的用例为基础，重点分析作为副词的 *biasa* 兼表惯常和经历的用法。该语料库中 *biasa* 的语料共 520 条。经过筛选分析，发现 26 例 *biasa* 的用法与本章讨论无关，故最终的有效用例为 494 例。*biasa* 的副词用法最多，共 274 例，明确的惯常用法 205 例，明确的经历用法 12 例，其余 57 例有不同程度的惯常和经历两种理解。形容词用法次之，共 131 例；动词用法 88 例；名词用法仅有 1 例。

通过量化分析 *biasa* 的惯常和经历用法，可以发现 *biasa* 有以下几个使用特点：

（一）肯否属性。*biasa* 的经历性用法倾向于出现在否定句中。*biasa* 共有 12 例明确的经历用法，其中 10 例为否定用例，如例（7）。例（7）的语境是孩子要去别的地方谋生，但是由于人生地不熟，所以父母请求朋友们关照他们的孩子。下文也说到父母还为这件事不停地向上帝祷告。由以上事件可以进一步推断孩子之前没有去过槟城，所以父母才会那么担心。因此例（7）的 *biasa* 适合理解为经历义。

(7)...maka　kita　minta　tolong　sahabat　kita　　barang　tanda
　　　于是　1.复　请求　帮助　　朋友　　1.复　任何　　标志
　　　sudah　ke　　　　Pulau Pinang, dari　kerana　ia　　belum
　　　已经　到……去　岛屿　槟城　　从　　因为　　3.单　否定
　　　biasa pergi　ke　　　　Pulau Pinang.
　　　经历　　去　　到……去　岛屿　槟城

[①] 该语料库由澳洲国立大学开发，包括 165 部古代文本，网址为 http://mcp.anu.edu.au/Q/mcp.html。由于诗歌语言的特殊性，本章对 *biasa* 的检索并不包括其中 49 部诗歌体裁的文本。检索日期为 2016 年 11 月 23 日。

'于是我们向所有已经到槟城去的朋友求助,因为他还没去过槟城。'

通过统计还发现,在惯常义向经历义演变的连续统中,*biasa* 的否定用法所占的比例大幅度增加,如表1所示。一开始 *biasa* 的惯常用法以肯定形式为主,占了94%;但当语义越来越倾向于经历义时,*biasa* 的否定用例明显增加;最后演变成经历用法的否定用例占了83%,肯定用例下跌至17%。从句法特征来看,*biasa* 的经历性用法的肯否属性与马来语典型的经历体 *pernah* 有相通之处,*pernah* 同样倾向于用在否定句中。[1]

表1 *biasa* 的肯定和否定用法

用法	否定	肯定
明确的惯常用法	13（6%）	192（94%）
双重理解	25（44%）	32（56%）
明确的经历用法	10（83%）	2（17%）
合计	48（18%）	226（82%）

（二）动词类型:动态与静态。无论惯常还是经历用法,*biasa* 都倾向于和动态动词搭配,共241例,和静态动词搭配的仅33例。与 *biasa* 共现的静态动词大多数为"成为(be)、知道(know)、居住(live)"义动词。*biasa* 的经历用法有2例由静态动词构成,如例(8)。

(8) Akhbar "Majlis"　　　　　*pernah*　men-gata-kan　bahasa
　　 报刊　 大会.报刊名　 经历　 主动-说-主动　语言

---

[1] 杨育欣(2014)考察了1683个 *pernah* 的用例,其中否定形式有1030例,肯定形式有653例。

suratkhabar dengan huruf Latin di Semenanjung tak
报纸　　　用　　字母 拉丁文 在 半岛　　　否定
biasa hidup kerana tak di-suka-i, ber-puluh
经历 存活 因为 否定 被动-喜欢-被动 整数-十
sudah masuk keliling kubur.
已经 进入 四周 坟墓

'《大会报》曾经说过，因为不受欢迎，用拉丁字母书写的报纸没有在半岛<u>存活</u>过，已有十种报纸消失了。'

（三）语用环境。*biasa* 的经历性用法与直接的上下文存在明显的现时相关性，语篇中都包含某种因果关系。通过量化分析，发现 *biasa* 的经历用法倾向于分布在具有显性因果关系的语篇中（8/12），如上文的例(7)。表2的显性因果和隐性因果是以句中有无表示因果关系的关联词语区分的。显性因果是指 *biasa* 所处小句有明显的因果词，*biasa* 作为原因小句或结果小句出现；而隐性因果是指句中没有明显的因果词，但上下文构成较明确的因果关系，如例(9)。

(9) Akan tuan ke-dua ini orang belum *biasa*
至于 男人.敬称 第-二 这 人 否定 惯常/经历
ber-perang. Biar-lah ayahanda keluar me-lawan dia.
交互-打仗 让-强调 父亲.敬称 出去 主动-对抗 3.单

'至于二儿子是不<u>常</u>打仗/没打<u>过</u>仗的人，就让父王去对抗他吧！'

从表2可以看出，*biasa* 的惯常和经历用法所分布的语用环境存在明显差异。仅23%的惯常性用法出现在具有显性和隐性因果关系的语篇中。

当 *biasa* 有惯常义和经历义两种理解时，*biasa* 在这两类语境中的分布增加至 44%。当 *biasa* 具有明确的经历理解时，两类因果语境的比例增至 75%。总体呈现出由少到多的趋势。由此可见，具有因果关系的语篇是 *biasa* 的经历用法产生的重要环境。

表 2　*biasa* 的语用环境分布

用法	显性因果	隐性因果	其他语境
明确的惯常用法	30（15%）	16（8%）	159（77%）
双重理解	17（30%）	8（14%）	32（56%）
明确的经历用法	8（67%）	1（8%）	3（25%）
合计	55（20%）	25（9%）	194（71%）

总体而言，*biasa* 在从惯常演变为经历的过程中呈现出与 *used to* 不同的使用特点，这些特点会在第 5 节一并讨论。

4. 古汉语"常"经历用法的引申与假借

古汉语的"常"与"尝"在上古汉语文献中互为通假：有单向的实义的"常"通"品尝"的"尝"；更多的是虚义的双向通假，但通假的方向并不均衡。"常"通经历义的"尝"如例(10)，远多于"尝"通"常常"的"常"，如例(11)（杨海峰，2015：102，113）。

(10) 其后<u>常</u>以护军中尉从攻陈豨及黥布。(《史记·陈丞相世家》)

(11) 广所居郡闻有虎，<u>尝</u>自射之。及居右北平射虎，虎腾伤广，广亦竟射杀之。(《史记·李将军列传》)

根据对"上古汉语标注语料库"[①]中"常"的时间副词用例的穷尽性分析,"常"在以下三种语境中,有可能或必须理解为经历用法。

第一,在因果关系的原因小句中,背景性语篇中惯常所具有的经常发生的信息量得不到语境的明显支持,因而在背景小句中有可能弱化为经历的理解。韩兆琦(2010:5402—5403)把例(12)的"常"注为"尝",但翻译为"过去曾和李斯是同乡并且常常向他学习"。"徵为廷尉"在结果分句中更加凸显,而"常学事焉"在原因分句中有可能因背景化而在语义上有所弱化。[②] 例(13)的"又常与其姊采桑堕"为明确的经历用法,其发生频率不详,同样处于原因小句。《史记》中分布在因果语境的"常"共69例。值得注意的是,惯常用法多用于结果小句(42/63)。而双重理解或明确的经历用法均出现在原因小句(6/6)。原因小句通常属于背景信息,因此"常"更容易产生经历的理解。

(12)孝文皇帝初立,闻河南守吴公治平为天下第一,故与李斯同邑而<u>常</u>学事焉,乃徵为廷尉。(《史记·屈原贾生列传》)

(13)广国去时虽小,识其县名及姓,又<u>常</u>与其姊采桑堕,用为符信。(《史记·外戚世家》)

第二,在概括性叙述和特定性叙述之间,"常"所在小句作为话题性叙述的一部分,为后续特定性叙述做铺垫。例(3)的"秦始皇帝常曰"是典型的惯常小句引入话题。例(14)"高祖为亭长时,常告归之田"是

[①] 该语料库包括48部上古文献,检索日期为2016年6月19日。网址为 http://app.sinica.edu.tw/cgi-bin/kiwi/akiwi/kiwi.sh。

[②] 有关背景化与语法化的关系参见洪波(2009)等的论述。背景化与后文提及的语用推理分别从不同角度分析语义弱化的认知动因与演变机制。

时间和话题的引入成分,"吕后与两子居田中耨"及后续小句是叙述特定事件。两者之间在上古汉语中缺乏"有一次"之类的成分的引导,很容易导致将前面表示惯常的"常"理解为"曾经"或"有一次"。如韩兆琦(2010:791)将"常"注为通"尝",并翻译为"有一次"。例(15)是明确的经历用法,"常"所在小句位于句首,引入话题。《史记》中"常"明确的经用法共22例,其中15例分布在这类话题引入的语境中。Nishiyama & Koenig(2010)特别统计了英语完成体的语境分布,也是以引入话题为主。上述这两类语境类似于语法化连续环境中具有双重理解的桥梁语境。(参见彭睿,2008)

(14) 高祖为亭长时,<u>常</u>告归之田。吕后与两子居田中耨,有一老父过请饮,吕后因𫗦之。(《史记·高祖本纪》)

(15) 高祖<u>常</u>繇咸阳,纵观,观秦皇帝,喟然太息曰:"嗟乎,大丈夫当如此也!"(《史记·高祖本纪》)

第三,"常"与"数"的共现语境。常常为经常发生,数次为多次发生,经历即事件至少发生一次。三者构成一个递减的量级。"常"与"数"在不同位置共现时,"数"的多次义更为具体,从而给"常"的理解带来了不同的影响。

例(16)"常"和"数"分别出现在不同的分句中,"常"既可以保留惯常的含义,也可以直接理解为经历的含义。笔者掌握的三个全译本中两个翻译为惯常,只有韩兆琦(2010:4197)把第一个小句翻译为"吕媭因为陈平曾为刘邦设计捉拿过樊哙",其中的"曾"对应于"前","常"被忽略。例(17)"上常赐告者数"中的"常"与"数"出现在同一个小句但不相邻;两个译本将"常"理解为惯常,只有安平秋(2004:1438)理解为经历。例(18)"常"与"数"直接相邻,"常"不能理解为高量的"经常发生",而适合理解为事件频次较为模糊的经历义。这种直接相邻的语境类似于语法化连续环境中只有一种新的理解的转换语境。此例的"常数"只有安平秋(2004:1239)准确地翻译为"曾多次";韩兆琦(2010:6165)和王利器主编(1988:2176)分别翻译为"经常"和"多次",均以省略的方式回避了"常数"共现的理解问题。例(19)的"常数"中的"常"在上述三个译本中一致地理解为经历义。因此,"常"与"数"共现的理解是惯常演变为经历最确切的证据,译本的不同理解本身也提供了语言使用的直接证据。

(16) 吕媭<u>常</u>以前陈平为高帝谋执樊哙,<u>数</u>谗曰:"陈平为相非治事,日饮醇酒,戏妇女。"(《史记·陈丞相世家》)

(17) 黯多病,病且满三月,上<u>常</u>赐告者<u>数</u>,终不愈。(《史记·汲郑列传》)

(18) 景帝即位,以错为内史。错<u>常数</u>请间言事,辄听,宠幸倾九卿,法令多所更定。(《史记·袁盎晁错列传》)

(19) 常从人寄食饮,人多厌之者。<u>常数</u>从其下乡南昌亭长寄食,数月,亭长妻患之,乃晨炊蓐食。(《史记·淮阴侯列传》)

上述三类语境都出现在《史记》中,在《史记》之前的先秦语料《韩非子》《荀子》《吕氏春秋》中,已经见到"常"用为"尝"的用例。但是这些用例都是明确的经历用例,没有理解为惯常的可能。例(20)为明确的偶发事件,且例(20)的动词为状态动词"有"。可靠的先秦语料中还没有发现"常"有双重理解的用例,仅在语料性质有争议的《孔子家语》和《孔丛子》中各发现1例,如例(21)。

(20) 夫日月之有蚀,风雨之不时,怪星之党见,是无世而不<u>常</u>有之。(《荀子·天论》)
(21) 昔臣<u>常</u>行临淄市,见屠商焉。身修八尺,须髯如戟,面正红白,市之男女未有敬之者,无德故也。(《孔丛子·对魏王》)

先秦明确的经历用例出现的语境类似于语法化的习用化环境,即不需要借助更大的上下文就能获得明确的经历的理解,这与语法化环境的阶段性不相符合。因此,就目前的证据而言,保守地说先秦语料的"常"用于"尝"是通假的结果,是汉语特有的音近相通的特殊现象,而《史记》的此类用例本身可能兼有通假和引申。即使两者的引申关系成立,也仍然不能排除同期同音借用的使用现象。英语、马来语从惯常到经历的平行演变,有助于进一步明确认识古汉语"常"这两种用法之间的引申关系,有助于解决经典文献疑难语句的理解问题。刘又辛(1988:17)指出"引申义和假借义应该从理论上严加区分",但是由于有些词义"引申的线索不易理清,因而很可能误认为假借。也有些假借义同某一词的引申义偶有接近,因而也可能误认为是这个字的引申义"。本章对《史记》中"常"的惯常和经历义兼具通假与引申的分析,注意到语义演变普遍性背后体现的汉语语义演变的特殊性,深化了对假借和引申关系的认识。

5. 从基于使用的理论看由惯常至经历的语义演变过程

基于使用的语言理论认为,语法是语言经验的认知投射,语法可接受度的判断是以熟悉度为基础,语言能产性或创造性的使用是基于对此前使用的范畴化用例的参照(Bybee & Eddington,2006:353)。De Smet

(2012)将这一理论应用于语言演变的研究。一般认为语言的演变包括重新分析及其结果的实现过程。De Smet(2012:601)认为,重新分析一定程度上基于对已有的构式的类推并同样具有渐变的特征,因而把重新分析纳入整个语言演变的实现过程;语言演变从一个环境到另一个环境的实现是以环境的相似性为基础的;这种相似性既包括宽泛的句法方面的概括,也包括已有格局的表面相似性,甚至包括跟重新分析发生之前的用法的相似性。因此,语言演变实现的过程既因演变的项目而异,也因演变的语言而异。从历时类型学的研究旨趣来看,总是要寻找特定语言演变的多样性与一致性。基于使用范式的语言演变研究为我们提供了新的观察角度和解释方法。就目前的研究而言,三种语言的演变过程的异同可以从以下五个角度进行比较。

第一,从显性的句法形式来看,古汉语"常"和英语 used to 的惯常和经历用法以肯定形式为主。如古汉语"常"明确的经历用法有32例肯定用例,否定用例仅1例。古汉语和英语的经历用法继承了惯常用法的特点,两者在肯否属性上总体具有更高的相似性。而马来语 biasa 的经历用法是以否定形式为主,从肯定到否定的过渡出现在兼有惯常和经历两种理解的用例中,其中否定与肯定的比例是44%比56%。因此 biasa 的否定形式是经历性用法重新分析的节点,经历性用法只是跟重新分析的节点的句法形式具有明显的相似性。因此,句法相似性只是演变的条件之一,其作用因语言和项目而异。

第二,从入句的动词的语义特征来看,英语 used to 的经历用法明显倾向于出现于少数几个静态动词,而惯常用法则适用于大多数动态动词。used to 从动态动词扩展到静态动词,从而导致了意义的变化。这其中作用最为明显的就是类推的演变机制。而古汉语和马来语相应的经历性用法的动词仍然与惯常一样,以动态动词为主。比如经历义的"常"目前只发现2例与状态动词"有"搭配,如例(20)的"是无世而不常有之"。古汉语和马来语两种不同的意义在相似的语义、语用环境中发生重新分析的可能性更大,即将因果语境中事件在过去时间至少发生一次的意义赋予原来表示惯常意义的成分(参见 Croft,2000:161—162)。由于古汉语和马来语富有多种表示经历的时间副词,也可以认为"常"与 biasa 的重新分析一定程度上是基于已有的经历义构式类推的结果,但是这种类推的作用性质与方式难以准确描述。总之,不同语言从惯常到经历的演变中,发挥主导作用的机制有所不同。

第三,从语用环境来看,英语 used to 的经历用法在现在时形式消失以后最常出现在具有对照关系的语篇中,而 biasa 67% 的经历用法出现在具有关联词的显性因果关系的语篇中,"常"的经历用法则多作为话题的引入成分,这类用法在上下文中往往存在事实上的因果关系。三种语言的新旧用法具有明显的相似性。从逻辑上看,对照关系一定程度上包含因果关系。例(4)的 "I used to torture cats. Now I'm a vegetarian." 一方面可以理解为由于某种原因导致了这种变化;另一方面也可以理解为对当下某种行为的解释,按照此前的习惯应当得出某种结果,但由于情势的变化,该结果不会出现。因此,在现时相关性上,三种语言的语用环境异中有同,都包含某种因果关系。因果关系一般是用已实现的事来论说因果,语境中表示原因的部分通常都是已然的,即事件在过去时间至少发生一次,从而为语用推理奠定了语境基础。

第四,从语法语素的聚合系统来看,一般认为英语没有专用的经历体的表达手段,经历性用法只是现在完成体形式的一种用法;而 used to 则产生了一种仅用于经历性用法的完成体形式。因此 used to 的新用法不容易引起注意,较晚才被加以分化;也不容易在系统中得到很好的定位,并产生了"反现在完成体"之类的标签。而古汉语和马来语具有现成的专用经历体形式,原来的惯常义一旦发展出经历义,很容易被辨识与解读。在上古汉语中,"常"与"尝"的同音假借一方面诱发了惯常到经历的演变的产生,同时也因为"尝"的经历义的普遍使用以及同期"曾"的经历义的产生抑制了"常"的经历义的实现;使得"常"的经历义长期以来被视为同音相借的汉字使用现象,而不是一种语义演变现象,从而构成了汉字的使用与汉语的使用两者之间的相互制约。不同语言已有的语法语素的聚合系统一定程度影响到从惯常演变出来的新的经历用法的心理表征与使用倾向。刘丹青(2017)指出,凡是一形多义现象都要回答一个心理语言学的根本问题:这些多义形式在母语人心目中是视为同一个成分还是不同的且无关的成分?从本章的基于使用的理论角度来看,这些不同的多义关系在不同的语言中很可能以一种梯度的方式分化或表征,从而体现出表征方式的多样性。

第五,从演变的结果来看,英语 *used to* 和马来语 *biasa* 都在已有的惯常义的基础上增加了一个经历义,但是经历义的使用频率远远低于惯常义。这种低频率不足以撼动各自惯常义的主导地位,不会导致两个语法语素在教学语法中体貌名称的易位。比较而言,马来语 *biasa* 兼用于动态动词和静态动词,显得更为成熟。古汉语的"常"的经历义虽然在《史记》中已经产生,但没有获得独立义项的地位,零星的用例被视为"尝"的假借。在更多的情况下,很可能被"尝"直接覆盖,如《史记》中个别经历义的"常"在《汉书》中就直接写为"尝"。

6. 结语

本章研究发现,从惯常至经历的语义演变在多个方面呈现出多样性。从词汇来源来看,英语、马来语、古汉语的三个对应成分都是从基本义为惯常的成分发展出经历的用法。本章集中讨论的从惯常到经历的演变过程虽然也是以环境的相似性为基础的,但的确呈现出因项目和语言而异的多样性特点。古汉语和英语相应的经历义成分保留了肯定的形式特征,而马来语的经历义成分呈现出以否定用法为主的特点。英语相应成分的经历义以静态动词为主,显著地不同于惯常用法;而古汉语和马来语均仍然保留了以动态动词为主的特征。英语相应成分的语用环境以对照关系为主,马来语以因果关系为主,而古汉语以引入话题为主。演变的结果是英语与马来语的经历用法与惯常用法共存但仍然以惯常义为主,而古汉语"常"的经历用法被"尝"所覆盖。

基于使用的语言研究更加关注具体语言中具体项目在具体环境中的使用特点,本章由此发现类推和重新分析在三种语言从惯常到经历的演变中作用各不相同。以往的语法化研究更重视个别语法语素的演变过程和机制,对于语法语素的聚合系统对单个语法语素的演变过程的制约缺少充分的重视和观察。本章一并考察英语、马来语、古汉语从惯常义至经历义的演变,有助于深入认识语言演变的多样性和一致性。

第十章　经历体的特定性与来源意义研究*

1. 引言

在类型学研究中，经历体也叫经历性用法，通常指用专门的形式来表达的经历性用法，是完成体的多种用法之一。本章研究经历体所表达的事件的时间类型、形义对应关系以及经历体形式的意义来源。Dahl（1985：140）已经注意到：在其64种语言样本中经历体见于8种语言，虽然分布于不同的区域和语系，但主要集中于非洲和东亚；即使不能把经历体视为一种区域现象，经历体的形成似乎部分程度上受到区域因素的影响。对于经历体的专门研究自然也主要见于东亚语言。从本章的视角来看，其中标志性的文献主要有三种。一是 Inoue（1975）对日语经历体形式 *V-ta koto ga aru*（有……的经历）的详细描写，被 Dahl（1985）等类型学研究广为引用。该研究指出 *V-ta koto ga aru* 不能被用于说话时间较近的"上周""上周二"等，只有与较远的"去年"搭配时才比较自然。二是王还（1988）对"过"和词尾"了"的比较，该文提到"过"所在事件的两种时间类型，并进一步认为二者的主要差别不在于特定时间和非特定时间的区别，而在于现在和过去的对比，说"去过"某地肯定现在不在那里。三是 Kim（1998）通过比较中日韩三种语言的经历体形式的用法，指出 *ess-ess* 表示经历的时候主要跟离说话时间较近的时

---

* 本章与杨育欣合作完成，原载《汉字汉语研究》2019年第1期。

间共现,这是一种特殊的表示限定或特定情境的经历的用法,从而区别于只能跟离说话时间较远的非特定时间共现的经历体形式 un il i iss（有……的经历）。

基于上述研究,本书作者在课题组的一系列研究中明确提出了经历体的两种用法:一种是非特定经历用法,如例(1a)"我一直没吃过呢",表示过去很长一段时间的经历,可以与非特定的时间状语共现;二是特定经历用法,如例(1b)"我昨天吃过烤鸭",表示过去较近时间的经历,可以与较近的时间状语共现。经历体形式在能否表达特定经历或非特定经历上的属性概括地称为经历体的特定性。

(1)a. 我们去吃北京烤鸭吧,我一直没吃过呢。
b. 我昨天吃过烤鸭,也就那样儿。

本章基于现有研究总结东亚或东南亚部分语言中的经历体形式在特定性上的表现类型,进而分析特定性的性质以及在特定语言中形式和意义匹配的方式,总结经历体形式在发展出经历体意义之前的体貌意义类型及其词汇意义的来源类型。

2. 经历体形式与用法的对应类型及多种形式的形义匹配模式

语言中的经历体形式虽然是表达经历体意义的专门形式,但有些形式仍然具有多功能性。因此这里讨论的对应类型仅限于这些形式与其经历体意义的对应类型,而不考虑其相关的完成体的其他用法。虽然一些语言中经历体和完成体会有编码上的差异,但就意义本身而言,经历体与完成体的其他用法的区分本质上是一种语用性质的区分(参见陈前瑞，2016），难免会存在不同用法之间模糊理解的现象，因此本章仅涉及比较典型的经历体用法，对于经历体的边缘用法暂不考虑。经初步归纳比较，一种语法形式与两种经历体的一种或两种用法存在直对型、偏侧型、倾向型、涵盖型四种对应关系。

2.1 直对型

直对型常见的形式是一个经历体形式对应于非特定经历。如日语的非特定经历用 *ta koto ga aru* 表示，只能与非特定时间状语共现，表达非特定事件，如例（2）（参见 Inoue，1975：79）。

(2) John wa　kyonen　/ ?sengetsu　/ *senshuu /
　　 John　　last year　　last month　　last week
　　 *senshuu no suiyobini　　Nihon o otozure-*ta koto ga aru*.
　　 on Wednesday last week　　Japan　　visit　　EXP
　　 'John visited Japan last year / ?last month / *last week / *on Wednesday last week.'
　　 "约翰去年 / ?上个月 / *上个星期 / *上个星期三去<u>过</u>日本。"
　　 (Kim，1998：175)

ta koto ga aru 可以与"去年"义的时间状语共现表示非特定事件，不能与"上个星期、上个星期三"义的时间状语共现表示特定事件，说明其形式与意义是一种——对应的关系。根据王学群（2014）的问卷调查，从"刚才"至"几年前"，事件时间离说话时间越远，使用 *V-ta koto ga aru* 的可接受度越高，"一周前 / 几天前"是一个分界点，比其更短的时间间隔难以成立。因此在日语中 *ta koto ga aru* 形式与非特定经历体用法的对应关系可以用（3）来表示：

(3) 日语经历体意义与形式的对应关系

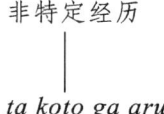

ta koto ga aru

2.2 偏侧型

据 Kim(1998),韩语存在一个主要用于特定经历的经历体标记 *ess-ess*,经常用于肯定句,如例(4a)。另外 *ess-ess* 还可以表示非特定经历,使之成为一个语用上显得特定的事件,如例(4b),强调是去年而不是今年或前年去的日本。可见该形式的特定经历和非特定经历形成一种偏侧型对应,主要偏于特定经历,用于非特定时间时会产生特定的语用含义。

(4) a. John un cinancwu swuyoil ilpon ul pangmwunhay-
John last week Wednesday Japan visit
ss-ess-ta.
EXP
'John has the experience of having visited Japan last Wednesday.' or 'John visited Japan last Wednesday.'
"约翰上个星期三去过日本。"

b. John un caknyen ilpon ul pangmwunhay-*ss-ess*-ta.
John last year Japan visit EXP
'John has the experience of having visited Japan last year.' or 'John visited Japan last year.'
"约翰去年去过日本。"(Kim,1998:177)

韩语另有一个仅用于非特定经历的经历体标记 *un il i iss*，如例(5)，可与表示"去年"的时间状语共现，不可以与表示"上个星期、上个星期三"的时间状语共现，经常用于否定句。

(5) John un caknyen / ?cinantal / *cinancuu /
John last year last month last week
*cinancuu swuyoil ilpon ul pangmwunha-*n il i iss*-ta.
on Wednesday last week Japan visit EXP D
'John has had the experience of visiting Japan / during the last year / ?(during) the last month / *last week / *on Wednesday last week.'
"约翰去年 / ?上个月 / *上个星期 / *上个星期三去过日本。"
(Kim, 1998:175)

韩语的 *ess-ess* 与 *un il i iss* 这两种经历体形式与两种经历体用法分别构成偏侧型和直对型关系，两者共同形成一个二对二的扭曲型匹配关系，即(6)。其中偏的对应关系用虚线表示，侧重的对应关系仍用实线标注，虚实线共同表示偏侧型对应关系。

(6) 韩语经历体意义与形式的对应关系

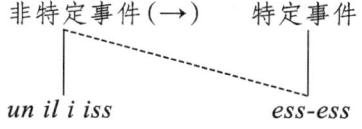

2.3 倾向型

汉语的苏州话的经历体标记既有方言色彩更浓的"过歇、歇、歇过",又有受北方话影响的"过"。据杨莹、陈前瑞(2012)对苏州评弹语料的量化分析,这两类标记之间形成了倾向性差异:两类标记都可以用于特定事件和非特定事件。"过歇、歇、歇过"与非特定事件的联系更加密切,从而多用于否定句,如例(7)(8)(9),且多用于离说话时间较远的经历,文本中没有发现用于表示刚刚发生的最近经历的用例;"过"与特定经历用例的联系更为密切,多用于肯定句,可以用于最近经历,如例(10)中的"刚刚"。

(7)俚他勥没喝<u>过歇</u>茅台。
(8)奴你浪在北京读书,勥没去<u>歇</u>长城啊?
(9)辩这种人勥没见<u>歇过</u>。
(10)倷你刚刚讲<u>过</u>俚他格的人蛮好格的。

苏州话这两类经历体形式与两种经历用法分别构成倾向性的对应关系,可用粗的虚线表示更为密切的联系,用细的虚线表示不那么密切的联系,即(11),两组共同构成二对二倾向型的匹配模式。在调查苏州话时发现,母语说话人明确否认两者之间存在语感上的不同,从而与上文的偏侧型形成差异。

(11)苏州话经历体标记意义与形式的对应关系

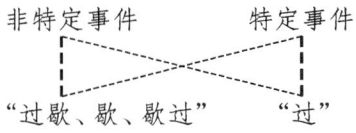

2.4 涵盖型

汉语的"过"自如地适用于特定经历和非特定经历,如果不是通过跨语言比较分析出这两种用法,一般的母语说话人难以意识到这两者的区别。因此可以将这种对应关系概括为涵盖型,其意义与形式的对应关系见(12)。这一种形式所对应的两种事件类型也会存在数量上的差异,但这种差异是事件本身的数量差异的体现。这与上文的偏侧型也有所不同。

(12)汉语经历体的意义与形式的对应关系

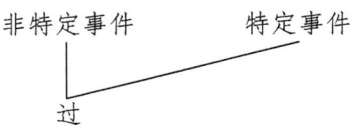

根据杨育欣(2014),马来语的经历体标记 *pernah* 跟汉语普通话的"过"类似,可以表示非特定经历和特定经历,分别如例(13)(14)。当然,马来语也有多个具有细微差别的经历体形式,这些形式在特定性上的细致差异还有待进一步的研究。

(13) Saya belum *pernah* jumpa orang Jepun.
　　　1.单 否定　经历　　见　　人　　日本
　　'我还没见过日本人。'

(14) Hamba　　　kira　　kita　*pernah* ber-jumpa
　　 1.单.谦称　认为　1.复　经历　　交互-见面
　　 di　gelanggang　hamba,
　　 在　竞技场　　　1.单.谦称
　　 di　Desa Perwira　se-pekan　lepas.
　　 在　乡村 英雄　　一一星期　过去

'我认为,上个星期我们在英雄乡,在我的竞技场见过面。'

2.5 小结

通过上文的分析,经历体形式与意义的四种对应关系从严整对立到逐渐放松,最后形成了最为宽泛的涵盖型,构成了从编码的语义差别到没有形式差别的语用意义的连续统。它们在具体语言中又形成了多种不同的形义匹配模式。考虑到许多语言中所具有的经历体标记还没有得到充分的描写,多种形式之间的匹配模式暂时还难以确定。不过根据目前的研究,湖南湘潭湘方言经历体的形式与意义的匹配关系最为复杂。胡亚(2015)在研究湘潭方言经历体时发现,类似于北方话"了"的"哒"直接对应于非特定经历,如例(15);"去来"直接对应特定经历,如例(16),两者都是直对型;而"过"有两种用法,以非特定经历为主,只在非常有限的条件下表示特定经历,如例(17),所以在(18)中用虚线表示,从而成为一种特殊的偏侧型对应。

(15)他以前打仗的时世受哒伤他以前打仗的时候受过伤。
(16)我昨日子到北京去来我昨天去过北京。
(17)你什么时世坐过飞机你什么时候坐过飞机?

这样,两种直对型和一种偏侧型共同构成一种 M 型的匹配模式,这在已有的研究中还未曾见到过报道。

(18)湘潭方言经历体标记形式与意义的对应关系

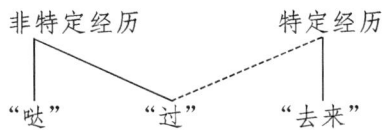

上述四种对应关系的建立，仅仅是从课题组目前为数不多的个案研究归纳而来的。通过上述研究，我们形成了一个描述经历体用法的概念层级：1) 特定时间状语表达的特定时间以及非特定时间状语表达的非特定时间，一般来说"昨天、前天、这个星期、上个星期"为特定时间，"上个月、去年"为非特定时间，至于特定时间和非特定时间的界限在哪儿，很难一刀切，最终要根据具体语言的形式区别来确定；2) 语义上的特定事件和非特定事件；3) 语用上的特定事件和非特定事件，如韩语的 *ess-ess* 可以把非特定时间表达的非特定事件转化为一个语用上显得特定的事件，这一点区别目前仅见于关于韩语的报道；4) 经历体的特定用法和非特定用法，比如汉语的"过"的两种用法；5) 非特定经历体标记与特定经历体标记及泛用经历体标记，韩语有两个标记，分别是非特定经历体标记和特定经历体标记，而汉语的"过"只能视为用于特定经历和非特定经历两种用法的泛用经历体标记。

如果用这种思路分析更多的语言材料，将有可能进一步丰富经历体形式与意义对应关系的类型及不同语言中经历体形式与意义匹配模式的细节。面对这些不同的对应关系和匹配模式，人们自然会问：一种语言为什么会有多种不同的经历体形式？为什么会形成如此复杂的关系？时体类型学解释的思路之一就是分析这些经历体形式的意义来源和词汇来源以及由此形成的历史层次和接触关系。

3. 演化为经历体的意义类型及其词汇来源

3.1 经历体分布的区域性及其词汇来源的归纳方法

完成体与经历体的语法化来源有相当部分的重叠，Dahl & Velupillai (2013) 把完成体的词汇来源分为三类：一是源自领属动词构式,也称为"有"类完成体,如英语的完成体形式 have 加过去分词,在其 222 个样本中有 7 例;二是源自含有"结束、已经"义词语的构式,如约鲁巴语(Yoruba)的 -ti,如例(19),样本中有 21 例;三是来自其他来源的完成体,共 80 例。由于地图的限制,无法充分显示其他来源的完成体的具体分布,现有的外文文献的研究基础也不支持以地图的方式进一步细分经历体的语法化来源。

(19) Ó　　*ti*　　　　　ka　iwe　na.
　　　他　完成体/已经　读　书　　这
　　'他已经读了这本书。'

从已有的研究来看,经历体表达手段既有动词后或句末较为虚化的成分,也有动词前类似于时间副词的手段。仅从汉语来看,有一个从动词前向动词后发展的过程。但是,就某些东南亚语言而言,仅有动词前的成分,这些成分位置固定,意义虚化,也应当视为一种语法语素。在时体的宏观研究中可能对这些动词前成分无暇顾及(如 Bybee et al.,1994),但对经历体这样富有特点且较为罕见的范畴,不应当忽略动词前的成分,否则会使我们的研究视野严重受限。

对于某个成分的语法化来源有三种分析思路:就经历体而言,一是经历体用法的直接来源,现有研究一般认为经历体是从完成体的结果性用法发展而来的,但是在汉语这样一直富有经历体的专用形式的语言中,这些专用形式的结果性用法很容易被覆盖,所以经历体直接来源的多样性难以把握;二是分析演化为完成体用法的体貌意义,进而探讨不同意义来源演化为完成体的不同路径,这是 Bybee et al.(1994)和 Dahl & Velupillai(2013)的思路;三是分析完成体、经历体这些语法语素的实义词汇来源,这是 Heine & Kuteva(2002)的思路。本章结合后两种思路来概括经历体语法化的词汇来源的类型,先主要根据形成完成体之前的体貌意义分类(共5类),然后再按照从中演化而来的实词意义分类(共10种)。由于经历体分布具有区域性,经历体的研究深度同样具有不平衡性,本章的资料主要来自包括汉语方言在内的东亚、东南亚语言。

3.2 演化为经历体的五类意义类型

3.2.1 从完结体演化为经历体

发展成为经历体的完结体主要从三种不同的词汇意义发展而来:

第一,实义为"过"义趋向动词,这是汉语及部分侗台语经历体最主要的源头意义(吴福祥,2012)。陈前瑞、张曼(2015)证实,"过"在发展为完成体之前经历一个完结体的阶段,表示事件完全、彻底结束,如例(20),具体理解为强调从花开至花落的全过程[①]。在历史文献和与汉语有接触关系的语言中,"过"义语法语素还保留着完成体的结果性用法,如燕齐壮语的例(21)(韦景云等,2011:167)。

(20) 望嵩楼上忽相见,看过花开花落时。(刘禹锡《送廖参谋东游》二首之一,《全唐诗》卷365)(引自杨永龙,2001:223)

(21) tu^{42} mou^{24} $mɯŋ^{33}$ $kwu:ŋ^{24}$ kwa^{35} $ɕou^{33}$ $ʔdai^{55}$.
　　只　　猪　　你　　喂　　过　　就　　得
'猪你喂了就行。'

---

① Tantucci(2015)把"过"这种"经过某一过程"的含义概括为traversative(或译为历程体),并与完结体和结果体一起作为完成体的几种来源意义。其实,这种意义还可以进一步虚化为一般的完结体意义,如:忍过事堪喜,泰来忧胜无。治平心径熟,不遣有穷途。(杜牧《遣兴》,《全唐诗》卷523,引自杨永龙,2001:215)另立为一种特殊的体貌意义和演变路径的必要性不明显。

第二，实义为"结束、已经"义词语。陈淑梅(2001：87)、汪化云(2015)报道鄂东方言的"了"与相关成分的连用有经历体的用法，如"了去、了的"，如"二哥是不是问了的？"。这些方言的"了的"兼有完成体的用法，进而可以追踪到"了"的完结体的体貌意义以及"结束"的动词意义。根据 Dahl & Velupillai(2013)，东南亚语言中的完成体有一些源于"结束或已经"义动词并具有经历性用法，如印尼语和爪哇语。但是，根据所依据的资料(Dahl, 1985：160—161)实际上并没有这样的直接证据，详见后文的讨论。不过，"已经"义词语演化为经历体的过程还未见详细的报道。

第三，实义为"得到"义动词。汪化云(2015)概括地报道了江淮官话黄孝片的团风及黄州、鄂州老派方言中使用"得"或"得子"表示经历，且一般只出现于肯定句。"得"在北方话中多用于状态补语，但在南方方言如江西的赣语中还保留完成体用法。汪化云(2015)把黄孝片方言的经历体追踪到江西移民的完成体用法，并进一步追踪到近代汉语的"完毕、结束"义。

3.2.2 从结果体演化为经历体

基于现有材料，发展为经历体的结果体主要从两种不同的词汇意义发展而来：

第一，"有、是"义助动词及相关成分组成的构式。多数由动词加分词构成，如英语等印欧语言；有的构式义为"有……经历"，如日语的 *ta koto ga aru*、韩语的 *un il i iss*；也有的直接由"有"构成，如汉语南方方言的"有"字句。当然闽方言的"有"经常与"过"等共现。这些成分演化为经历体之前的体貌意义一般归为结果体，表示过去动作带来的状态的持续，或表示单纯的状态持续。这是印欧语言中较为常见的演化路径，其突出特点是由静态谓词演化而来。(Bybee et al., 1994)

第二,"附着"义动词。根据肖万萍(2010),桂北永福官话的词尾"着"表示对近期事件的经历。据储泽祥(2014),安徽岳西赣语的句尾"着"与"过"共现时有表示最近的经历的用法,从为数不多的描述来看,接近于表示特定事件的经历体(详见 Kim,1998)。"着"在汉语北方方言中一般演化为进行体;在部分南方方言中演化为完成体,甚至进一步演化为经历体。陈前瑞(2009)将汉语史与南北方言的"着"的演化路径总结为结果体语法化的双路径,"着"的经历体的用法进一步支持了这一路径,也证实了完成体与经历体的演化关系。

3.2.3 从"来、去"义趋向动词演化为经历体

发展经历体的趋向动词包括"来、去"及相关成分:

第一,"来"义趋向动词表经历在近代汉语和现代汉语方言中比较常见。Bybee et al.(1994)已经指出,"来"义动词直接演化为完成体。陈前瑞、王继红(2009)已经用早期汉译佛经的语料证明了这一点。林华勇、肖棱丹(2016)运用四川资中方言点材料同样建构了从趋向动词直接到经历体的演化路径。

第二,"去"义趋向动词演化为一般的完成体比较多见,单独演化为经历体并不多见。在汉语方言中有一些含有"去"义成分的经历体形式,如前文提及的鄂东方言的"了去"、湘潭方言的"去来",这两个方言的"去"分别出现在复合形式的外侧和内侧。伍云姬(1996:123)指出,长沙方言带"去来"的句子重在表经历,表示某个动作曾发生过,但不一定完成,或虽完成了,结果却不令人满意。这一点确实有特色。但是,包括"去"义成分的经历体形式的演化过程目前还不清楚。

3.2.4 从限量体演化为经历体

限量体表示动作在时间上有界限,但没有内在的终结点(Stoll,

1998)。主要包括两类不同性质的成分：

第一，量化成分。如苏州话的"歇"（义为"一阵"）（杨莹、陈前瑞，2012）、鄂东方言的"趟子"（陈淑梅，2001：87）、山东寿光和胶南方言的"回儿"（张树铮，1995；郝晓瑜，2013）以及现代汉语的"一度"（于立昌、吴福祥，2011）。英语副词的 once 兼有"曾经"和"一次"的意义，大致可以归为这一类。非洲语言学中有的把班图语言以外的经历体称为一次体（semelfactive）（Rose et al.，2002：13）。我们推测非洲语言中可能会有一些源于量化成分的经历体形式。因此，非洲语言的经历体是一个有待进一步调查的富矿。这些量化成分在演化为经历体之前的体貌意义到底是什么，学界讨论很少。王继红、陈前瑞（2014）把动量所表达的限定动作界限的体貌意义笼统地概括为限量体，尝试构建了从限量体到经历体的演变路径。

第二，感官动词。据 Ameka（2008：169—170），在非洲尼日尔-刚果语系克瓦语族（Kwa）的语言埃维语（Ewe）中，表经历的完成体形式在非现实的情态中，具有"试试看"（try and see）的意思。作者谈及跨语言中"看"义动词及其语法化形式也具有同样的用法，由此可知该形式的词汇源头意义应当是感官动词"看"。另如古汉语的"尝"、载瓦语的"看"义动词 wu^{55}，这两种语言的感官动词都是经由尝试义发展为经历体（王继红、陈前瑞，2014；朱艳华，2012）。王继红、陈前瑞（2014）同样把尝试义也纳入从限量体到经历体的演变路径，因为尝试义是少量而有限地从事某项活动。既然已经尝试了某一事件，就是已经从事或发生了某一事件，并获取了一定的经验。

3.2.5 从惯常体演化为经历体

根据 Dahl（1985：161），爪哇语的 tahu+V 表示经历体意义，但无直接证据表明其词汇来源像 Dahl & Velupillai（2013）所标注的源于"结束、已经"义词语。在 Zoetmulder & Robson(1982:1901)的古爪哇语与英语的对译词典中，*tahu* 注为: skilled, practiced, trained, used (to) ；但在 *English-Malay Malay-English Dictionary*(Board of Scholars，1992)的同形词条中只有 to know, understand, recognize, be aware of 的意义。不过，根据 Stevens & Schmidgall-Tellings(2010:985) 的释义，to know, understand, to know how to 列为第 1 条义项；第 8 条义项为: (in some regions) (in negative and interrogative sentences) ever; → PERNAH(箭头表示此处引用了 *pernah* 的义项)。这说明在印尼语的某些地区，*tahu* 在否定句和疑问句中表示经历，且与 *pernah* 的语义相关。另据该词典，印尼语的 *pernah* 注为 (at least) once (in the past), used to, have/has (plus past participle)，虽实义不详，但依然涵盖惯常和经历两种用法。可见，爪哇语的 *tahu* 最基本的实义是"知道，懂，知道如何做"，可以归为"知道"类心理动词，沿着这一义项发展出"常常做某事"，进而虚化为"曾经做某事"，完全符合语义虚化和语用推理的规律。就目前而言，*pernah* 和 *tahu* 均兼有惯常义和经历义，*tahu* 看不出它跟"结束或已经"义有任何联系，也不具备"结束"义在演变为完成体的过程中所具有的完结体(completive)意义。(Bybee et al., 1994:105)

据 Lien(2007，2015)，台湾闽南话的经历体形式 *pat4*，其实义词汇来源为"别"，意义为"识，知道"。Chappell(2001:63, 83)指出，该形式在 16 世纪末 17 世纪初的文本中标注为: know, be used to doing[①]；后者的语法意义相当于惯常体的意义，并据此建构了从知道义经惯常到经历的演化路径。基于以上爪哇语和闽南话的证据，我们把 *tahu* 和 *pat4* 演化为经历体的体貌意义界定为惯常体，并把其词汇来源确定为"知道"

---

① 其语料来源为 van der Loon(1967)。另据 Lien(2007)，在同期闽南戏文中其经历体的用法只有零星的用例。

义动词。①

刘蕾(2014)发现日韩外国留学生在使用汉语经历体"过"的时候，会出现"过"与惯常副词共现的偏误，如"*老师常常读过诗、小说、别人的作文什么的"，这种偏误是日韩学生过度使用"过"的偏误中比例最高的类型。杨育欣(2014)发现在马来语中经历体可以与惯常体共现。本章发现一些语言中的语法语素兼有惯常体和经历体的用法。这些材料都说明惯常体与经历体在语义上有密切的联系，这种联系的一致性和多样性还有待于进一步的研究。［详见陈前瑞、杨育欣(2018)及本书第九章］

3.3 经历体演化路径的启示

从上面的归纳来看，经历体体貌意义的来源已经超出了 Bybee et al. (1994)归纳的完成体语法化的来源，其实义来源也超出了已有研究的范围，总体而言，较大地丰富了已有的完成体和经历体的研究。同时，需要指出的是，一些语言的经历体形式很难直接考察其体貌意义和词汇意义的来源。一旦在研究材料和研究手段上有所加强，还有可能发现更多的词汇来源，但体貌意义的类型则难以有大的突破。②

上述 5 类演化为经历体的意义类型中有 3 类与完成体的意义来源是一致的，它们是完结体、结果体和"来、去"类趋向动词。在这 3 类来源中，往往先发展出结果性用法，然后才产生出经历性用法。一般认为有历时演化关系的两种用法往往在共时中也会存在两种理解的可能。

限量体和惯常体在演化出经历体用法的过程中，往往会产生出专

---

① 根据胡素华(2019)，彝语诺苏话经历体标记 $ndzo^{44}$ 也具有惯常的意义。
② 本书第八章讨论的"曾"在词汇来源与早期体貌意义上仍然留有诸多难点。该章倾向于认为"曾"的竟然义早期主要表示状态存在意义，大致归入结果体。但"曾"的本义与竟然义的关系的论证存在不少困难。在该章早期的研究中，倾向于认为"曾"的竟然义源于"高"义，"高"义源于"增加"义。

门的经历体形式，这些形式往往不具有明显的结果性用法，如古汉语的"尝"（王继红、陈前瑞，2014）以及同样可以用于经历性用法的"常"。"常"的这种用法在训诂界中一般视为通假，但是跨语言的材料有助于我们重新理解通假与引申之间的关系，详见陈前瑞、杨育欣（2018）的讨论。如何在经历体的语法化路径或语义地图中一并处理兼用和专用经历体这两种情况，还有待于进一步研究。

限量体一般是有时间边界的，可视为有界的体意义；而惯常体一般没有时间上的边界，可视为无界的体意义。两者都可以发展出经历体意义，这说明经历体意义在有界性上具有一定的模糊性。这种模糊性在不同的语言中有不同的表现：汉语普通话很自然地把"过"与"了"归为一类，凸显其有界的属性；而在斯拉夫语族中，经历体意义往往用未完整体形式来表达（参见 Dahl，1985:143），凸显的是其无界的属性。

根据 Dahl（2000），完成体和经历体本身是一种语法化程度不够高的边缘视点体；比较而言，演化出经历体用法的完结体、结果体、限量体、惯常体应该是一种语法化程度更低的体貌意义。这里所说的惯常体是指用专门的形式来表达的体貌意义，不同于未完整体在一定语境中显现的惯常意义。完结体、结果体一般归为表示动作基本阶段的阶段体，限量体、惯常体一般认为跟动作的量有关，一般归为量化体。陈前瑞（2008a）把量化体也归为涉量阶段体，一并归为阶段体，从而建构了一个四层级的汉语体貌系统。演化的证据表明，这四类体貌意义都能够演化出经历体的意义，应该大致处于同一个语法化水平和概括化水平，从而进一步支持在共时系统中把它们归为一个体貌层级的处理方法。

4. 结语

本章在前人研究的基础上，明确地把经历体用法分为非特定经历和特定经历；并通过比较东亚和东南亚语言，将特定的经历体形式与两种经历体意义的对应关系分为直对型、偏侧型、倾向型和涵盖型，并初步分析了一些语言中多种经历体形式与两种经历体意义的匹配模式，明显地推进了经历体的研究。本章把经历体的意义来源归纳为 5 类：1）完结体，2）结果体，3）"来、去"义趋向动词，4）限量体，5）惯常体，并细分了 10 种词汇来源。不但修正了 Dahl & Velupillai（2013）的部分标注，也丰富了该文献展示的语法化来源。除部分非洲语言外，这些新鲜材料主要来自东亚和东南亚语言。因此，基于汉语方言和中国境内少数民族语言的丰富语料可以在这方面有更大作为。已有研究已经注意到中国南方方言和侗台语的经历体的形成很可能是语言接触导致的区域扩散，至于其他区域的经历体用法之间的关系还有待进一步的研究。

第十一章 《左传》中"矣"的多功能性的量化分析*

1. 引言

本章依据时体类型学的概念系统,穷尽性分析《左传》中"矣"的多功能性。句末助词"矣"用法复杂,中外学者均有多种不同的见解。早期的研究倾向于对"矣"的用法做单功能的概括,详情参见刘承慧(2007)的评述。近些年来,语法语素多功能的思路开始较多地应用于"矣"及相关语气助词的研究。在近期对"矣"的研究中,刘承慧(2007)、曹银晶(2012)、洪波(2015)在理论和材料方面更具有启发性。[①] 三者都认同"矣"的基础用法都跟完成体(perfect)相关,在此基础上梳理其他用法。其中,洪波(2015)重在比较"矣、也"相关形式的断言功能的强弱,对"矣"的分析较为概括;该文基于《左传》的材料,仅把"矣"分为两种功能:一是表示事件的已然或将然,如例(1)表已然;二是表示言者对命题的强烈的断言语气,如例(2)。

(1) 公使阳处父追之,及诸河,则在舟中矣。(《左传·僖公

---

* 本章与王继红合作完成,原载《中国语文》2018 年第 5 期。
① 本章研究过程中,未注意到姚尧(2015)对先秦至唐宋语料中"矣"的研究。该文把"矣"的部分将来时用法和现在状态用法归为认知情态标记,将中古近代部分"矣"的用法归为过去时标记。因此,本章与姚文观点的异同需要另文讨论。

三十三年》)

(2) 夏,宋公伐郑。子鱼曰:"所谓祸在此矣。"(《左传·僖公二十二年》)

刘承慧(2007)将"矣"的功能分为既成、因果/推理、感知与评价三类,其中既成为 perfect 的一种译法,感知与评价跟强烈的断言语气较为接近,但后者的范围不限于静态谓词充当谓语,且涵盖部分对将然事件的断言。刘文的独特之处在于另立因果/推理类,该类除涵盖基于已然事实的推理外,还包括例(3)这样"既可以说是道理的推理,也可以是一种预测"的用例。刘承慧(2007)和洪波(2015)都是以《左传》为基础,刘文还扩展到西汉和中古的用法。曹银晶(2012)涵盖"矣"从上古至近代的演变过程。曹文认为战国时期"矣"的基本功能是表"[+完成/实现][+决定]"和"[+感叹]"。前者还包括将来时、状态如此在内的多种用法,如跟将来时相关的例(4)①;后者是从表示"状态如此"的用法中分化出来的,如曹文所引的例(5)就是"矣"单表感叹。

(3) 将齐,入告夫人邓曼曰:"余心荡。"邓曼叹曰:"王禄尽矣。盈而荡,天之道也……"王遂行,卒于樠木之下。(《左传·庄公四年》)

(4) 盆成括仕于齐。孟子曰:"死矣,盆成括!"(《孟子·尽心下》)

(5) 子夏曰:"异哉,语也!美矣!宏矣!大矣!"(上博简《民之父母》简9)②

---

① 感谢蒋绍愚教授近年来多次提及此例中"矣"的将来时功能及其演变路径。
② 据曹银晶(2012:67),此句为子夏赞美孔子言语的句子,释文从刘洪涛(2008:18)。

上述研究在理论和材料两方面奠定了重要基础，但从时体类型学致力于语法语素多功能性的多样性和一致性的追求来看，"矣"还有进一步研究的空间：

第一，时体意义的将然用法没有进行很好的处理。就洪文和曹文而言，如何把例（4）这种将然用法归入体或完成体，还需要进一步权衡。就刘文而言，把具有过去、现在和将来三种不同的时制意义的用例都归为因果/推理用法，并不能很好地与完成体区分开来。因为完成体的现时相关性在相当程度上体现为小句之间的因果推理关系。

第二，对于动词内在的语义特征重视不够。刘文和洪文对于典型的语气用法只从语气入手概括出"强烈的断言"或"感知与评价"等标签；仅曹文提及感叹用法是从表示状态如此的用法中分化出来的，但没有专门分析这些用法中谓词的静态语义特征。如果不分析谓词的语义与句末助词的共现关系，就无法合理地解释典型的时体用法与语气用法之间的演变关系。

第三，虽然刘承慧（2007）引用了Comrie（1976）关于完成体的性质与用法的讨论，深化了对"矣"的研究，与本章的旨趣最为接近，但跨语言比较还不够细致。现在看来，还可以基于已发现的具有普遍意义的演化路径和古今汉语的比较，用汉语的历时语料丰富和细化历时体貌类型学的理论认识。

第四，已有文献大都利用语料库来检索相关用法并进行一定程度的量化分析，但是量化分析还不够彻底。因而不能提供"矣"的多功能性的全景，也不能检验已有分析框架是否适用于经典文献中的每个用例，甚至有可能遗漏具有重要理论价值的功能。

本章以时体类型学研究的代表作Bybee et al.（1994）的概念框架为基础，结合陈前瑞（2016）对完成体具体用法的类型学分析，陈前瑞、胡亚（2016）对现代汉语助词"了"多功能模式的研究思路，胡亚、陈前瑞

(2017)对完成体与完整体的量化分析方法,进一步分析上古汉语句末助词"矣"的多功能性。关于多功能性与语义地图的介绍详见吴福祥(2009)等相关文献,限于篇幅本章不展开讨论。考虑到战国至西汉期间"矣"的用法已经有了一些变化,本章重点对战国早期文献《左传》中829例"矣"进行穷尽性分析,构建"矣"的语义地图和语法化路径,努力发掘上古汉语语料的类型学价值。① 下文首先分析"矣"的完成体功能,以及由此演变而来的将来时和祈使功能;然后分析"矣"被归为语气用法的现在状态功能,以及前人没有提及的结果体与疑似的进行体功能,适当讨论"矣"的完成体功能来源意义的类型。本章借鉴基于使用(usage-based)的语言演变研究的范式,集中讨论跟时体与情态相关的功能的使用情况,适当考量这些功能的分合情况。本章区分功能与用法,把功能作为语义地图的一级节点的名称,功能倾向于语义的分类;把用法作为功能的下位节点的名称,用法倾向于语用的分类。但是,在具体语言中,某些一级节点由于用例较少,规约性不强,其地位还有待斟酌。

2. "矣"的完成体、将来时和祈使功能

2.1 完成体功能

完成体(perfect)表示情状发生在参照时间之前,且与参照时间相关。这一点学界没有异议。《左传》中"矣"的完成体功能共558例,占全部用例的67%。以往研究概括地认为"矣"表"动态的叙述,告诉人

---

① 本章对"矣"的检索结果来自"上古汉语标记语料库"。华建光(2013:16)对战国传世文献的研究排除了这些文献引用《诗经》《尚书》的用例,其中《左传》中"矣"的用例剩下819例。本章对《左传》文本的理解综合参考了杨伯峻(1990)、沈玉成(1981)、王守谦等(1990)、李梦生(1998)等多个注本或译本。

们一种新的情况"(如王力,1989:301);或表示"状态的改变"(蒲立本,2006:132),实际上也是对完成体功能不同角度的描述;这些描述难免以偏概全,是用"矣"最常见的完成体功能作为其全部用法的代表,一定程度上也是不得已而为之。陈前瑞(2016)进一步把完成体分为五种用法,即结果性、持续性、经历性、报道新情况、先时性用法。这五种用法的解释参看下文对"矣"的完成体用法的分类讨论和举例。陈前瑞、胡亚(2016)描述了现代汉语词尾和句尾"了"的语义地图,即图1。本章据此分析"矣"的完成体用法,并与助词"了"进行适当的比较。刘承慧(2007)已经根据 Comrie(1976)对完成体四种用法的分析框架,发现"矣"具有结果性、持续性用法,并兼容经历性用法,显示了深入研究的方向;但该文没有进行量化分析,没有进一步验证完成体下位用法区分的类型意义。①

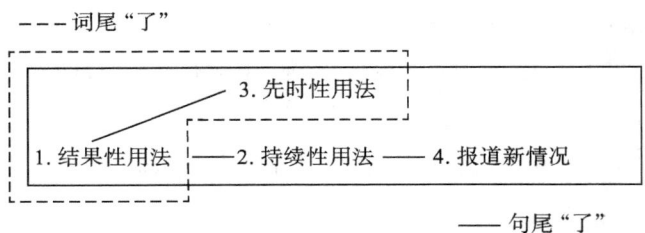

图1 词尾和句尾"了"完成体的语义地图

研究发现,"矣"能够独立表达结果性、持续性、报道新情况、经历性四种用法,并可以与其他形式一起共同表达先时性用法。各种用法的具体情况如下:

第一,完成体的结果性用法,表示当前的状态是由过去发生的动作所引起的,即过去发生的事件的结果状态在说话时间(或其他参照点)

---

① 刘承慧(2007)对完成体这三种用法的中文表述为:结果、经验和持续状况。

仍然存在。这种状态往往可以从动词的语义推理而来。[①] 这是完成体最基本的用法,"矣"所在小句与前后分句或与说话情景之间存在广义的因果关系(含因果、条件、假设等语义关系)。刘承慧(2007)所引的例(6)"寇深矣"表示敌人已经深入腹地,造成严重的危险状态;"若之何"正是针对这种状态寻求应对措施;这是典型的因果关系。《左传》中"矣"的结果性用法共484例,占全部完成体用法的87%,占绝对主导的地位。当然这一地位也与分类的标准有一定的关系。结果性用法之外的其他用法都具有特定的意义,因此,凡是不便于归入其他用法的用例,都归入结果性用法。

(6) 晋侯谓庆郑曰:"寇深<u>矣</u>,若之何?"对曰:"君实深之,可若何?"(《左传·僖公十五年》)

刘承慧(2007)把例(7)视为因果/推理的用法,并认为:"矣"的"推论"从"实存依据和推理依据"(因果并重),转变为"推论重于实存依据"(偏重结果),并进而诱发假设条件之下的推论也用"矣"。该例与"矣"出现于条件分句略有不同。如果"矣"是出现在条件分句中,那么可以比较清楚地归入"虚拟事件的已然"(洪波,2015:61);有结果分句的存在,使得条件分句的已然更为明确。例(7)出现在结果分句,还是可以表示在条件成立的情况下,"丧师无日"已经成立。在更大的上下文中,"丧师无日矣"这种推导而来的危险状态,又成为前文"备之善"和后文"不如备之"的原因。因此,多数跟时间相关的假设推论,仍然可以根据将来完成体的时间参照关系归为完成体,并进一步归为完成体的

[①] 状态可以从动词的语义衍推而来,这是完成体结果性用法最狭义的定义,实际分析中难以落实,因而许多研究对结果性用法采取广义的处理。详见陈前瑞(2016)及胡亚、陈前瑞(2017)对结果性用法及相关概念的评述与应用。

结果性用法。部分不便于归入将来完成体的用例可参看后文对将来时功能的分析。

(7) 士季曰:"备之善。若二子怒楚,楚人乘我,丧师无日矣,不如备之……"(《左传·宣公十二年》)

第二,完成体的持续性用法[①],表示一个过去发生并持续到现在的情状,句中通常有时间词语。刘承慧(2007)所引的例(8)"政在季氏三世矣,鲁君丧政四公矣"为典型的持续性用法,只是从不同的角度形成不同的计算方法。该句作为上句"鲁君必出"的原因,并在此基础上推出后文的结论"国君是以镇抚其民"。因此,持续性着眼于"矣"所在小句的谓词情状本身的延续性,该小句同样处于具有因果/推理关系的语篇之中。例(9)是谓词性成分直接做主语,时间形容词"久"直接做谓语。《左传》中"矣"的持续性用例有39例,占完成体用法的7%,在各类完成体用法中居第二位。

(8) 如是,鲁君必出。政在季氏三世矣,鲁君丧政四公矣。无民而能逞其志者,未之有也。国君是以镇抚其民。(《左传·昭公二十五年》)

(9) 子木曰:"晋、楚无信久矣,事利而已。苟得志焉,焉用有信?"(《左传·襄公二十七年》)

---

① 感谢吴福祥教授多次与作者探讨完成体的持续性用法的中文表述。之所以选择持续性用法这一术语,是因为类型学的时体概念框架排除了Comrie(1976)中非进行体与持续体这两个术语的实体地位(Bybee et al., 1994:139),并在汉语研究实践中用结果体和未完整体取而代之(陈前瑞,2009);另外延续体有更为具体的动作阶段的含义。

第三，完成体的报道新情况用法，表示所呈现的信息是第一次传递给其他人，一般呈现焦点信息（Schwenter, 1994）。例(10)的"晋师至矣"为紧急军情，是典型的报道新情况并也有可能理解为后文提及的最近将来时。例(11)的"呼"以及现场情势证实"君登矣"是具有煽动性的军情通报。"矣"所在小句与上文[如例(10)]同样也可以形成潜在因果与推理关系，只是不够突显，突显的是报道新情况。刘承慧（2007）未提及这种用法。该用法在《左传》中有22例，占完成体用例的4%。

(10) 潘党望其尘，使骋而告曰："晋师至<u>矣</u>！"楚人亦惧王之入晋军也，遂出陈。（《左传·宣公十二年》）

(11) 瑕叔盈又以蝥弧登，周麾而呼曰："君登<u>矣</u>！"（《左传·隐公十一年》）

第四，完成体的经历性用法，表示事件在过去不确定的时间内至少发生过一次。刘承慧（2007）已经指出，"矣"可以和表示经历的"尝"共现，如例(12)，说明"矣"和经历性用法是相容的，有的还有"曾言"或"已言"的双重理解；但没有明确提及《左传》中"矣"还有可以独立表示经历性用法的用例，如例(13)，其中的"皆"指向宾语，所在小句表示"所有的小人之食都品尝过"。《左传》中"矣"的经历性用法共11例，仅占完成体的2%，其中只有5个例句中没有时间副词"尝"等成分帮助表达经历的含义。可见"矣"是一个涵盖多个用法且较为通用的完成体标记，可以但不经常用来表示经历性的用法（可参见梅广，2015：442），从而与"尝"等仅用于经历性等个别用法的专用完成体标记区分开来。通用和专用的相对区分也是分析完成体标记用法的一个视角。Dahl & Velupillai(2013)用结果性和经历性两种用法来界定完成体，并以此为工作定义来描述世界语言完成体的地图。按照这种标准，"矣"是完成体,而现代汉语的句尾"了"不是完成体。这种定义显然比较机械,抹杀了汉语在经历性用法方面的特点(参见陈前瑞,2016)。

(12) 且君尝为晋君赐<u>矣</u>;许君焦、瑕,朝济而夕设版焉,君之所知也。夫晋何厌之有?(《左传·僖公三十年》)

(13) 对曰:"小人有母,皆尝小人之食<u>矣</u>;未尝君之羹,请以遗之。"(《左传·隐公元年》)

第五,完成体的先时性用法。表示相对于某一参照时间事件已经发生,多用来强调两个事件纯粹的时间参照关系。前一事件跟后一事件没有明显的现时相关性和因果联系。单独的"矣"目前未见典型的先时性用法,但"矣"与"已"或"既"可共同表示先时性用法,显示出该用法发展的萌芽。如例(14)《战国策》"(白起)功已成矣,赐死于杜邮"。该例强调各种"功成"与"身亡"之间的时间先后关系。它们虽然也暗含了因果关系,但并不是这两句的焦点含义。因为这种因果关系是在后续语篇的"此四子者,成功而不去,祸至于此"中特别表述出来的。《左传》的"矣"有2例与"既"共同表示先时性用法,如例(15)的"事既毕矣,侯伯致礼,地主归饩"是对程序性活动的说明,可见"矣"只是兼容于先时性用法,并不能独立表示先时性用法。因此,本章不把先时性用法归入《左传》中"矣"的完成体的多种用法之中。区分兼容与独立表达是观察时体标记共时差异和历时发展的一个重要维度。

(14)(白起)功<u>已</u>成<u>矣</u>,赐死于杜邮。……此四子者,成功而不去,祸至于此。(《战国策·秦策三》)

(15) 子服景伯谓子贡曰:"夫诸侯之会,事<u>既</u>毕<u>矣</u>,侯伯致礼,地主归饩,以相辞也。今吴不行礼于卫,而藩其君舍以难

之,子盍见大宰?"(《左传·哀公十二年》)

除典型的先时性用法之外,在完成体的"矣"独立表达或兼容的四种用法的上下文中均存在不同程度的因果或推理关系。刘承慧(2007)把"矣"分为既成、因果/推理、感知与评价三类,这种三分法在穷尽性标注中难以落实。古汉语的完成体确有从完成体发展出因果/推理用法的现象,如副词"既"在上古汉语早期主要表示完成,后来也表示因果关系。

通过区分完成体的五种用法,可以细致分析《左传》中"矣"的完成体用法,并可以借助语义地图(见图2)比较它和现代汉语的句尾"了"覆盖的概念空间的异同:两者都涵盖结果性、持续性和报道新情况用法,均为通用的完成体标记。"矣"在表述完成体的先时性用法时不自足,却可以独立表达经历性用法;现代汉语的句尾"了"则可以表示先时性用法,如"吃了就走",但不能表示经历性用法。解惠全等(2008:918)曾认为:语气词"矣"的基本用法是用于陈述句,表示报道语气,一般可译为"了"。本章的研究表明,"矣"与句尾"了"即使是在完成体这一典型用法上还是存在具有类型学意义的差别。

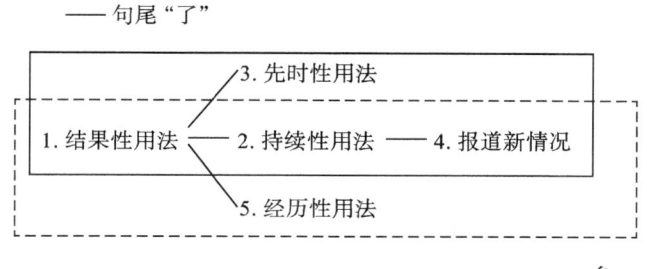

图2 "矣"与句尾"了"的完成体用法的语义地图

2.2 将来时功能

前人的研究已经指出,"矣"具有表示"事物将会怎样"的用法(如杨伯峻、何乐士,2001:855—856;蒲立本,1995;刘承慧,2007)。洪波(2015:62)明确指出:表已然和将然的"矣"都是从参照时间点上看待事物的状态,属于体范畴(aspect)。这句话的本意是将其与表示断言的用法区分开来。就区分而言是没有问题的,但是把已然和将然都看作体是一种更为概括的分析思路。本章倾向于在这一概括性范畴之下采用多个具体的范畴,同样是时间参照,时与体的时间参照关系的侧重点有所不同:体侧重参照时间与情状时间的关系,时侧重说话时间与情状时间之间的关系。

洪文认为例(16)之类的用例表将然。根据前文所引的观点,"矣"的这种将然用法仍然属于体的用法,也还是完成体的用法。根据陈前瑞(2005a)对"了"的分析方法,该例中有时间副词"将",小句表示将要发生的事件,可以归为将来完成体;"矣"仍然不必分析为表示将然,也可以分析为完成体。这种分析与洪文的思路是一致的,是将完成与将来两种意义分别赋予不同的形式。当然,"将……矣"在一个小句中共现的用例有50例,具有较高的频率,就像现代汉语的"要……了"一样,按照构式语法的思路,该例也可分析为"将"与"矣"共同表示将来时,并且表达的是一种具有特殊意义的将来时。

(16)冬,晋侯围原,命三日之粮。原不降,命去之。谍出,曰:"原将降矣。"军吏曰:"请待之。"公曰:"信,国之宝也,民之所庇也……"退一舍而原降。(《左传·僖公二十五年》)

同样，条件句中结果分句的"矣"也不能一并概括为将然的已然。例(17)"譬之如禽兽，吾寝处之矣"是典型的虚拟假设条件下的已然。例(18)"信有力"可以是"羯立"的直接结果，两者具有伴生关系，也可以视为将然的已然。例(19)的"必不捷"是对"有事"这一计划的结果的预测，且句中有"必"表示推断的确定性，结果小句是明确的将来时间。在这种情况下，最好理解为在"必"的作用下，"矣"协同表示将来时。例(20)有显性的条件小句兼时间小句"郑若伐许，而晋助之"，没有"必、将"的"楚丧地矣"可直接分析为将来时，且将来时的意义也只能落实在唯一的虚词"矣"上。因此本章把例(16)(19)(20)之类的用例标注为宽泛的将来时用法，并注明所出现的条件，如条件句的结果分句，"将、必"共现等；其中的"降、捷、丧地"均为具有终结性(telic)的达成(achievement)动词，表示一个清晰的结果，结果未然性和已然性的区分也同样比状态动词更为显著和敏感。这也是甲柏连孜(1881/2015：472)所说的：如果"矣"出现在条件句或者含有条件之义的句子末尾，则表示期待某事发生，相当于英语的 will（将要）、would（会、希望会）。这些宽泛的将来时用法共有 100 例，其中"将……矣"或"必……矣"共现有 64 例。可见上古汉语中宽泛的将来时绝大部分是以高频构式的方式来表达的，有的在表达将来时意义的同时，也涵盖了明显的情态意义[①]。

(17) 卢蒲嫳曰："譬之如禽兽，吾寝处之<u>矣</u>。"(《左传·襄公二十八年》)

[①] 一些学者认为，将来时不是一个独立的范畴，它属于情态的一部分。已有的时体类型学研究中将来时是一个包含但不限于将来时间指称的语义标签，(Haspelmath, 2010a)不属于词形变化系统，即便归入情态系统，也需要单独分析其语义演变路径。有关将来时语义层次与焦点语义的分析可参见张希、陈前瑞(2019)。

(18) 若羯立，则季氏信有力于臧氏矣。(《左传·襄公二十三年》)

(19) 卢蒲姜谓癸曰："有事而不告我，必不捷矣。"(《左传·襄公二十八年》)

(20) 楚左尹王子胜言于楚子曰："许于郑，仇敌也，而居楚地，以不礼于郑。晋、郑方睦，郑若伐许，而晋助之，楚丧地矣。君盍迁许？……"(《左传·昭公十八年》)

还有一些用于将来时间的用例，除了句末"矣"之外，没有其他语法形式，无法建立一个说话时间之外的参照时间，因此说话时间得以突显；也不限于条件句的结果分句，并明确地表达事件即将发生的意义。如例(21)—(23)，在杨伯峻(1990:944、1634、1407)中均明确地注为将来义。本章把这些用例标注为最近将来时，共6例。这些用例跟陈前瑞(2005a)描述的现代汉语表最近将来时的"了"相比，只有部分报告(如"老师来了！")的语境[如前文的例(10)]可能有最近将来时的理解，且未见应答(如"来了！来了！")、告别(如"我走了！")、催促(如"开车了！开车了！")等语境。"矣"具有更为明显的预测义，且主语多为第三人称，动词也不限于"来、去"等趋向意义，似乎更接近于典型的将来时意义，在与语境直接相关的急迫性方面并不如句尾"了"那样显著。考虑到前文提及的宽泛的将来时用法用例较多，且多以"将……矣"的形式出现，"矣"的最近将来时用法也可能是从"将……矣"构式中发展而来，"矣"在结果小句中的出现更为自由，并无须将来时间副词或情态助动词的辅助，如前文的例(20)，很可能在条件句脱落或不言而喻的情况下，"矣"直接表示最近将来时，如例(21)的叙述部分"楚子囊为令尹"一定程度上成为"我丧陈矣"这一预测的理据。最近将来时的标签可以直截了当地揭示原文的焦点含义，从而不必先理解为完成体，然后具体为将来完成体,再细化为最近的将来完成体。

(21) 楚子囊为令尹。范宣子曰:"我丧陈矣。楚人讨贰而立子囊,必改行而疾讨陈。陈近于楚,民朝夕急,能无往乎?有陈,非吾事也;无之而后可。"(《左传·襄公五年》)

(22) 及朝,则曰:"彼虎狼也。见我在子之侧,杀我无日矣,请就之位。"又谓诸大夫曰:"二子者祸矣,恃得君而欲谋二三子……"(《左传·哀公六年》)

(23) 费无极言于楚子曰:"建与伍奢将以方城之外叛,自以为犹宋、郑也,齐、晋又交辅之,将以害楚,其事集矣。"(《左传·昭公二十年》)

根据上文的分析,本章实际上是把将来时区分为最近将来时和不限于最近将来时的宽泛的将来时,其中最近将来时是"矣"独自表达的用法,宽泛的将来时是"矣"与其他形式共同表达的用法。学术界一般区分为最近将来时和一般将来时,就汉语而言,很难有某个形式表达一般将来时,因此,为描述方便用宽泛的将来时与最近将来时相对应,作为将来时功能的下位用法,并且两者是包含关系而非对立关系。就《左传》而言,这两种将来时用法合计 106 例,占全部用例的 13%,仅次于完成体和现在状态功能。如果只是着眼于最近将来时用法,并不足以体现"矣"的实际用法。也只有把宽泛的将来时分化出来,才有可能看到"矣"从兼容将来时到独立表达最近将来时的发展过程。①

2.3 祈使功能

《左传》的语料中,"矣"所在小句归为祈使句的总共有 7 例。这 7

---

① 在本章结语部分的图 5 中,由于空间限制,宽泛的将来时简称为将来时。

例可分为以下三种情况。第一，"矣"所在小句仍然用于假设条件句的结果小句，假设小句与结果小句之间还保留语气副词"乃"，是基于将然情况的建议，如例(24)的"乃定之矣"，共 2 例。第二，前一小句是现在状态或一般情况的陈述，"矣"所在小句是基于前一小句的推论而得出的告诫，"矣"所在小句或肯定[如例(25)]或否定[如例(26)]，但以否定形式为多，有 4 例。第三，"矣"所在小句为始发句，以肯定的形式直接提出告诫，如例(27)，仅 1 例。

(24) 石碏谏曰："……将立州吁，乃定之矣；若犹未也，阶之为祸……"（《左传·隐公三年》）

(25) 椒举言于楚子曰："臣闻诸侯无归，礼以为归。今君始得诸侯，其慎礼矣。……"（《左传·昭公四年》）

(26) 桓子曰："……既有利权，又执民柄，将何惧焉？栾氏所得，其唯魏氏乎，而可强取也。夫克乱在权，子无懈矣！"（《左传·襄公二十三年》）

(27) 归，谓子产曰："具行器矣！楚王汰侈，而自说其事，必合诸侯，吾往无日矣。"（《左传·昭公元年》）

解惠全等(2008:918)指出："在一些句子中，'矣'好像是表示确定、感叹、疑问、反问、限止、命令等语气，但这不是'矣'字所表示，而是句意所决定的，而且句中大多有疑问词语、语气副词及有关副词与之相照应。"从上文列举的情况来看，"矣"的祈使用法逐渐脱离其他形式的辅助，并在例(27)中直接表示祈使语气。当然，这样的用例在《左传》中很少见，不过在战国后期的文献中就略微多见，如例(28)—(30)。华建光(2013:49)在战国 11 部传世文献中统计出 49 例"矣"分布于祈使句的用例，其中《左传》只有 4 例。本章统计出 7 例，为了探讨祈使句用法的来源,包括了一些萌芽状态的用例,如例(25)(26)中分别有可以独立表达祈使的"无"(通"毋")和"其"。

(28) 孟尝君不说,曰:"诺,先生休矣!"(《战国策·齐策四》)
(29) 春申君曰:"仆已知先生,先生大息矣。"(《战国策·楚策四》)
(30) 往矣!吾将曳尾于涂中。(《庄子·秋水》)

上面3例跟《左传》的例(27)相似,句中并无其他祈使句的照应成分,句意类似于"限止",但这是由"休、大息"所决定的;"矣"表示宽泛的祈使意义,当然所有的祈使句都需要有一定语境条件的配合,如主语多为听话人,动词有施动性。甲柏连孜(1881/2015:837—838)在《〈汉文经纬〉续论——庄子的语言》中早已敏锐地注意到这一现象,指出,"矣""可以缓和语气",并认为"这种用法很特别",举例也很精当,如例(30)。曹银晶(2012:54)经过比较各家观点及祈使句的定义,也认为例(28)"无疑是祈使句",但同时又认为它跟其他用法一样,"都跟变化有关",表示动作或状态的完成或实现。其实,动作的已经发生、动作的将要发生以及说话人要求听话人即将发出某个动作,这三者分别对应于肖治野、沈家煊(2009)的"行域、知域、言域",它们之间存在具有普遍性的语法化和主观化的联系,还是分开为好。

所有的祈使用法都是促成将来事件的发生,从"矣"的例证来看,这种祈使一般是说话人期待事件最近就会发生的。类型学的研究已经指出,祈使用法当从将来时用法中衍生而来。Bybee et al.(1994:273)是这样论述的:

在我们的数据库中有13种语言的首要将来时可以用作祈使语

气。我们也在那里提到将来时是祈使语气这一基本用法之外最为常见的其他用法。同样正确的是,祈使语气是将来时这一基本用法之外最为常见的其他用法。我们假设祈使用法是从将来时用法中发展出来的,而不是说将来时从祈使用法中发展而来,因为可用作祈使语气的将来时在其他方面均具备首要将来时的特征。特别是,作为将来时它们看上去是从相同的词汇来源(位移、系词、副词和表示愿望的助动词)发展而来的;然而,并不存在源于此类词汇来源却不表示将来时的祈使语气。

可见,分化出祈使用法有助于更好地描述和认识"矣"的语义演变过程的规律性。首先,不仅从体意义发展出的将来时可以演化出祈使句的用法,而且从词汇性来源发展出的将来时(即引文的"首要将来时")也会衍生出祈使句的用法,说明从将来时到祈使具有一定的概括性。Bybee et al.(1994:273)认为最近将来时可以归入不同的范畴,可以看作将来时,或看作一种宣告事件临近性的断言;Comrie(1976)则归为体范畴,称为展望体(prospective)。但是,本章认为将来时与祈使句的普遍联系也有助于把最近将来时置于将来时这一时制的范畴。其次,将来时与祈使分属时制和情态两个不同的范畴,意义差别较大:将来时属于对未来的断言,即确认命题在未来世界的真实性;而祈使一般认为不属于断言的范畴,而是一种言语行为。反过来,如果"矣"的祈使用法都已经分化出来了,就更有理由分化出最近将来时用法,否则无法更好地解释祈使句产生的渐变过程。

《古汉语常用字字典》(修订版)在解释"矣"的时候,第一个义项是"相当于现代汉语的'了'",第二个义项是表示感叹[①],第三个义项也

[①] "矣"的感叹用法本章归为后文讨论的现在状态功能的一部分。

是最后一个义项,就是表示命令和祈求。可见,词典编者认为在感叹和祈使的情况下,"矣"与"了"不能很好地对应。其实,现代汉语句尾"了"的祈使用法也有所分化,如"开车了,大家快上车"只能是最近将来时,"吃饭了!吃饭了!"可以有最近将来时和祈使句两种理解,而"起床了!起床了!"则倾向于理解为祈使句①。(参见陈前瑞、王继红,2012)比较而言,句尾"了"的祈使功能明显依赖当前的语境且语气更为急促,而"矣"的祈使功能用于许多抽象的语境,使用范围似乎比句尾"了"更为广泛。《左传》的祈使用例一般不能直接对译为"了"而应该对译为"吧",是"一种较温和的催促与要求"(参见梅广,2015:447)。

3. "矣"的现在状态、结果体以及疑似的进行体功能

完成体语法语素在进一步语法化时,会发展出多种时体或情态用法,如图3。

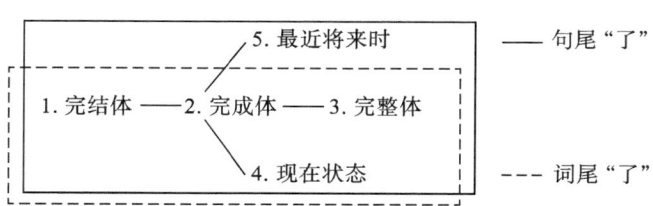

图 3 词尾和句尾"了"的语义地图

图3展示了词尾和句尾"了"的完成体与现在状态、最近将来时、完整体的功能之间的关系。最近将来时前文已有讨论,本章不涉及完整体,可参见胡亚、陈前瑞(2017)。下文以此为参照分析"矣"的现在状

---

① 现代汉语中句尾"了"祈使用法的论述吸收了洪波教授的意见。

态功能,以及该图没有呈现的结果体和进行体的功能。

3.1 现在状态功能

"矣"与静态谓词共现时,有时表示状态的变化,如例(31)表示自"武、献以下"至当前,兼并他国已经多次了。这种用法仍然归入完成体的用法。但是"矣"与静态谓词共现时,也可以不表状态的变化,而是表示说话人对状态性谓词所构成的命题的评价和认识,即现在状态功能。现在状态着眼于小句的时体意义,时为现在时,体为状态意义,情态意义体现为一定程度的强调意义,最后一点是本章基于汉语研究对现在状态意义的情态意义的补充,也是下文论证的重点。如例(32)"过矣"是对"其自为谋也"的定性,并与后续小句形成对比;"多矣"是对"忠""所盖"范围的一定程度的强调,无关变化。

(31)若非侵小,将何所取?武、献以下,兼国多<u>矣</u>,谁得治之?
(《左传・襄公二十九年》)
(32)王曰:"止! 其自为谋也则过<u>矣</u>,其为吾先君谋也则忠。忠,社稷之固也,所盖多<u>矣</u>。且彼若能利国家,虽重币,晋将可乎? 若无益于晋,晋将弃之,何劳锢焉?"(《左传・成公二年》)

对于"矣"这种用法,学者们有不同的看法,洪波(2015)认为是表示言者对命题的强烈的断言语气。洪文首次提到了断言以及断言的程度,提出了两个重要的分析参数,值得特别重视。至少在 Bybee et al. (1994:74—78)论及现在状态功能的时候未提语气及其程度的问题,洪文的分析显示了个别语言的深入研究对类型学概括的补充作用。但是洪波(2015)对"矣"的分析与洪波(1995)对"了"的分析视角略有不同,后者更多地从体貌意义的角度分析相关问题,提出了"标准偏离体"的概念。就例(32)而言,断言没有问题,但是要说是"强烈的断言",则不一定十分合适。该句只是对人物行为"过"的性质认识和对"忠"的作用的强调。例(32)的"其自为谋也则过矣,其为吾先君谋也则忠",是明显的先抑后扬,即便是"扬",也只是否定请他国代为拘禁的提议而已。"过"程度量不明显,"多"虽然有明显的程度量,但在后续存在正反两种评价的语境中对其程度量的强调也达不到强烈的程度,仅是根据当时的情景产生对事物属性有所强调的认识或感慨。简而言之,即刘承慧(2007)所说的"感知与评价",只是刘文没有涉及感知和评价的语义性质和强调的程度。当然,这种感叹和评价的主观性也都是各家所公认的。

在《左传》"矣"的现在状态功能的用例中,有不少用例是先引用前人的说法,然后把当前的事实与前人的说法联系起来,所采用的句式是"某某之谓矣",如例(33)。该例所引诗句与当前断言的对象显然属于不同时代,事件本身的性质决定了对这两种事件的关系不可能给出一个强烈的断言,只是在并非直接等同的基础上有所加强的个人感悟或比况。已有的译注倾向于把"某某之谓矣"的"矣"翻译成现代汉语的"啊",如沈玉成(1981:137)把"其秦穆之谓矣"翻译为"这说的就是秦穆公啊"。这也说明"矣"的现在状态用例虽然有一定的强度,也不便于统一标注为表示强烈的断言。

(33)君子曰:"《诗》云:'惟彼二国,其政不获;惟此四国,爰究爰度。'其秦穆之谓<u>矣</u>。"(《左传·文公四年》)

在另一些语境中,的确存在洪波(2015)所说的强烈的语气,有的甚至就像曹银晶(2012)所说的"感叹"一样。但是,这些用例的强烈语气不是完全由"矣"所表示的。有的带有表示确信的语气副词，如例(34)的"信"，该例只是为后面的转折做铺垫；有的高程度量词语直接充当述语，如例(35)的"甚矣"；有的兼用倒装的形式，如例(36)"甚矣，其惑也！"；有的直接构成感叹句，如刘承慧(2007)所引例(37)"大矣"，该例仍然是对事物现在状态的感叹，其感叹意义相当程度上是由形容词"大"以及句子的语音形式等共同决定的。因此，所谓的感叹用例并没有脱离现在状态用法的一般特点，不一定要像曹银晶(2012)一样，单独把它分化出来，与典型的完成体功能直接对立。

(34) 女自房观之，曰："子晳信美矣，抑子南，夫也。夫夫妇妇，所谓顺也。"（《左传·昭公元年》）
(35) 王一岁而有三年之丧二焉，于是乎以丧宾宴，又求彝器，乐忧甚矣，且非礼也。（《左传·昭公十五年》）
(36) 知者除谗以自安也，今子爱谗以自危也，甚矣，其惑也！（《左传·昭公二十七年》）
(37) 见舞《韶箾》者，曰："德至矣哉，大矣！如天之无不帱也，如地之无不载也。虽甚盛德，其蔑以加于此矣，观止矣。若有他乐，吾不敢请已。"（《左传·襄公二十九年》）

根据郜谦(2017)对《朱子语类》中"了"的现在状态的分析，《左传》"矣"的现在状态也可以根据谓词的语义类型分化为几种语用性质的用法：1)性质认识，句中谓词为静态动词或程度性不明显的形容词，如例(32)的"过矣"，有93例；2)状态偏离，句中谓词为程度比较明显的形容词，如例(31)的"多矣"，有53例，后者又可进一步分化出3)感叹，句中含有表程度高的形容词或副词，如例(37)的"大矣"，感叹用例只有6例。三种用法合计152例，占"矣"的全部用例的18%。现在状态功能三种用法之间的关系可以用图 4 来表示。①

图 4　"矣"的现在状态的语义地图

甲柏连孜(1881/2015:473)在《汉文经纬》中已经注意到"形容词＋矣"的"明矣"有"于是明白了"和"很明显"这两种含义［分别相当于本章的例(38)(39)］。这种双重理解也说明了完成体的结果性用法与现在状态的状态偏离用法之间的关联。

(38) 今鲤不与于遇,魏也绝齐于楚明矣。(《战国策·韩策一》)
(39) 庞葱曰:"夫市之无虎明矣,然而三人言而成虎。"(《战国策·魏策二》)

现代汉语现在状态的"了"跟形容词共现时,一般需要表程度高的副词或补语成分,如:"太好了!""好极了!"。只是在当代流行语中,出现了"厉害了,我的哥!"之类的说法。在"太"省略的情况下,"厉害了"或许可以理解为"太厉害了"。但是,就"矣"现在状态的状态偏离用法而言,对译成现代汉语后,所添加的程度副词最合适的是"很"而不是"太",如例(39)的"明矣"只能对译为"很明显"。

概而言之,现在状态功能的"矣"所表示的语气涵盖高低不同强度,为求一定程度的概括性,这里略微调整为"一定程度的强调意义",并将

---

① 郜谦(2017)为陈前瑞指导的硕士论文,此处对"矣"的分类较郜文略有简化。其中状态偏离的概括源自洪波(1995)的"偏离标准体"。

强调的不同程度赋予语境中的不同因素。当然,"了"和"矣"的现在状态都有一定的变化含义,往往表示新的认识,体现了从行域到言域的发展(参见肖治野、沈家煊,2009),如例(37)的"大矣"就是观赏舞蹈后产生的新认识。但是,这种含义已经不是语义意义上的状态变化,而是语用意义上的变化,显示了语义意义演化为语用意义尤其是跟说话人的认识相关的语用意义的规律性。"矣"和句尾"了"在现在状态功能上的一致性与多样性可丰富时体类型学对相关问题的理论认识。

3.2 结果体与疑似的进行体功能

《左传》中还有两类"矣"的用例,不能恰如其分地归入以上各节所讨论的时体范畴,个别常见的体貌范畴也未见用例。

第一,有4例可以有较为明显的结果体的理解。例(40)"无道立矣"重点不在完成体的"无道之人立了",而是杨伯峻(1990:1491)所注的"言世乱无道之人在位",完全符合对结果体的最严格的定义(Bybee et al.,1994:54),即表示终结动词(如"立")的动作带来的状态的持续存在。例(41)的"二执戈者前矣"的"前"为带有内在方位终点的动态动词,小句重点也不在完成体的"两个拿着戈的人站在前面了"(沈玉成,1981:376),而是结果体的"两个拿着戈的人站在前面"或"两个拿着戈的人在前面站着",后者才是对前文"美矣、君哉"的状态的进一步描述[①]。这两例表示结果体意义的动词均为动态的终结动词。

(40)叔游曰:"《郑书》有之:'恶直丑正,实蕃有徒。'无道立

[①] 《春秋左传正义》中,杜预注:礼,国君行,有二执戈者在前。孔颖达正义:国君亦有二戈在后,子皮唯言前有二戈者,当是公子围不设后戈故也。(《十三经注疏》整理委员会整理,北京大学出版社,1999年版,1143页)两者都是从存在状态的角度加以解释,与本章提出的结果体的理解一致。例(40)中杜预的注"言世乱逸胜"(同上,1490页),准确地点明了语句的焦点语义,显示古注对文本的理解具有重要的语言学价值。

矣,子惧不免。《诗》曰:'民之多辟,无自立辟。'姑已,若何?"(《左传·昭公二十八年》)

(41) 三月甲辰,盟。楚公子围设服离卫。叔孙穆子曰:"楚公子美矣,君哉!"郑子皮曰:"二执戈者前矣。"(《左传·昭公元年》)

例(42)(43)"矣"所在小句的谓词均为静态动词"在",既可以理解为完成体,也可以理解为结果体,特别是例(42)的"甲在门矣"与其理解为偏于完成体的"盔甲武器都放在门口了",不如理解为偏于结果体的"盔甲武器都在门口放着呢",并与下文的"令尹使视邰氏,则有甲焉"相互照应。这两例"在矣"与例(1)的"公使阳处父追之,及诸河,则在舟中矣"差别显著,后者是典型的完成体,突出在特定时间参照点之前事件状态发生的改变。对例(43)而言,"鞅的父亲和几位大夫都在国君那里"[引自沈玉成(1981:315),李梦生(1998:784),与此相近]也要优于"鞅的父亲和诸位大夫已在国君那里了"(王守谦等,1990:923),因为情势急迫,应直接表达当前状态,没有必要强调状态已然及其现时相关性带来的言外之意。由于"在"本身为表示存在义的静态谓词,"甲在门矣""在君所矣"所体现的结果体意义与狭义(narrow)的结果体意义有所不同,可与本来就表示状态的状态谓词共现,只是强调状态的存在,而不像只与动态谓词共现的狭义结果体一样蕴含带来这一状态的动作,一般认为是一种广义(broad)的结果体意义[参见 Nedjalkov & Jaxontov(1988:7)对狭义和广义结果体的界定]。[1]

---

[1] 有学者会认为本章根据动词的语义类型以及语境来界定"矣"的功能会有"随文释义"的隐患。笔者认为,动词语义类型与时体标记意义的互动关系具有普遍性,这或许会一定程度上减轻这种担心。详见本书第十二章的讨论。

(42) 无极谓令尹曰:"吾几祸子。子恶将为子不利,甲在门矣。子必无往!……"令尹使视郤氏,则有甲焉。(《左传·昭公二十七年》)

(43) 范鞅逆魏舒,则成列既乘,将逆栾氏矣。趋进,曰:"栾氏帅贼以入,鞅之父与二三子在君所矣,使鞅逆吾子。鞅请骖乘。"(《左传·襄公二十三年》)

因此,不同于现在状态多为主观评价性的状态或认识,"矣"所在小句表达的广义结果体意义多为相对具体的状态存在,意义较为实在。广义结果体与现在状态的关系现有文献还鲜有直接讨论。因为 Nedjalkov & Jaxontov(1988)未涉及现在状态,而 Bybee et al.(1994)的系统未涉及广义的结果体。

上述 4 例在本章的标注系统中标注为"结果体/完成体",即结果体的理解优先于完成体的理解。《左传》中还有 2 例标注为"完成体/结果体"并计入完成体,但也体现了结果体意义的痕迹。例(44)"羯在此矣"是"秩焉在?"的回答,可以有"羯已经在这里了,木已成舟了,为什么还要问秩"的理解,后文讨论"长"与"才"的关系,进一步突出了"羯在此矣"的言外之意。如果只是突出"羯在此矣"本身的状态,就是结果体,但没有充分体现该句在上下文中的含义。例(45)的"寝门辟矣"通常理解为"卧室的门已经开了",但后文接着描述刺客所观察到的"盛服、坐而假寐"的状态,如果理解为"卧室的门开着"也未尝不可。

(44) 己卯,孟孙卒。公鉏奉羯立于户侧。季孙至,入,哭,而出,曰:"秩焉在?"公鉏曰:"羯在此矣。"季孙曰:"孺子长。"公鉏曰:"何长之有?唯其才也。且夫子之命也。"遂立羯。秩奔邾。(《左传·襄公二十三年》)

(45)宣子骤谏,公患之,使鉏麑贼之。晨往,寝门辟矣,盛服将朝。尚早,坐而假寐。(《左传·宣公二年》)

第二,有 2 例可以有疑似的进行体的理解。例(46)有两处"寡君须矣",在沈玉成(1981:328)和李梦生(1998:576)等多个译本中均翻译为进行体的"寡君等着呢"或"寡君正在等"。在"上古汉语标记语料库"中仅《礼记》还有 5 例"孤某须矣",如例(47),但在王文锦(2001:588)等处均翻译为完成体的"孤哀子已经在里面等候了"等语句,其中添加了"已经在里面",类似于完成进行体或完成体的持续性用法的含义。比较而言,进行体的翻译更通顺,更符合古代社会中相礼者的身份;而完成体的翻译虽然符合人们对"矣"的典型用法的认识,但具有"等了很久"的言外之意,并不符合《礼记》中行礼如仪的程序性语境。

(46)晋郤至如楚聘,且莅盟。楚子享之,子反相,为地室而县焉。郤至将登,金奏作于下,惊而走出。子反曰:"日云莫矣,寡君须矣,吾子其入也!"宾曰:"君不忘先君之好,施及下臣,贶之以大礼,重之以备乐。如天之福,两君相见,何以代此?下臣不敢。"子反曰:"如天之福,两君相见,无亦唯是一矢以相加遗,焉用乐?寡君须矣,吾子其入也!"(《左传·成公十二年》)

(47)相者入告,出曰:"孤某须矣。"吊者入,主人升堂,西面。(《礼记·杂记上》)

《左传》《礼记》中归入疑似的进行体功能的"须矣"的动词义为"等待",虽然该动作也需要一定能量来维持,但动态性与感官动词"看"、肢体动作"跳"还是有一定的差别;而且例中"须矣"还是必须存在于具体空间的动作,因而与结果体的状态存在义还保持着明显的联系。

考虑到疑似进行体的用例很少,且可以有完成体的理解,该用法即使存在,其规约性也很低。本章在后文"矣"的语义地图中不再呈现该功能,留待进一步研究。①

根据 Bybee et al.(1994:105),完成体基本上来自完结体和结果体的语法化。其中表示动作完全结束义的完结体源于"结束"等意义的动态动词,而结果体源于"是、有"等意义的静态动词。那么,"矣"的完成体功能到底是从哪种体貌意义和哪类动词意义发展而来的呢? 蒲立本(2006:131)认为:"我们有充分的理由怀疑'矣'跟'已'之间有语源上的联系。"不过,洪波(2015)指出两项反面证据:一是"矣"与"已"的语音形式不同,两者之间没有渊源关系。② 二是语气助词"已"由完成义动词"已"语法化而来,其演化过程在春秋战国文献里能清楚地看出来;③ 而"矣"最早见于《尚书》,在《诗经》里已有大量用例。本章认为,如果"矣"是从"停止"义的动态动词发展而来,也应当会有一个完结体阶段,如"了",在例(48)(49)中仍理解为完结或完毕义。④ 但是,《左传》中"矣"或"已"均没有这样的用例,相关文献也没有类似的报道。完结体功能的"无"反而成了一个非常突出的类型现象,成为兼用排除法构拟"矣"完成体的来源意义的重要参考。

(48)兵马既至江头,便须宴设兵士。军官食<u>了</u>,便即渡江。(《敦煌变文集·伍子胥变文》)

---

① 《论语》《国语》中也鲜见"矣"理解为典型的结果体或进行体的用例。《尚书》《诗经》中的用例尚需专文研究。

② 据郑张尚芳(2013:527、526),"矣"的拟音为[*Glɯʔ/Gɯʔ],"已"的拟音为[*lɯʔ],并注句末互通。

③ 赵长才(2009:121)指出,典型的完结义的句末"已"出现在《墨子》中。

④ 参见蒋绍愚(2001),例证最初出自梅祖麟(1994)。

(49) 子胥祭了，发声大哭，感得日月无光，江河混沸。(《敦煌变文集·伍子胥变文》)

结合上述正反两方面的证据，参照已有研究，本章初步做出如下推论："矣"可能最初源自某种意义的静态动词，① 然后发展出结果体的意义。除此之外，"矣"还有可能发展出疑似的进行体功能，就跟亚洲语言的一些语法语素及近代汉语的"着"一样，其结果体往往兼有上述两种发展路径(参见 Ebert, 1995；Shirai, 1998；陈前瑞, 2009)。

上述推论体现了语言类型学研究对历史构拟的借鉴价值，使得《左传》中兼有结果体与完成体以及完成体与疑似的进行体的双重理解的用例可得到合理的解释，并将歧义理解与社会因素结合起来，可以深化当代读者对经典文本中特定语篇的理解。

4. 结语

《左传》中句末助词"矣"的多种用法可以用语义地图的方法表示为图5。每一个节点下面括注了实际的用例数量，以便更好地展现《左传》中"矣"的使用特点。"矣"不仅具有体范畴的完成体功能，也有可以归入时范畴的将来时功能，还进一步发展出情态范畴的祈使功能。"矣"的现在状态功能本身兼有时体与情态用法，其中时为现在时，体为状态义，情态为对事物状态有所加强的确认或感慨。"矣"在完成体之外有三种主要用法，即现在状态、最近将来时、祈使，其语义虽然不是完成体，但大都与完成体的现时相关性有一定的联系，都是表示特定情

---

① 洪波(2015:59)指出，"'矣'的来源还不清楚，可能跟存在动词'有'有关"，这一观点对本章确认相关语言现象并形成这一假设有很大的启发。洪波教授对此有专门的论证，只是还未发表。

境下的某种评价、预测或祈使。初步的证据表明,"矣"的完成体功能有可能源自结果体。不同于现代汉语的词尾和句尾"了","矣"没有从完成体发展出完整体的用法。

从图5还可以看到,在"矣"的语法化路径上,5个具有普遍性和一定规约性的功能节点均完整地累积在同一个语篇之中,很好地体现了Xing(2015)所谓的语义演变的"增积性"模式(accretive model),这是从功能的类型的角度来看。如果从功能的频率来看,早期的用法如结果体仅有4例,有逐渐消失的趋势。

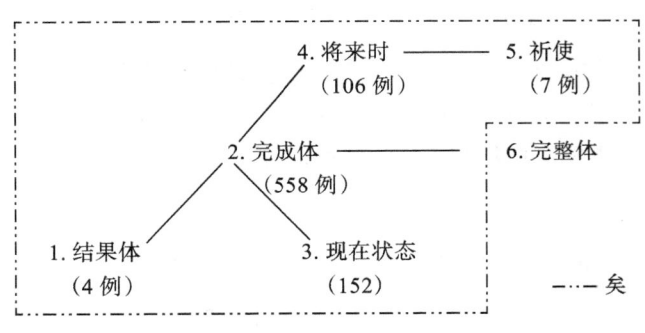

图5 《左传》"矣"的语义地图

本章还对"矣"的语义地图的若干节点进行了分析和统计。统计发现,"矣"具备完成体五种用法中的四种,并与先时性用法兼容,说明"矣"是一个通用的完成体标记。"矣"的将来时功能也分为最近将来时和宽泛的将来时,其中最近将来时具有明显的预测意义,其宽泛的将来时用法也比现代汉语句尾"了"的使用范围更广。"矣"的现在状态功能与现代汉语的句尾"了"一样,也可分为三种,即性质认识、状态偏离、感叹,但较少与程度副词共现,因而强调的程度并不强烈。通过把部分时体功能分化为若干用法,丰富了时体意义的层次,在不过度增加分析复杂性的情况下提高了描述的精确性。

根据不同的研究目的，古汉语虚词分析的深度可以有不同的选择，本章对《左传》"矣"的量化数据也为"矣"的功能取舍提供了依据。如果取"矣"最基本的功能，当属完成体，如王力（1989）等。如果取两个功能，当取完成体与现在状态，如曹银晶（2012）、洪波（2015），并把将来时归入宽泛的体的用法。如果分出第三个功能，当优选将来时。至于结果体以及疑似的进行体用法，只有像本章这样以完成体语法化的多样性与一致性为旨趣的研究，才会赋予特别的关注；也只有在历时类型学的概念框架下，这两类用法才有可能得到较好的处理。

本章将《左传》"矣"的功能一分为五，进而把部分功能进一步分化为若干用法，在上古汉语研究中贯彻了跨语言比较和多功能性的研究方法和分析思路。本研究是笔者从历时类型学的角度探秘上古汉语时体系统的初步尝试。下一步可以对不同文献中"矣"的用法进行量化分析，以便更好地认识"矣"的多功能性的演变规律。

第十二章 古汉语时体虚词研究方法的思考

1. 引言

语言学研究的发展离不开语言学方法的发展。客观地说,中国语言学界对语言学方法总结和反思的力度还不能适应语言学发展的需要。时体问题包括时制和体貌两个方面,分别涉及事件内在的时间结构和事件外在的时间参照关系。体貌是古今汉语较为突出的语法现象,多采用虚词这一特殊方式来表达。我国元代就出现了虚词研究的专门著作,并在"清代发展到了传统虚词研究的顶峰"(郭锡良,2003)。之后,各种语言学理论相继出现,从不同角度切入时体虚词的研究。汉语时体虚词的研究成为反思语言学方法的试验田。笔者近年多集中关注古今汉语时体虚词的语法化问题,在时体虚词的研究方法上有一些体会。从研究本身的需要来看,也需要有一定程度的理论总结。为了便于理解并使问题更加集中,本章主要以上古汉语的语气词"矣"的研究(陈前瑞、王继红,2018,即本书的第十一章)为例,兼及语气词"也"以及时间副词"方"的研究(陈前瑞,2008b;王继红、陈前瑞,2012),在讨论的时候也涉及现代汉语的句尾"了"(也直接称"了")与词尾"过"。

下文首先从中外学术史的角度简要梳理虚词研究方法自清代以降的嬗变,然后总结笔者在古汉语时体的历时研究中运用多功能模式的体会,进而运用多功能模式分析训诂专著中若干随文释义痕迹的认识价值,最后概括多功能模式与随文释义在语境理念和操作方法上的异同。

2. 随文释义、单义说和多功能模式

根据周大璞(1980:68),训诂的体式包括随文释义的注疏和通释语义的专著。前者只是某一词语在某一书或某一句的意义;后者是某一词语常用的、基本的或全部的含义。这两类训诂大致对应于黄侃先生所谓的"经学家之训诂"和"小学家之训诂",且"小学家之训诂贵圆而经学家之训诂贵专",① 两类训诂的特点总体上适应于经学和小学的不同目的。

这两种体式的区分是非常显著的,也得到学界的普遍认可。孙长彦(2012:8)指出:"随文释义的注疏为通释语义的专著提供了资料,而通释语义的专著则对随文释义的注疏进行了总结和梳理。从这个角度看,不仅随文释义的注疏离不开具体的语境,就是通释语义的专著也是建立在语境的条件之上的。语境的作用贯穿于训诂学的两个体例之中。"

即便是通释语义的专著也往往带有随文释义的痕迹。王引之《经传释词》在"矣"的词目下,列了4条:1)矣,在句末,有为起下之词者。2)矣,犹"乎"也。3)矣,犹"也"也。4)矣,犹"耳"。(43—44页)王氏主要用语篇功能和同义替换的方法来解释"矣"。《词诠》较《经传释词》有更为系统的语法观念,对语法功能有更准确、更细致的解说。在"矣"的条目下,列了7条:1)表感叹。2)表提示以起下文。3)表已然之事实。4)表已然之境。5)表理论上或事实上必然之结果。6)表言者语意之坚

---

① 两类训诂的论说源自黄侃述、黄焯编(1983:192),转引自黄孝德编著(2005:135)。感谢杨亦鸣教授转述上述观点。

确。7)表疑问。(318—320页)《经传释词》和《词诠》都列有疑问用法,但所有的疑问用例中都含有疑问词,如"女何梦矣?"(《礼记·文王世子》),没有注意到其中的疑问主要是由"何"表达的。吕叔湘《文言虚字》(1944:230)正确地指出:疑问语气不用"矣"字。华建光(2013:48)对战国11部文献的统计显示,"矣"字是非问句的疑问语气也不是由"矣"传达,而是由其他疑问形式或语气副词表达有疑而问和无疑而问。可见已有的训诂学研究把语句的语气不恰当地归到"矣"的上面,没有恰当地体现形式与意义的结合,从而体现了随文释义的痕迹。

疑问可以是"矣"出现的语境,而不是"矣"所表达的意义或具有的用法。吕叔湘(1944:230—231)把"矣"的用法一分为四:一是表已然之事;二是表将然之事;三是表感叹语气;四是用于命令句。与《词诠》相比,把已然之事实和已然之境合并为更为概括的已然,把表理论上或事实上必然之结果改称为更为明确的将然之事,感叹与言者语意之坚确大致对应于表感叹语气,增加了用于命令句的用法。

总之,自清代以降的中国传统虚词研究对虚词的用法是采用一种朴素的多义说,具有实词虚化的学术传统,并在20世纪40年代具备较为自觉的理论意识。吕叔湘在《中国文法要略》中很好地总结了这一点:"语气词与语气不是一一相配的。一方面,一个语气词可以用来表示不同的语气。一方面,同一个语气可用几个语气词,有时似乎无区别,但一般而论,实代表种种细微的区别,这些细微的区别最应该体会。"(257页)"语气的类分,古今变化很大,若以为'之、乎、者、也'等等和'的、呢、了、吗'等等是各别相当,那就太皮毛了。"(258页)50年以后,Bybee et al.(1994:149)说出下面一段神韵极其相似的观点:"我们在同一语义领域发展的构式中发现大量的叠加表明,在任何一个特定的共时阶段,所发现的对立并不必然意味着说话者在世界观基本二分的抽象语义维度上要呈现出相互对立的两极……在这些领域中,它们都是语法化波浪式的持续发展阶段,它们环环相扣,紧紧相连,使得语义上的差别十分细微,极其隐蔽。"两相对比,我们依稀看到了多功能模式的雏形。

郭锡良(1988—1989)认为吕先生上述观点是"目前语法学界的一般看法",但"未能摆脱传统认识的束缚"。郭文进一步提出了自己的观点:"汉语的语气词是单功能的,任何一个句尾语气词都是表示某一特定语气。一个语气词在不同类型的句子中所表示的语气可能有某些变化,但是它所表达的基本语气是固定的。"就"矣"而言,郭文认为,基本作用是把说到的事物作为新情况报道出来,是陈述该事物得到了实现,主要用在叙述句中。"矣"的功能数量从《经传释词》的 4,《词诠》的 7,《文言虚字》的 4,最后大致归为 1,体现了更高的理论概括的追求。郭文观点鲜明,在学界引起了不同的反响。刘晓南(1991)认为,在某一历史断面,就语气词的使用状况看,单功能者居多。先秦语气词是一个不断演变发展的语法范畴,随着演化出现了词义的引申、虚化、转移与消亡的复杂局面,呈现出发展的阶段性。不同阶段的不同特征与功能构成了一个个先秦语气词的总体,由此显示出它的历时的多功能特征。杨逢彬、陈练文(2008)从语言的经济性和系统性原则出发,支持先秦语气词的单功能说,并试图将单功能说推广到语气副词,并以语气副词"其"为例,将其概括为"在句子中起强调作用,并不改变原有句子的语气"。针对这一观点,栗学英(2011)认为,单单说"强调",语气副词"其"的功能似乎变得简明单一,问题是表达强调的功能显得含混。栗学英(2011)的这一观点与 Haspelmath(2003)对单义说过于空灵的看法基本一致。

按照 Haspelmath(2003)的观点,学术史上的单义说主要是受到结构主义思想的影响,认为语法成分在系统对立中获得自身独特的语义价值,且每一种语言的语法成分的价值只有在自身的语法系统中才能得以界定,因此不同时代、不同语言的语法成分不具有严格意义上的可比性。

郭文的观点大致可以归入单义说。其理论基础受当时流行的结构主义思想影响，但没有系统地表述出来。郭文准确地使用了"基本作用"一词，说明基本用法不足以概括非基本用法。因此，郭文的单义说只是一种相对温和的理论主张。

笔者在近年的体貌研究中较多地采用了多功能的模式，其理论基础早期来自 Bybee et al.(1994)。该书有对单义说的批判："结构主义范式的语法意义研究致力于找出语法语素的所有用法共有的某种抽象意义。但语法化的事实表明，语法意义由一系列历时相关的用法所组成，而且这些用法的意义在很大程度上由语境决定。意义是实体，资料显示，某一意义实体在一种语境中被磨损，并不一定导致其在所有语境中的意义都丧失。因此我们不是总能找出一个适合于所有语境的抽象意义。"（281 页）该书也有新的研究范式的构建："更好的做法是研究它们的不同用法，把它们看作是顺序串联的锁链，环环相扣；语法语素会从一种用法的语境扩展到另一种用法的语境，通过理解导致这种扩展的机制，我们就会获得对语法意义的本质认识。"（17 页）

多功能的模式吸收了 Haspelmath(2003)等有关语义地图的研究方法的论述。语义地图或语义图是一种具体的描述方法，是将语法形式的多种用法的语义关系用具有空间性的地图方式来描述。其背后的理论基础是不区分意义和用法，而用功能取而代之，并且语义地图的方法并不必然地在多义说和单义说之间有所选择。笔者在具体研究中一方面继承语义地图的研究方法，但不拘泥于语义地图侧重共时的跨语言比较的路向；另一方面着力区分汉语虚词的语义意义（多使用功能一词）和语用意义（多使用用法一词），明确采用多义说的立场，因而选用多功能模式的说法。一般也认为，多功能性是语义地图研究方法的理论基础，并往往采用语义地图来展示其多功能性。比较而言，多功能性侧重个别语法成分的内在性质，多功能模式侧重语法系统中多个语法成分的工作模式。

笔者在多功能模式下的研究采取类型学中的概念系统，如 Bybee et al.(1994)的语法语素类型(gramtype)的说法，该说法接近于 Haspelmath(2010a)的比较概念(comparative concepts)。时体类型学研究的比较概念是以意义为基础，对形式没有特定的要求，只要是与词汇形式相对的语法形式即可，并不限定特定的位置，如动词后，也不限定特定的语法形式，如词缀。类型学的概括就是在比较概念之间建立具有普遍性的联系，比如，在黏着性方面，将来时标记总是不如过去式或现在时标记。(Haspelmath, 2010a：671)与之相对的是，汉语时体研究的描述范畴往往限定特定的位置，如许多现代汉语的研究只承认动词后位置上的成分，近代汉语的研究则普遍承认句尾位置上的成分，古代汉语的研究还认可动词前位置上的成分。这些特定的限制都是根据特定语言的实际情况来限定的，往往具有一定的"机会主义"的性质。(Croft, 2016)因此，本人的系列研究以及本章的目的并不是取代汉语研究中语气助词、事态助词等"描述范畴"，是将比较概念落实为汉语语法研究的一种描述范畴，从跨语言的角度比较古今汉语在某些语法语素类型上的异同；把这种异同跟类型学中已有研究进行比较，试图在更大的程度上深入认识语法语素类型之间的联系。这就是所谓的类型学视野的汉语时体研究。从笔者的具体研究实践来看，这类研究大量参阅汉语已有的各种描述范畴所发现的语言事实，倾向于采用范围更小的概念，从而使用数量更多的概念。

需要说明的是，根据 Haspelmath(2010a：663)，比较概念不同于形式语言学中广泛采用的具有普遍意义的范畴，这类范畴在该文中也称为"跨语言范畴"(crosslinguistic categories)，如形容词、主语、被动式、将来时等。作者坚持认为："语法范畴不是跨语言存在的实体，每个语言具有自己独特的范畴。要描述一种语言，语言学家必须为之创造一套描述范畴。该语言的说话人在习得过程中也必须创造一套心理范畴。"（664页）Haspelmath（2010b：698）进一步认为，具体语言的描写和类型学研究原则上可以独立进行，但在实践中两者均从彼此的研究中受益甚多；类型学研究对具体语言的描写工作已经产生了巨大的影响（Dryer，2006：210），并依赖于可以得到的、越来越好的描述研究。

本章的目的之一就是在类型学研究与古汉语的描写之间架起沟通的桥梁。已有的研究实践表明，即使同样是采取多功能模式，不同的研究者往往也会有不同的分类结果。因此我们不仅要看宏观的范式的异同，还要关注相同范式中不同分类在研究思路、认识特点方面的异同，从而在古汉语虚词多种描述范畴之间架起理解的桥梁。

3. 古汉语时体研究中多功能模式的应用体会

在应用多功能模式研究古汉语时体虚词并与现代汉语时体标记相比较的过程中，笔者在方法论方面有以下几点体会。

第一，重视具有较大普遍性的概念域之间的区别和联系。在语义学研究中特别重视时制、体貌、情态之间以及各自内部的区别，在语法研究中也尤其重视时（tense）、体（aspect）和语气（mood）的形式与意义之间的关系。从20世纪80年代就有研究把这三个语法范畴用TAM来统称。已有的类型学研究也已经发现时体与情态之间存在多种路径的语法化联系（Bybee et al.，1994：240）。因此，如果古汉语某个语法形式的不同用法涉及时体与情态的语义意义或语用意义，就有必要加以分化。

前文已经提及吕叔湘（1944：230—231）把"矣"的用法分为已然、将然、感叹、命令，这4种用法分别见例(1)—(4)。

(1) 晋侯在外，十九年<u>矣</u>。(《左传·僖公二十八年》)

(2) 夜半，客曰："吾去矣。"（魏禧《大铁椎传》）
(3) 甚矣，吾衰也！（《论语·述而》）
(4) 往矣！吾将曳尾于涂中。（《庄子·秋水》）

从语义上看，已然之事相当于完成体，表示事件在参照时间之前发生并具有现时相关性，正如马建忠所言"所谓已然者，陈其事，必其效而已"（《马氏文通》429页）。将然之事即将来时意义，虽然将来时会带有不同程度的情态的意义，但毕竟其时间参照意义跟完成体与过去时显然不同。感叹和祈使都与宽泛的情态有关。因此，从比较概念的角度出发对于"矣"这个多功能语法语素至少应区分时体与情态这三类用法。只有区分开来，才能更好地理解和说明它们之间的互动关系。

在当代的古汉语虚词研究中，郭锡良（2003）推崇并继承《马氏文通》对"矣"的概括，即"矣"字助叙说之语气，大致属一分之说。洪波（2015）将已然和将然合并为"体"的意义，单立强烈断言的功能，属二分之说。刘承慧（2007）为三分之说，含相对典型的已然、相对宽泛的推理（含已然和将然的推理）以及含义更为准确的感知与判断，并明确地把祈使归为语用意义。陈前瑞、王继红（2018）在主要用法上与四分法相吻合。这4项研究充分体现了比较概念和描述范畴两者相互独立的关系，两者可以是"多对多"的关系。（Haspelmath，2010a）后3项研究都有不同程度的比较概念观念，各自具有不同程度的类型学意识，但具体落实的描述范畴却因研究的目的不同而出现不同程度的概括结果，均以不同的方式呈现了汉语不同层次的特点，各有可取之处。正如吕叔湘《中国文法要略》（1942—1945：274）所言："无论已然或将然，都是变化，都是有时间性的；无论固然或当然，都是无变化的，无时间性的。因此，我们可以说：'矣'字表变动性的事实，'也'字表静止性的事实。"可见，吕先生在《文言虚字》详解"矣"的用法时，四分有四分的道理，便于解释陈述、感叹、祈使之间的演变关系以及语气词的多功能模式;在《中国文法要略》比较"矣"和"也"的时候,将已然与将然合并为变动的事实,形成一分的格局,不仅可以获得对时体范畴共同的时间属性的认识,而且通过与"也"形成宏观而抽象的对立,获得对汉语语气词系统乃至于整个体貌系统动静相对的本质认识。从策略的角度来看,先细分后总括,能关注更加细致的事实,能在分的基础上获得更有见识的概括,也能避免过早概括带来的不准确性。比如吕叔湘(1942—1944:273—274)就批评马建忠用助叙说来概括"矣"的说法"不免有语病"。也正如杨树达在《词诠》的《序例》中所言:"学者既能知其所以分,又能知其所以合,则可谓心知其意者矣。"

第二,扬弃形式与意义——对应的思路,从动态和构式的角度理解形式与意义关系。郭锡良(1988—1989)准确地诠释了例(5)的含义,即"叙述的事情还没有发生,说话人把它当作将要出现的新情况提示出来"。句中有"将",因此新情况仍然是由"矣"来表达,在句法语义分析中很好地实现了形式与意义的一一对应。例(6)"将要出现的新情况"完全由"矣"表达,按照形式与意义对应的原则,"矣"可以分析为将来时、最近将来时或"最近+将来时"。但是,按照这种分析方法不好解释将来时功能如何从完成体功能中产生出来。

(5)孔子曰:"诺,吾将仕矣"(《论语·阳货》)
(6)盆成括仕于齐。孟子曰:"死矣,盆成括!"(《孟子·尽心下》)
(7)卢蒲姜谓癸曰:"有事而不告我,必不捷矣。"(《左传·襄公二十八年》)

在现代汉语中"来了!来了!"很容易理解为最近将来时,因为"来"

是位移动词,在世界语言中能够用于将来时的完成体形式往往是在位移动词中获得最近将来时的用法。现代汉语"死了"就不大可能直接理解为最近将来时,必须说成"快死了"。也有人把"快……了"作为现代汉语将来时的表达手段。根据笔者先前的研究,在《左传》中"将……矣"与"必……矣"共有 64 例,如例(7);而涵盖将来时与情态的宽泛将来时的所有用例只有 100 例,这两种共现模式可以视为高频出现并具有规约化意义的构式。也可以按照构式语法的思路,在"将……矣"与"必……矣"中"矣"一定程度上也起到表示将来时的作用,然后"矣"独立表示整个最近将来时或将来时的用法。从比较概念的角度出发,将来时只是要求某个与动词相关的语法形式具有将来时间指称的突出意义(prominent meaning),甚至并不要求将来时间指称是首要意义(primary sense)(Haspelmath,2010a:671)。可见,陈前瑞、王继红(2018)对"矣"的宽泛将来时的界定与作为比较概念的将来时一致,也与吕叔湘(1944)对将然用例的界定一致。将来时是一种相对特殊的时体意义,在实际研究中,很难把将来时与相关的情态意义完全离析开来。

概而言之,构式语法的思路可以从动态的角度更好地认识形式与意义的对应关系。形式与意义的一一对应关系是语言分析的重要倾向而不是必然的现实,两者的矛盾一定程度上可以解释语法形式新用法产生的动态过程,即从与别的形式单纯共现、共同表达发展到独立表达。

第三,在频率统计的基础上区分基本功能与非基本功能,据此分析功能之间的共时性质和历时关系。根据陈前瑞、王继红(2018),《左传》有 829 例"矣",其中完成体功能 558 例,大致符合郭锡良(1988—1989)界定的基本用法。除此之外,还有 152 例类似于吕叔湘所谓的感叹语气,106 例属于宽泛的将来时功能,"矣"独立表达的祈使用例仅 7 例。通过频率统计可以发现,宽泛的将来时和感叹语气功能具有相对较高的频率,如果不分化出来,就不能很好地反映"矣"的实际用法。

跟郭锡良(1988—1989)所界定的"矣"的基本用法相比,"矣"的将来时尤其是"矣"独立表达的最近将来时用法不完全符合"事物得到了实现"的限定;祈使功能则呼应了"主要用在叙述句中构成"的"主要"二字,二者自动进入与基本用法相对的非基本用法。这些事实也说明"矣"的单义说只是针对基本用法而言,只是有限的概括和描写上的便宜之道。事实上,把哪些用法装进基本用法是有一定的主观性的。郭文的观点也不是真正意义上的单义说,只是对多义说做出了限定:一定程度上限定多义的范围,区分基本用法和非基本用法。比较而言,解惠全等(2008:12)的处理方式则相对稳妥,作者认为:"一个虚词,不管用法多么复杂,都有它的基本义,围绕基本义还可以有几个主要的常用义,就像实词都有它的本义和中心引申义一样。"不过,在具体分析"矣"的用法时,解惠全等(2008:918)并未在基本用法之外,分出若干常用用法。而是明确指出:在一些句子中,"矣"好像是表示确定、感叹、反问、限止、命令等语气,但这不是"矣"字所表示,而是句意所决定的,而且句中大多有疑问词语、语气副词及有关副词与之照应。引文中的"大多"尤其值得重视,只有经过穷尽性的统计,才能对大多和例外有更准确的认识。进而进一步思考:在没有其他词语照应的时候,如何确认"矣"的常用意义,以更加全面地反映语言事实,并揭示古汉语使用和演变的规律。

从规约性的角度来看,将来时功能要比祈使功能具有更高的规约性。如果把祈使用法看成"矣"的一种语用意义也是可以接受的,因为从语用意义到语义意义是一个渐变的连续统。刘晓南(1991:79)就是通过对比分析,得出"可以考虑'矣'字表达祈使语气"的意见,并且指出"矣"的祈使用例初见于先秦中期的文献。在共时系统中,处于语法化末端的功能具有较低的规约性是一种普遍的现象。吕叔湘(1944:230—231)对"矣"的功能解说中,前3项直接用"表",更接近于语义意义,具有较高的规约性;只有第4项是"用于命令句",更接近语用意义,具有较低的规约性。统计数字进一步揭示了吕先生的分类和表述的准确性。从跨语言的角度看,祈使功能一般是在将来功能的基础上发展而来的,陈前瑞、王继红(2018)对《左传》中"矣"的将来时和祈使用法的统计数据(106∶7)也进一步支持这两者之间的演变关系,因为新分化的功能在早期阶段往往数量较少。

第四,重视虚词与谓词内在语义特征之间的互动关系,探讨时体系统不同层次之间相互作用的普遍规律。严格说来,谓词的内在语义特征,尤其是在跟动词所表示的情状内在的时间结构方面的特征,如动态与静态、持续与瞬间、终结和非终结以及由此构成的情状类型,本身就是广义的体貌研究的内容,并被定性为情状体或词汇体;相应地,语法成分所表达的事件的内在时间结构方面的内容归为视点体或语法体。(如 Smith,1997;Olsen,1997)分析情状体与视点体之间的关系是体貌研究最重要的论题之一。视点体与情状体有不同层次的互动结果。比如活动情状的"吃饭"与"了"共现时,会产生开始吃饭的起始义;状态情状的"红"与"了"共现是会产生状态起始或状态变化的含义。这两种含义都没有超出"了"所表示的事件发生的含义,仍然属于完成体的范畴。

但是,"甚矣,吾衰也!"跟现代汉语口语中"厉害了,我的 X!"一样,"矣"与"了"可以没有明显的变化含义,可以是对当前状态的强调。类型学研究归之为现在状态,凸显小句的状态性质;传统语法研究归为语气词,多数重在特别加强的语气。两者各自突出了该用法一部分的含义。更加符合实际的认识是:同一种现在状态功能既编码了现在时和状态的时体意义,又编码了强调的情态意义。[①]学界对这种用法分化的争

[①] 杨永龙教授认为:有两种不同的多功能性,一是一个形式在不同的语境中具有多种功能,一是一个形式在同一种语境中兼有多个概念域的含义。现在状态类似于后一种多功能性。

议不大,有争议的是是否把这种用法归为感叹语气,是否突出其中的状态性质。因为有些"矣"的用例没有感叹的意味,如裴学海(1932:222)把例(8)的"矣"释为"或为抛开之词",解惠全等(2008:917)已经指出,"所谓'抛开',并非'矣'所表示"。该例在语境中明显地是先扬后抑,谈不上感叹。裴先生的概括重在复句环境中前一小句的相对价值,体现出训诂学随文释义的特点;此例的概括虽不准确,但此种例证却成为感叹语气的有力反例。

(8)女自房观之,曰:"子皙信美矣,抑子南,夫也。夫夫妇妇,所谓顺也。"(《左传·昭公元年》)

根据 Bybee et al.(1994:77),完成体在与静态谓词共现时往往产生现在状态的用法,对于这样一条具有重要理论意义的现象应当依据汉语的事实对其中的状态意义以及强调的程度给予更加准确的概括,进而分析由于谓词状态性质的不同而导致的不同的现在状态,如感叹、性质认识和状态偏离(详见第4节的分析)。

第五,重视具有路径多样性和来源构拟作用的功能,努力展示古今汉语语言事实的类型学意义。"了"的词汇来源总体来看比较清楚,一般认为源自"结束"义的动词,这是世界语言中完成体三条主要的演化路径之一,在其演变为完成体之前,一般要经历"完毕"义的完结体阶段;另外两个主要的词汇来源是"是、有"义静态谓词和"来"义动词。(详见 Bybee et al.,1994:105)就"矣"而言,虽然《广雅·释诂三》有"矣,止也"的说法(引自谢纪锋,2015:384),但实际上找不到"完毕"义这一中间阶段,成为一桩悬案。陈前瑞、王继红(2018)在对《左传》"矣"的研究中没有发现完结体用法,却发现了疑似的进行体与结果体用法,分别如例(9)(10)。

(9) 郤至将登，金奏作于下，惊而走出。子反曰："日云莫矣，寡君须<u>矣</u>，吾子其入也！"宾曰："君不忘先君之好，施及下臣，贶之以大礼，重之以备乐。如天之福，两君相见，何以代此？下臣不敢。"子反曰："如天之福，两君相见，无亦唯是一矢以相加遗，焉用乐？寡君须<u>矣</u>，吾子其入也！"（《左传·成公十二年》）

(10) 叔游曰："《郑书》有之：'恶直丑正，实蕃有徒。'无道立<u>矣</u>，子惧不免。《诗》曰：'民之多辟，无自立辟。'姑已，若何？"（《左传·昭公二十八年》）

例（9）"须矣"表示正在等待的进行体功能，其数量在《左传》虽然不多，但含义较为清晰，学界对进行体也比较熟悉。例（10）"立矣"不表示"立了"，而"言世乱无道之人在位"（杨伯峻，1990：1491），接近于无道当道的"立着"，表示动作行为带来的结果状态的持续存在，一般称为结果体，有时也表示单纯的状态存在。对于某个形式兼有完成体和进行体功能的理论意义，汉语学界有所了解但没有引起广泛的重视。陈前瑞（2008a：115）在前人研究的基础上，已经把这一现象概括为结果体语法化的双路径，即结果体一方面发展出完成体的用法，另一方面发展出进行体的用法。这种双路径在东北亚的日语、韩语以及南亚的尼泊尔境内的语言中都有报道。（参见 Shirai, 1998；Ebert, 1995）

陈前瑞（2008b）认为上古汉语"也"的动态用法也就是类似于完成体的用法同样也是从静态的判断意义经结果体发展而来。王继红、陈前瑞（2012）基于上古语料的分析，也构拟了时间副词"方"从"同时"义发展出表示持续的结果体用法，进而发展出进行体和近过去的完成体用法。可见，上古汉语从结果体到完成体的演变是一条相对突显的演变路径，更接近于现代亚洲北部的语言；而中古及近现代汉语中类似于"了"

从完结体到完成体的演变则更为突显,更接近于现代亚洲南部的语言。[参见吴福祥(2017)的概述]结果体及其演变路径的特殊性有利于深入认识古今汉语完成体演变路径的重大区别,进而认识古今汉语完成体演变的区域特征。

第六,在功能节点的基础上可进一步区分用法,探讨不同语言、不同时代、不同形式在用法表达上的形式差异。一般研究都把"矣"和"了"的用法概括为"把说到的事物作为新情况报道出来"或类似的表述。但是"矣"和"了"表达的新情况各有不同,也应区别对待。袁仁林《虚字说》就已经指出:"矣"字类俗间"了"字口吻……亦尝随语轻重。(54页)"轻重"暗含了内在的区别。陈前瑞、王继红(2018)进一步区分了"矣"的多种用法。例(11)的"寇深矣"是听说双方共同的面临的结果状态,重在引发对策,属于类型学中完成体的结果性用法。例(12)是延续"三世、四公"的已有状态且该状态仍然存在,一般还会继续延续,属于完成体的持续性用法。例(13)是迫在眉睫的新情况,属于真正的完成体的报道新情况用法。例(14)的"矣"一般对应于词尾"过",可以是对说话人有生以来发生的事件的概括性陈述,其新情况的价值甚至不如"未尝君之羹",两者分别是完成体的经历性用法的肯定与否定表达,是最不新的情况;只有这种情况不能对应于现代汉语的句尾"了"。

(11) 晋侯谓庆郑曰:"寇深<u>矣</u>,若之何?"对曰:"君实深之,可若何?"(《左传·僖公十五年》)

(12) 如是,鲁君必出。政在季氏三世<u>矣</u>,鲁君丧政四公<u>矣</u>。无民而能逞其志者,未之有也,国君是以镇抚其民。(《左传·昭公二十五年》)

(13) 潘党望其尘,使骋而告曰:"晋师至<u>矣</u>!"楚人亦惧王之入晋军也,遂出陈。(《左传·宣公十二年》)

(14) 对曰:"小人有母,皆尝小人之食<u>矣</u>;未尝君之羹,请以遗之。"(《左传·隐公元年》)

基于多功能模式的研究发现,即使是基本的完成体功能,古今汉语也存在具有类型学意义的价值。一般认为,古今汉语富有单独的经历体表达形式,但古代汉语也可以用完成体形式来表达经历体用法,后者才是类型学中广泛存在的现象。如果只是停留在对"新情况"的万金油式的解释上,就不容易推进研究使其走向深入,不容易发现古今汉语的特点。

4. 训诂专著中若干随文释义痕迹的认识价值

多功能模式和训诂研究都很重视语境,而且分析出来的功能以及进一步的用法都比较多。解惠全等(2008:351)在总结"将"的用法时指出:"'将'字的用法是较为复杂的,但它不会有如上所列的近四十个义项,其中许多是解释者根据对上下文意义关系的理解加给它的,而不是它本身所具有的。"解先生的这一认识无疑是正确的,现代的古汉语虚词研究基本上都是进一步概括众多用法的共同之处。经历了一段概括的历史之后,我们似乎有必要进一步认识前人随文释义的认知基础,在求同的基础上进一步认识古人"别异"的实际动因,并从现代语言学的角度对前人发现的虚词之间的异同加以合理的解释。下文将对训诂专著中若干随文释义痕迹从多功能模式的角度进一步分析,以突显这两种分析方法的异同。

第一,"矣"的"启下之词"的性质。《经传释词》指出:"'矣',在句末,有为起下之词者,若《诗·汉广》曰:'汉之广矣,不可咏思;江之永矣,不可方思。''矣'字皆起下之词。《斯干》曰:'如竹苞矣,如松茂矣。兄及弟矣,式相好矣,无相犹矣。'第三'矣'为起下之词。"(43—44页)从这一段引文来看,陈述句中的"矣"除了常见的分布在动态动词之后之外,还可以分布在形容词之后,如"汉之广矣";甚至可以分布在性质名词之后,如"兄及弟矣"。从充分概括的角度来看,很难对这些"矣"提取一个普遍的语义功能。因此,《经传释词》重在分析"矣"所在小句在整个句子中的位置以及可能起到的关联作用,几乎放弃了对"矣"本身的语义解释。中国社会科学院语言研究所古代汉语研究室编《古代汉语虚词词典》继承了《经传释词》的说法,具体表述为:用于句中或复句的前一分句,起提顿和舒缓语气的作用。(720页)何乐士编《古代汉语虚词词典》则兼及语义和话语功能,具体表述为:在复句的前一分句之末,在表示感叹的同时还有表示语音停顿和引起下文的作用。(505页)

从多功能模式的共时视角来看,这是因为形容词谓语句的状态描述功能和名词谓语句的性质确认功能跟"矣"的强调现在状态的属性高度一致,"矣"的语义作用并不显著,语气作用或篇章功能得以突显。从认知的角度看,谓词与语气词相同的状态性是更本质的一面,只是不够显著,容易被忽视。从多功能模式的历时视角看来,这些"矣"多属于强调现在状态的用法,其话语连接功能主要来自完成体现时相关性的延伸,即"必其效而已"。因此,"矣"所在小句与后续句往往存在广义的因果联系,在后续句中展现强调状态的言外之意。提顿和舒缓语气属于语音和文气方面的内容,是依附于语义功能的。从完成体语法化的角度可以更好地解释"矣"的非基本用法的语义和话语功能之间的关系。

第二,"矣"犹"耳"也的性质。《经传释词》与《古书虚字集释》都有"'矣'犹'耳'也"的说法。解惠全等(2008:917)已经指出两书所引例句中有"唯、直"表示限止语气,显示这两部专著的通释语义仍然带有随文释义的痕迹。不过,《助词辨略》的相应分析却不能一概而论。

该书区分了"矣"单用时轻重不同的几种语气(136—137页,例句本章有补充)。一是"辞气定,柳子厚所谓决辞也",如例(15)。二是"辞气未定,有尽可之意,未深许之也",如例(16)的"忠矣、清矣",例中没有任何语气副词。这种语气不符合感叹的概括,也没有明显的限止之意。三是"深叹之也",如前文例(3)的"甚矣,吾衰也!"(《论语·述而》)。这种语气合乎感叹的概括。

(15) 与朋友交,言而有信;虽曰未学,吾必谓之学矣。(《论语·学而》)

(16) 子张问曰:"令尹子文三仕为令尹,无喜色;三已之,无愠色。旧令尹之政,必以告新令尹。何如?"子曰:"忠矣。"曰:"仁矣乎?"曰:"未知,焉得仁?""崔子弑齐君,陈文子有马十乘,弃而违之。至于他邦,则曰:'犹吾大夫崔子也。'违之。之一邦,则又曰:'犹吾大夫崔子也。'违之。何如?"子曰:"清矣。"曰:"仁矣乎?"子曰:"未知,焉得仁?"(《论语·公冶长》)

上述三种语气均出现于"矣"与静态谓词的共现,体现了"矣"所表达的不同程度的语气,充分体现了文本理解的准确性。就《助词辨略》本身而言,其系统具有内部一致性,因为它只讨论不同程度的语气。如果把这三种语气作为三种功能直接并入现代研究以语法意义为主的分类中,就会造成随文释义的结果。因为语气的轻重程度,往往是由比句子更大的语境决定的,如例(16)的"未知,焉得仁?"决定了"忠矣、清矣""有尽可之意,未深许之也"。这就需要有一定的层次观念,区分具有概括性的语义意义和对不同类型的语境具有更高敏感性的语用意义。

根据陈前瑞、王继红(2018)的研究,上述用法一并概括为现在状态功能，表示对谓词所表示的状态加以一定程度的强调。大致对应于三种下位的用法：一是性质认识，表示说话人对事物属性的认识，句中谓词为静态动词或程度性不明显的形容词，如（15）的"谓之学矣"和例（16）的"忠矣"。二是状态偏离，句中谓词为程度比较明显的形容词，表示性质达到了一定的程度，但并没有达到令人感叹的程度，如例（16）"清矣"。三是感叹，感叹同样是多种因素合力而形成的。"矣"的这三种语用类型与句尾"了"基本一致，丰富了已有的类型学对现在状态的认识。

总之，有的训诂专著中包含了前人对文本语境更为贴切的理解，体现了同中求异的研究精神，这种研究精神与现代类型学致力于探讨语言现象的一致性和多样性本质上是一致的，需要进一步梳理，合理地吸纳到以比较概念为基础的描述范畴之中。

第三，"矣"犹"也"也的性质。《助字辨略》指出："'矣'得为'也'，则'也'亦得为'矣'，并辞之顿挫者也。"（166页）《经传释词》还从声训的角度予以解释："矣"，犹"也"也。《诗·车攻》曰："允矣君子，展也大成。""允矣"，与"允也"同……"也""矣"一声之转，故"也"可以训为"矣"，"矣"也可以训为"也"。（44页）郭锡良（2003）指出，在《词诠》中，"也、矣"都可以表示"当然的"决定语气，也都可以表示"已然的"叙述语气，还可以表示其他语气。郭文认为，这种做法实际上与传统的训诂学的随文释义是性质相同的。

从学术史的角度来看，《助字辨略》指出两者在静态用法上的相通之处，揭示语言事实之功万不可没。《经传释词》列举了两者在动态用法上的相通之处，并通过对举的方式加以论证，在论证上又进了一步，在解释上提出了一家之说。《词诠》指出，"若其变则'也'亦恒与'矣'同用"（333页）；注意到了虚词用法的"常"与"变"之别，在认识上又进了一步。前人已经在"矣、也"的基本功能的不同之处看到了非基本功能相同之处。解惠全等（2008：914）在前人训释"矣、也"的非基本功能相同之处加按语曰："'矣'不同于'也'。"洪波（2015）进一步指出两者的同中之异，认为两者的断言用法在语气上仍然有差别："矣"表强烈的断言，"也"的断言语气强度较弱。后人的研究较前人确有进步，但都是在前人认识的基础上得出的，也不能否定前人研究方法一定程度的合理性。在古汉语研究中尤其要把对语境中语句准确含义的理解放在首位。①

这里还想强调两点，第一，同样是断言，对"也"而言，属于常例，故断言语气较为中性；对"矣"而言，属于变则，带有变化的痕迹，故语气较为强烈，并且一定程度上带有说话人的主观认识，或者体现了说话人在一定环境下获得的新的认识，与句尾"了"的强调现在状态的用法一致，具有较高的主观性。第二，"矣""也"的接近或混用一定程度上是前文提及的视点体与情状体相互作用的结果，这些混用主要集中在状态谓词的条件下，如"允矣"与"允也"。当然，正如陈前瑞（2008b）讨论的那样，也有一部分"也"的动态用法同样是与动态谓词共现的结果，如例（17）主要是动态的叙述，兼有因果关系的说明，并用于结句，类似于完成体功能，同样符合静态谓词语法化为完成体的一般规律。

（17）应侯惧，不知所出。蔡泽闻之，往入秦也。（《史记·范雎蔡泽列传》）

因此，"也""矣"的混用都是在语法化的过程中，体标记与谓词语义类型相互作用的结果："也"从静态谓词扩展到动态谓词，是在结果体的基础上产生了动态的完成体功能；"矣"的完成体功能从动态谓词扩

---

① 李宇明教授认为，真正认识语气词一定要回归语篇，在语篇中理解语气词的实际功能。

展到静态谓词,产生静态的现在状态的功能。这两种不同方向的扩展导致了两类不同性质的混用:两者处于不同的演变阶段,具有不同的主观性。古汉语"也、矣"的复杂用法用单义说来处理容易顾此失彼,更适合用多功能模式来分析。

5. 多功能模式与随文释义的异同

多功能模式与训诂的随文释义在语境理念上有相似之处,具有深厚的本土文化的基础。《助字辨略》在讨论"将"用法时指出:"以上七条,并是语助。但因文设辞,义各有协耳。"(95 页)白兆麟(2005:317)总结了训诂实践中语境的规定性的说法,认为《经传释词》都是根据文本语境来确定虚词的具体用法。Bybee et al.(1994:297)指出:"从对语法语素的语义演变机制的讨论中,我们能得出的最重要的观点就是语境是极为重要的。语法语素所发生的一切变化都是由其适用的语境而导致的。"训诂学和语义演变研究都非常重视语境在小句和语法成分意义解读中的重要性。汉语语法研究富有实词虚化的悠久传统,重视文言与白话的比较方法(杨树达,1930:36),很早就有以语义为纲的描写框架(吕叔湘,1942—1945)。在经过结构主义概括法"异中求同"的洗礼之后,汉语的时体研究更容易接受以功能-类型视角为导向的多功能模式。多功能模式对训诂专著中随文释义的认识更多地关注到"同中求异"的一面,从而更好地认识虚词时体功能的多样性与一致性,认识语言使用与语言系统的关系。

近年来,训诂学界进一步总结了"观境为训"(周大璞主编,2015:196)的释义方法。如孙长彦(2012)和邱洪瑞(2017)均以专著的形式,分别系统总结了传统训诂学的语境思想和"观境确义"的训诂方法论。但是,这些研究把更多的精力用在宏观的社会文化语境和中观的语篇语境上，对于微观的句子以及句子以内的语境涉及不多。这是因为传统和现代的训诂实践研究中，涉及语法尤其是现代语法观念的材料还不够丰富，可总结的内容也不够深入。

　　古汉语虚词的多功能模式研究从比较概念的角度对可能的随文释义的解读进行了多方面的限制。比较而言，传统训诂的随文释义随的是古汉语这一种书面语，释的是汉语内部具有区别性的意义，也归纳了一系列具有一定有效性的方法。多功能模式随的是不同语言中具有类型意义的文本语境，如动词的类型、构式的类型、句子的类型、用法的类型，这些类型属于语义、句法和语用等不同层面；释的是具有一定普遍性的语法意义，是比较概念的意义及汉语中可能的特殊意义，尤其看重具有演化关系的意义。多功能模式依托的是语言地图的研究方法。从某种意义上讲，多功能模式是随文释义的科学化。

　　古汉语时体虚词的多功能模式吸收了功能-类型视角的现代语言学研究的精神，从共时、历时和类型等维度丰富了汉语时体虚词的研究，也提出了一些新的思路，有望解决古汉语虚词研究的若干难题。在汉语时体研究中对多功能模式加以总结，有助于系统地分析传统虚词研究的经验和教训，提高学界对语言学方法的重视程度和认识水平。当然，笔者对多功能模式的应用还主要是侧重古今汉语时体虚词的研究，在古今汉语跟中国少数民族语言和外国语言的比较研究方面也只有初步的尝试（分别见李蕾、陈前瑞，2018；陈前瑞、杨育欣，2018）。这些方面都有待于进一步加强。

第十三章　动词重叠时体用法的演化关系*

1. 引言

本章从类型学和语法化的角度研究动词重叠形式所表示的时体用法之间可能的语法化路径。重叠是一种公认的形态手段,动词重叠是重叠的类型学研究中最重要的内容之一,Kiyomi(1993)指出,如果某个语言有重叠,那么该语言通常具有动词重叠。Kiyomi(1995)把马来-波利尼西亚语族的动词重叠所表示的意义分为三类:1)宽泛的"动作尚未结束",包括反复、延续、进行、惯常、未完整以及短时、随意、尝试等;2)事件复数,包括复数的事件,分布性的事件(多人在多地进行)、交互事件;3)强化。其中接近80%的语言的动词重叠具有宽泛的"动作尚未结束"的意义。"动作尚未结束"明显是跟时体相关的用法,因此,本章讨论的跟时体相关的用法是动词重叠各种用法中最基本的用法,具体重叠的方式既包括完全重叠也包括部分重叠,是一个相对宽泛的概念,既包括相同形式的重复出现,也包括相近或相对形式的重复出现。

有关动词重叠的功能或用法的类型学专门研究并不多见,如共时的类型研究有 Key(1965)、Moravcsik(1978)、Abbi(1992)、Kiyomi(1993)、Al-Hassan(1998)、张敏(2001)、Hurch(2005)、Rubino(2011)。近年来越来越重视历时的研究,如 Hurch(2005,2009)等。有关动词重

---

*　本章与王继红合作完成,原载《历史语言学研究》第13辑,商务印书馆,2019年。

叠表达的时体意义的历时研究可以追踪到 Williams(1875)，该文试图把梵语、古希腊语及拉丁语中部分动词重叠表示完成体意义的来源追溯到强化用法，但缺乏对中间环节的有效梳理。跟重叠时体意义有关的具有历时倾向的类型学研究最突出的代表是 Bybee et al.(1994)，该书的一节将动词重叠的语法化路径概括为(172页)：

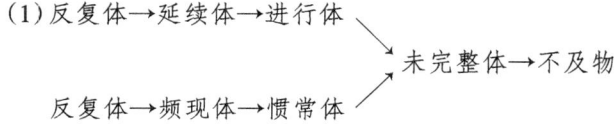

这一路径没有正面涉及动词重叠跟完成体(perfect)相关的用法，Haspelmath(1992)虽然把古希腊的完成体追踪到表示状态持续的结果体(resultative)，但没有进一步讨论结果体的来源。该路径也没有涉及南岛语常见的动词重叠表示将来时的现象。

语言类型学与历史语言学日益紧密的结合逐渐促成了历时类型学(diachronic typology)的研究范式(详见罗仁地，2006)，该范式致力于探讨形式背后功能联系的一致性与多样性。本章依据历时类型学的思路，基于已有的类型学研究以及部分具体语言的研究成果，概括动词重叠所表示的时体意义的演化路径，具体而言，包括四条主要路径：1)从反复体经延续体、进行体到未完整体以及将来时的演化路径；2)从反复体经频现体、惯常体、结果体到完成体、完整体的演化路径；3)从强化到完结体的话语隐涵；4)从反复体到短时体的演化路径。在此基础上，讨论动词重叠所表示的时体意义的演化机制。由于缺乏足够的历时材料，本章提出的演变路径在很大程度上是基于有限的共时材料和普遍演化路径的构拟，还有待具体语言材料的验证。

2. 从反复体到未完整体

2.1 从反复体到延续体

根据 Bybee et al.(1994：127),反复体(iterative)指在特定场合下重复发生的事件。反复体的概念与终结性(telic)谓词尤为相关,终结性谓词就是有明确定义的终止点的谓词。延续体(continuative)表示一个动态情状在持续,延续体同时还特别强调动作的施事刻意保持动作持续的状态。Bybee et al.(1994：169)专门指出,如果反复体是重复的起源意义,那么它原本就是和仅有一个循环的动词共现,随后扩展应用于其他类型的动词,其意义也泛化为包含了延续体的意义。这样,就可以提出重叠语义发展的一个步骤,即(2)。

(2)反复体→延续体

古古-亚兰吉语(Gugu-Yalanji,澳大利亚语群语言)中的重叠为这一路径提供了支撑材料,因为它依据动词类型可以同时用于反复体和延续体;而样本中有4种语言的动词重叠仅有反复体的用法。不过,这毕竟只是跨语言的共时证据,类型学的已有研究中鲜见明确的历时证据。

汉语的"V来V去"就是一种表示反复体意义的特殊的重叠形式,其演化过程正好提供了从反复体到延续体演化过程的证据。李晋霞(2002)把"跑来跑去、移来移去"这类动词具有行为义,"来、去"具有向度义的"V来V去"归为A类;把"想来想去、商讨来商讨去"这类动词具有行为义,而"来、去"不具有向度义的"V来V去"归为B类;把"说来说去、讲来讲去"这类动词不具有行为义,"来、去"不具有向度义的"V

来 V 去"归为 C 类,主要起归结话语主旨的作用。其中 A 类动词如"跑"本身不一定是具有内在终结点的动词,但"跑来"和"跑去"带上了方位成分,使得"跑来/去"成为一个有大致空间终点的行为,虽然不具有终结动词(如"死、到达、毁灭"等)所具有的内在的终止点,但也是一种具有限定终止点的动作单元;也正因为"跑来/去"具有限定的终止点,才可以不停地重复,表示相对典型的反复体意义。从汉语的"V 来 V 去"所表达的反复体的意义来看,Bybee et al.(1994:127)把反复体与动词的终结特征联系起来是正确的,但是不能在这两者之间建立直接联系;动作的反复不一定需要动词具有终结特征,但必须具有某种性质的终结点,使得动作得以重复。(参见陈前瑞,2008a:78)而 B 类的"想来想去、看来看去"表示动作施事不具有空间性的持续性行为,不具有空间性也就无法获得限定的终止点,因此该类格式表示的意义更加接近于延续体。李晋霞(2002)在元代文献中同时发现了 A 类和 B 类,因而难以构建两类之间的语法化关系。刘志生(2004)在《全唐诗》等唐代文献中发现了 12 例"V 来 V 去",其中 A 类 8 例,B 类 4 例(原文误作 2 例),C 类为 0,故提出从 A 到 B 到 C 的演化路径。本章在《全唐诗》中检得 A 类 12 例,B 类 3 例,B 类的动词均为刘志生(2004)提及的 3 例"看来看去"。而且唐诗中 B 类的"看来看去"或"看去看来"实际上并不完全排除有一定的向度义,例如:

(3)帝宅王家大道边,神马潜龙涌圣泉。昔日昔时经此地,<u>看来看去</u>渐成川。(蔡孚《奉和圣制龙池篇》)
(4)汉家宫女春未阑,爱此芳香朝暮看。<u>看来看去</u>(一作"看去看来")心不忘,攀折将安镜台上。(崔颢《行路难》)

"看来看去"在例(3)中具有明显的空间意义,在例(4)中可以有空间义和时间义两种理解。因此，在唐诗中 A 类的发展明显更为成熟，而 B 类只限于个别的动词，有可能是从具有向度义的格式发展而来。本章还在中古汉译佛经中发现了一些 A 类具有向度义的"V 来 V 去"，表示空间上的反复，例如：

> (5) 以我先身修行之时，于父母师长沙门婆罗门，虽为忠孝心生恭敬，然于其所，不能殷勤恭敬礼拜<u>迎来送去</u>。（元魏吉迦夜共昙曜译《杂宝藏经》）
>
> (6) 尔时大女，往适他家，奉给夫主，谦卑恭谨，拂拭床褥，供设饮食，<u>迎来送去</u>，拜起问讯，譬如婢事大家。（元魏慧觉等译《贤愚经》）
>
> (7) 身非威仪者，若<u>走来走去</u>、跳行跳踯、倒行匍匐、扣盆戏笑、递相担负，作如是比种种身戏。（东晋佛陀跋陀罗共法显译《摩诃僧祇律》）

汉语的历史文献清楚地说明，"V 来 V 去"先表示反复体，后表示延续体。这样不仅为类型学中从反复体到延续体的演变提供了非常有力的历史证据，而且也解决了汉语"V 来 V 去"格式的共时语法意义分类的问题，实现了共时和历时分析的统一。

2.2 从进行体到未完整体

延续体与进行体的语义关系非常密切。延续体本身含进行体的意义，只是在语义上更加强调施事刻意保持动作持续的状态，进行体则更为宽泛，可以是某种客体动态的持续。因此，从延续体发展成为进行体的用法是非常自然的语义演变。从进行体到未完整体的演变则是更为显著的演变。根据 Bybee et al.(1994 : 141)，未完整体既包括正在进行的动作,又包括惯常发生的情状,可能还可以用于状态以及格言或类指的情状;想要找到表达以上四种意义的各种子集的语法语素也是可能的。根据上述认识,不同语言的未完整体语法语素涵盖的意义范围略有不同;本章进一步认为,只要是某个语法语素超越了相对具体的进行体用法就可以视为未完整体标记,本章依据 Bybee et al.(1994:139)的认识,不单列持续体这一节点。因为该节点在类型学调查中较为罕见,认识也不一致,故将文献中提及的一部分持续体纳入未完整体之中。①

Bybee et al.(1994:171)指出,进行体和惯常体可能都以相同的重叠形式进行表达。一旦发生这种情况,该种形式所表达的意义就是未完整体的意义,如纳卡奈语(Nakanai,南岛语群语言)的例(8)(9)(Johnston,1980:131)。②

(8) Eia   o-io   sa-sapa.
    3.S   at-there   REDUP-sweep
    3.单   在-那里   重叠-扫
    'She is there sweeping.'
    "她在那儿扫地。"

(9) Eia   sa-sapa   te   la   kavikoki.
    3.S   REDUP-sweep   PREP   NCL   morning
    3.单 重叠-扫地   前置词   名量   早上
    'She sweeps in the mornings.'
    "她早上扫地。"

动词重叠表示进行体在台湾南岛语中比较常见,而表示状态与类指表达的现象比较少见。Adelaar(2000)报道了台湾南岛语已消失的语言

---

① 有关持续体与未完整体的类型学地位,参见陈前瑞(2019)。
② 本章所引用的行间注释一律保持原文,中文的行间注释尽量与原文保持一致。

西拉雅语[①](Siraya)的 Ca-重叠(Ca-reduplication,一种部分重叠方式,重叠词根的第一个辅音和固定的元音 /a/),该重叠式除表进行体之外,还表示"状态"(state)和"类指体"(generic aspect)。后两种用法分别见例(10)(11)。

(10) aley ka asi-kow mä-xa-xawey-a
   in order to not-2S.TOP AGOR-CaRED-look.like-SUBJ
   以便 不-2 单.话题 施事指向-Ca 重叠-看.像-主语
   [ki   kaäwlung]
   RM   human being
   关系标记 人
   mama ki m-i-ra-rkǔd
   like RM AGOR-LOC-CaRED-fast
   像 关系标记 施事指向-处所-Ca 重叠-禁食
   'so that you do not appear [to people] like those who are fasting' (vi: I8)
   "这样看来,你不像那些禁食的人"

(11) Tama-matäutäux, ä-äu-äux-aw-mau-kow
   person.who-teach COM-RED-follow-SUBJ+UO-1S.AG-2S.TOP
   人.谁-教 伴随-重叠-跟随-虚拟+受事指向-1 单.施事-2 单.话题
   tu ma-mang ta sa-ka-kua-ey-mhu
   to RED-what TM LP-CaRED-move-SUBJ+UO-2S.POSS
   对 重叠-什么 话题标记 词汇前缀-Ca 重叠-移动-虚拟+受事指向-2 单.领属

[①] 本章台湾南岛语的中文翻译均参照孙宏开等(2007:2111)。

'Master, I will follow you wherever you go.'(viii: I9)

"主呀，无论您去哪里，我都跟随着您。"

例(10)的两个状态谓词都发生了 Ca-重叠，说明重叠的用法从动态动词扩展到这些状态动词上。例(11)是典型的无条件句，适合于任何一种情况，这种用法虽然也是一种特征性表达，属于广义的类指表达；但还不是狭义的类指表达，即表示某一类名词全部成员的属性。(参见刘丹青，2002)狭义的类指表达在世界语言内倾向于不用标记或使用最少的标记。在某些使用标记成分标记狭义类指表达的语言中，倾向于用同一种成分标记条件句和狭义类指表达(Dahl，1995：422)。可见，西拉雅语的 Ca-重叠虽然没有覆盖典型的类指表达，但其重叠所表达的未完整体的语义覆盖范围算是比较宽泛的，提供了非常难得的材料。

2.3 从未完整体到将来时

根据 Bybee et al.(1994：277)，从进行体或未完整体进一步发展出将来时间指称用法，这是从时体意义演化出将来时的一条常规路径。如果考虑到一般现在时的实际用法也是一种未完整体的话，那么这一演化路径就更加常见。动词重叠形式从未完整体进一步发展出将来时间指称用法的情况在他加禄语(Tagalog，菲律宾语言)中最为典型。

根据 Schachter & Otanes(1972：368)，他加禄语的完整体形式为基础形式，未完整体形式由基础形式重叠构成，这两种体的对立都带有体的标记成分 N(即 nag1)；但将来时则是在未完整体的重叠形式的基础上去掉体的标记成分 N 而构成，如例(12)[①]。例(12)中的 A 式重叠指重复基础形式的第一音节的元音和辅音；其中重叠后的元音总是长元音，

---

① 网上原文已经无法查证，例(12)括注的例证转引自 Blake(1917：427—428)。

不管原来是长元音还是短元音。

  (12) 完整体 = N + 基础形式(naglarô "玩了" = 标记成分 nagl + larô "玩")
    未完整体 = N+A 式重叠 + 基础形式(naglalarô "常常玩" = 标记成分 nagl + la + larô)
    将来时 = A 式重叠 + 基础形式(maglalarô "将要玩" = 前缀 mag + la + larô)

  更有力的证据还应来自历时和跨方言、跨语言的材料。前文提及的台湾南岛语西拉雅语的动词重叠兼具进行体、未完整体用法就是同一语系中跨语言的证据。另据 Yeh(2009)的归纳，台湾南岛语 7 个分支的 9 种语言的 Ca-动词重叠中，有 3 种语言只有持续体或进行体的用法，即卡那卡那富语(Kanakanabu)、沙阿鲁阿语(Saaroa)、邵语(Thao)；有 3 种兼有进行体和将来时的用法，即巴则海语(Pazeh)、卑南语(Puyuma)、鲁凯语(Rukai)；有 3 种语言只有将来时的用法，即阿美语(Amis)、赛夏语(Saisiyat)、泰耶尔语(Atayal)。由于这些语言中重叠所表示的进行体、持续体与未完整体的关系没有进行严格的界定，我们暂且用更为宽泛的未完整体来代替它们。Yeh(2009)还指出，台湾南岛语的不同语言中，Ca-动词重叠在表示将来时用法这一点上处于不同的发展阶段，显示出不同的语法化发展阶段和概括化的水平。在巴则海语中，将来时由 Ca-重叠与非现实标记后缀 -ay 共同表示；在卑南语中，在非现实的主动态中，Ca-重叠可以独立表示将来时，而在其他语态中还需要与非现实后缀共现。可见，Ca-重叠是在与其他成分共同表示将来时的过程中，通过频繁地使用，逐步获得独立表示将来时的用法。这也证明重叠所表示的将来时是通过语境吸收等语义演变机制获得的。

Abbi(1992:42)指出南亚的一些语言中重叠形式可以表示反复、延续、进行。这些意义的用例有的超越了进行体，接近于未完整体，如例（13）；除此之外，部分语言的动词重叠还表示动作即将发生但最终没有发生的体貌意义，并概括为 non-precipitation，该术语可直译为将行未行体，例（14）是印地语的例子：①

(13) Thado

　　pon *Iɔsp Iɔsp* lɛn əlho poI

　　Clothes got torn (having been) washed washed（字面翻译）

　　'Clothes got torn off by excessive washing.'

　　"衣服（老是）洗呀洗的就会坏。"

(14) Hindi

　　barIŝ *hote hote* rɛh gəi

　　rain happen happen but did not happen（字面翻译）

　　'It was going to rain/about to rain but did not.'

　　"看着看着就要下雨，最后还是没下成。"

这些用例中常常会伴随"停止、逃脱、停留"等意义的词语，Abbi 认为这些词语提供了所谓的将行未行体的意义。实际上，所谓的未行的意义是由"停止"等成分表示的，动词重叠本身表示的应是"即将发生"的意义，这种意义非常接近于类型学研究中的最近将来时。Bybee et al.(1994:273)认为，最近将来时跟典型的具有预见性的一般将来时还是有所区别的，是否一定要把它归为将来时还可以斟酌；对于那些会进一

---

① Kuteva(2001:142)报道了保加利亚语中过去意愿义经由过去将来、反事实或假设用法发展出这种将行未行体的用法，该书的术语是 avertive。这种用法还会进一步发展出比较纯粹的最近将来时用法，并不涉及该行为是否最终发生（105 页）。

步发展出一般将来时的最近将来时,可以把它作为将来时的过渡阶段。考虑到南岛语言中动词重叠表将来时的情况,可以把南亚语言中这种将行未行体试着归入最近将来时,以充分反映动词重叠时体意义的多样性和一致性,从而建构出从最近将来时到一般将来时的演化路径,即(15):

(15) 反复体→延续体→进行体→未完整体→最近将来时→一般将来时①

2.4 从未完整体到不及物?

Bybee et al.(1994:172)把重叠形式将及物动词转变为不及物动词的用法视为未完整体的进一步演化。Bybee et al.(1994:171)发现,三种语言都有部分重叠的不及物用法。巴里语(Bari,东苏丹语支语言)和纳卡奈语中重叠用法基本一致。在这两个例子当中,重叠都有着非常概括的延续体或者未完整体的体意义。此外,重叠的及物动词不需要一个显性宾语的名词短语,只需要表明宾语的存在即可。如纳卡奈语的例(17)(Johnston,1980:155—156)。

(16) La   sobe   hugu   la   obu.
     NM   girl   carry NM   wood
     名词标记   女孩   顶   名词标记 木头
     'The young woman carried the wood (on her head).'
     "那个年轻女人(用头)顶着木头。"

---

① 最近将来时既可以直接从进行体发展而来,也可以从未完整体发展而来。对于动词重叠形式的将来时而言,由于缺乏材料,无法将其来源锁定到进行体或未完整体,暂且用粗略的线性顺序来表示。

(17) La   sobe   hugugu.
    NM   girl   carry-REDUP
    名词标记   女孩   顶-重叠
    'The young woman is carrying (something on her head).'
    "那个年轻女人正顶着(些东西在她头上)。"

数据显示,重叠的不及物功能很晚才得以发展,它出现在重叠的体功能完全泛化之后。在具备该重叠功能的三种语言中,重叠形式均有很大程度的缩减。因此,该书得到这样的结论,即重叠的不及物功能来自其未完整体意义。

Kiyomi(1995)在30种马来-波利尼西亚语言中发现有6种语言的动词重叠具有这种将及物动词转变为不及物的用法。这种不及物用法对受事的影响相对于及物动词来说是一种弱化(Hopper & Thompson, 1980),因此该文把这一用法归为"量少时短"等含义的短时用法(diminution),认为这种用法与其及物形式相比表达上有所弱化。下面是Paamese语的例子:

(18) tasíí   lahi-e
    taxi   3SG-Real-carry-3SG
    出租车   3单-现实性-载-3单
    'The taxi is carrying him.'
    "出租车拉着他。"

(19) tasíí   lahi-lahi
    taxi   3SG-Real-carry-RED
    出租车   3单-现实性-载-重叠

'The taxi is occupied.'
"出租车上有人。"

从例(18)(19)来看,重叠后的形式状态意义比较突出,但动作带来的状态意义本身是一种相对具体的意义,从跨语言的角度来看,并不是一种高度虚化的意义,详情参见下文关于结果体的讨论。因此未完整体到不及物的用法得不到材料的有效支持。而且词类的转化是一种涉及词汇意义与语法功能的变化,是一种比较具体的语法手段,不是明显的时体意义,也不大可能从高度虚化的未完整体演化而来。郑懿德(1983:39)在讨论福州话的单音节动词重叠式时指出,单音节动词重叠后改变了原有的动词性,转变为形容词,可做谓语、定语等;且该文没有报道此类重叠有高度虚化的未完整体用法。因此,本章在讨论动词重叠时体意义的演化路径时,剔除 Bybee et al.(1994)从未完整体到不及物这一终极环节。

3. 从反复体到完整体

3.1 从结果体到完整体

梵语、古希腊、拉丁语、哥特语(Gothic)等语言中动词重叠都可以用来表示跟过去时相关的一组用法,包括完成体、完整体、过去时(Swadesh,1971:147—148)。例(20)是古希腊语《荷马史诗》的例子,转引自 Haspelmath(1992),其中的 *gé-graph-e* 'Re-write-3SG' "重叠-写-3 单"就包含部分重叠的成分。

(20) Gé-graph-e   dè   kai taūta   ho
　　Re-write-3SG PT   and that: N.PL.ACC   the
　　重叠-写-3 单 小品词   和 那个：中性.复数.宾格   这个

　　autōs   Thoukudidēs.
　　self: M.SG.NOM   Thucydides: NOM
　　自己：阳性.单数.主格   人名：主格
　　'Thucydides himself has written this.' (Thuc. 5, 26, 11)
　　"Thucydides 他自己写的这个。"

对这一现象，Swadesh(1971:147—148)认为重叠形式作为前缀只是用来形成过去时，并未增加任何意义；因此 Kiyomi(1995)把重叠视为普通的前缀，列为重叠的非相似性用法，在其研究重叠的新方法中并未深入讨论。Kiyomi(1995)也没有注意到学术界从语法化的角度已经对印欧语中的动词重叠进行了富有成效的理论思考。

　　Bybee et al.(1994:172)注意到一些语言的重叠具有类似于被动意义或状态意义的用法。基于这一事实，Bybee et al.(1994:172)在附注提出，如果这一系列的发展能够得到重叠的被动意义或者是状态意义，我们就可以解释在希腊语和其他印欧语言中，为什么看似反常用法的重叠可以表达完成体或完整体。这个解释就是，完成体是由被动分词构成，是一种高度发展的重叠形式，是一种具有屈折形式的助动词。对于 Bybee 等的这一注释可以有两种不同的理解：

　　第一，由于 Bybee et al.(1994:172)是把状态用法归于未完整体，依据这一思路，有可能构建如下路径，即完成体用法源于属于未完整体的状态用法：

　　(21) 反复体 > 频现体 > 惯常体 > 未完整体 > 不及物
　　　　　　　　　　　　　　　　　　　↘ 完成体 > 完整体

这一路径存在两个难以解决的问题:1)未完整体本身是一种高度虚化的用法,再从未完整体发展出相对不那么虚化的完成体不符合已有的时体语法化的一般认识,而且也鲜见这方面的明确事实依据。2)在Bybee et al.(1994)的系统中,作为未完整体的"状态"并未得到严格的定义,并已经受到学术界的质疑。比如Drinka(1998)质疑,被动分词所表示的状态意义不应当视为未完整体,而应当视为不那么虚化的结果体。笔者在研究中也发现,Bybee et al.(1994)的"状态"意义过于宽泛,应该区别不同性质的状态。

第二,重叠的被动意义或者是状态意义视为结果体,从而维护了从结果体到完成体的演化路径,这正是Bybee et al.(1994)一书最重要的结论之一。Haspelmath(1992)一方面受Bybee et al.(1994)未发表的手稿的影响,认为古希腊语中完成体应当遵循从结果体发展为完成体、完整体的演化路径,另一方面对Bybee et al.(1994)中结果体的定义提出修正。根据Nedjalkov & Jaxontov(1988:6)的定义,结果体表示动作行为带来的状态持续。结果体这一动词形式不仅表示状态,而且还蕴含状态是由之前的动作带来的。Haspelmath(1992)认为,从语义的角度来看,确定这一蕴含的存在有很大的困难;因此应对结果体的定义加以修改,认为结果体的宽泛定义为表示一种状态的动词形式,该形式由动态动词派生而来且状态为该动词的结果。跟此前的定义相比,动词的范围有所扩宽。根据Nedjalkov & Jaxontov(1988:6),结果体的动词一般是终结性的,Bybee et al.(1994:65)也继承了这一看法,认为结果体只是与表示状态变化或带来状态变化的谓词兼容;Haspelmath(1992)把结果体兼容的动词从终结动词扩展到一般的动态动词。事实上,Nedjalkov & Jaxontov(1988:3—7)还提出了另外一种动词形式就是状态体,该形式只是表示与动作相关的状态,不强调带来状态的动作,并把状态体视为一种广义的结果体,区别于前面强调过去动作的狭义结果体。因此,Haspelmath(1992)对结果体定义的修改虽然没有参照 Nedjalkov & Jaxontov(1988:3—7)关于状态体的看法,但总体的精神实质是一致的。Drinka(1998)虽然没有参照 Nedjalkov & Jaxontov(1988:3—7)和 Haspelmath(1992),但结论是一致的。比较而言,第二种理解更具有合理性。

Haspelmath(1992)指出,古希腊语的动词重叠可以表示不同性质的结果体,既可以描述及物动词的受事所处的状态,如例(22);也可以描述不及物动词的主语所处的状态,如例(23),这些都是结果体在不同语言中的常见用法。

(22) é-rrhōg-a　　　　　rhḗg-numi
　　 'I am broken'　　　'I break'
　　 "我被打坏了"　　　"我打坏"
(23) té-thnē-k-a　　　　thnḗ-isk-ō
　　 'I am dead'　　　　'I die'
　　 "我是死的"　　　　"我死"

一旦界定了古希腊语的结果体形式,从类型学的角度看,就不难理解该结果体形式进一步发展成为完成体、完整体。例(24)中 *ei-lēph-en* 由重叠形式 *ei-* 构成的动词形式与 *egémi-s-en* 中由 *-s* 词缀构成的不定过去时(Aorist)在同一个句子中共现,都是用来叙述连续的事件,推进事件的时间进程。而所谓的不定过去时形式就是表示完整体意义,可见重叠式所表示的完成体已经发展成为完整体;所不同的是,不定过去时形式沿用至今,而重叠所表达的完整体早已弃而不用。

(24) kai　　eí-lēph-en　　　　ho
　　 and　　RE-take-3SG　　　the:M.NOM.SG
　　 然后　重叠-拿-3单　　定冠词：阳性.主格.单

　　 ággelos　　　tōn
　　 angel:NOM　　the:M.ACC.SG
　　 天使：主格　　定冠词：阳性.宾格.单

　　 libanōtōn,　　　　kai　　egémi-s-en
　　 censer[M]:ACC　　and　　fill-AOR-3SG
　　 香炉［阳性］：宾格　然后　填-不定过去-3单

　　 autón.(Rev. 8, 5)
　　 it:M.ACC.SG
　　 它：阳性.宾格.单

　　 'And the angel took the censer, and filled it.'
　　 "天使拿起香炉，把它填满了。"①

　　 汉语方言的动词重叠也在一定程度上体现了从结果体到完成体的演化。汉语部分方言中单音节动词重叠可以表示"过去了的、已经发生了的动作"，该意义在郑懿德（1983）对福州话单音节动词重叠的描述中概括为"经历体"，实际上相当于类型学的完成体；例（25）显然不好理解为经历体的"过"，而是相当于过去发生的"的"。例（26）也明显不同于典型地表示过去不确定时间至少发生过一次的经历体，而是在较近的过去对特定对象实施的具体行为。福建宁德方言、安徽泾县方言、山东高密方言也有类似的用法（参见陈丽冰，1998；朱蕾，2005；王文娟，

---

① 对应的汉语句子中使用句尾"了"，一般认为句尾"了"是完成体。但是这里明显是用于叙述语篇推进事件的进程。因此，也可以把这里的句尾"了"视为完整体，参见陈前瑞、胡亚（2016）。

2008），① 如例（25）（26）。这些例证中都有"的"，说明重叠的这种用法还没有完全成熟，还需要与"的"共同表达。

(25) 汝昨冥讲讲唭许桩事计……（你昨天说的那桩事）②（福州方言，郑懿德，1983）

ny^{31} so^{31} man^{53} kouŋ^{35} kouŋ^{31} ŋi^{11} xi^{11} ʒouŋ^{44} tai^{53} iɛ^{213}

(26) 这个苹果我吃吃的，把人家吃不卫生了。（泾县江淮官话，朱蕾，2005）

这一用法在泾县适用的动词较多，但在周边方言中仅限于零星的几个动词，难以考证其动词重叠的完成体意义的来源。不过，福州方言的单音节动词重叠可以用于"夹、戴、背"类动词表示动作带来的状态的持续，而且有的语境中明显显示这些状态仍然处于持续和保持状态，如例(27)，这正好就是类型学的结果体的意义。可见这些方言中动词重叠表示的完成体用法最有可能来自表示状态持续的结果体。郑文列举了4例类似于结果体的用法，但只举了1例完成体的用法，说明结果体的用法更为常见，是演变阶段中处于早期阶段的用法。

(27) 汝骨骼下夹夹唭许把伞……（你腋下夹的那把伞）（福州方言，郑懿德，1983）

ny^{31} ko^{11} louʔ^{5} ɑ^{242} kei^{44} kɛiʔ^{5} ki^{31} xi^{35} βɑ^{31} saŋ^{31}

---

① 感谢上海外国语大学王芳博士告知山东高密方言的相关用法并促使笔者进一步搜集相关材料。

② 原文采用调型来标注实际读音，由于有的调型无法录入，本章根据该文注2的单字调实际调值标注调值。

3.2 从反复体到结果体以及结果体语法化的双路径

古希腊语的完成体已被认定为源自结果体,可是结果体又源自什么? Haspelmath(1992)通过对结果体的重新界定解决了古希腊语完成体演变的一系列难题,但是仍然遗留了一个难解之题。如例(28):

(28) me-mēk-ős　　'bleating' "(小羊)咩咩地叫"
　　 ke-kaphē-ős　　'panting' "嘘嘘地喘气"

Haspelmath(1992)认为这些动词重叠的用例在荷马时期也仅有 10 例,都是用来表示动物的叫声,其中声音为复数形式;笔者理解这些复数应当是表示动物重复的叫唤,据此可以找到解决这个难解之题的线索。

根据 Banerjee(1983:20),在梵语和古希腊语言中,动词重叠不仅用来表示完成体,而且还用来表示重复的(repeated)、持续的(continuous)、频繁发生(frequentative)的动作,但在同一页的列表和具体行文中径直用频现体(frequentative)来代替动词重叠的三种具体的意义。而根据 Bybee et al.(1994:127),频现体包括惯常体的意义,即表示情状是一段时间内的特征,而且还特别表示在该时间段内频繁发生或出现;与反复体限于特定情景的重复不同的是,频现体不限于特定的情景。可见,Banerjee(1983)的频现体涵盖 Bybee et al.(1994)的反复体、频现体等多种意义,这一点需要特别注意。

梵语和古希腊的动词重叠在表示频现体方面存在明显的差异。Banerjee(1983:21)指出,在荷马时代的古希腊语中,有一些例子不用动词重叠来表示频现体,而在作者分析的梵语材料中都是用重叠来表示频现体;梵语具有重叠形式的频现体这一事实说明,梵语的动词重叠保留了更为初始的意义。下面是古希腊语和梵语表反复体的用例（Banerjee，1983：11）：

(29)

     古希腊语   梵语
 原型： βην   ágām
 重叠形式：βίβηι（βίβαω） jigāmi
 重叠前的意义：表示瞬间动作"我走"。
 重叠后的意义：'I make step after step.'"我走啊走走啊走。"

Banerjee（1983：21）认为下面几个例子中的重叠表示频现体：dardarimi 'I smash'"我破坏"；dardharti 'holds zealously'"有热情"；nānadati 'sound loudly'"发出很大的声音"。根据该书的惯例（参见20页），频现体所表示的重复发生的意义并没有在注释中直接体现出来，而是在行文中特别解释或用概念指代。这些用例中，dardharti 'holds zealously'"有热情"属于比较抽象的性格或表情，一般不适宜理解为具体场景中重复的动作，因此应当是属于人的特征或心情的一部分，因而在一定时间内常常出现，应当属于 Bybee et al.(1994) 典型的频现体。据此，可以进一步确认从反复体到频现体的演化路径。

根据 Bybee et al.(1994) 的定义，频现体已经包含了惯常体，在 Bybee et al.(1994：168) 的样本中芒洪语（Maung，澳大利亚语群语言）的部分重叠兼有惯常体和频现体这两种用法，因此可以将动词重叠所表示的惯常体并入频现体之中。惯常也是一种状态性的意义，结果体也是表示状态的持续，两者的概念意义非常接近，因而可以把从结果体到完成体的演化路径嫁接到从反复体到频现体（惯常体）的路径之上，

Bybee et al.(1994:172)的演化路径(30)改造为(31):①

(30) 反复体→频现体→惯常体→未完整体
(31) 反复体→频现体(惯常体)→结果体→完成体

至于 Bybee et al.(1994:172)构拟的重叠形式从惯常体到未完整体的路径似无必要,因为作者已经明确表示:"我们尚未可知的是,惯常体泛化为未完整体是否如同进行体泛化为未完整体一样。我们已有后者以非重叠形式出现的例子,但前者的例子却尚未找到。"(171页)

从反复体到结果体的演化路径的构建也可以把汉语动词重叠所表达的反复体及相关意义纳入到类型学的演化路径之中。陈前瑞(2002,2008a)的"反复体"既包括同一情景的反复,也包括不同情景的反复,实际上包括了 Bybee et al.(1994)的反复体和频现体;而且陈前瑞(2002)的反复体作为一种跟动量有关的阶段体,并没有进入实际的时间流程,一旦进入时间流程,就可以有类似于频现体或惯常体的用法,并获得类似于结果体所表达的状态的意义。例如:

(32) 他们在那儿吃吃喝喝的。(反复体)
(33) 他这几年整天吃吃喝喝的。(频现体)

前文提及福州话中动词重叠做定语时兼表结果体和完成体,有利于建构从结果体到完成体的演变;福州话的结果体同样可以联系到反复体

---

① 不同语言形式表达的惯常体意义很可能具有不同的体貌地位。在进行体意义上发展出来的惯常体意义就比较虚;而在反复体上发展出来的频现体或惯常体的意义就比较实在。一些用词汇手段表达的惯常意义也比较实在。参见陈前瑞(2019)。

的用法。[①] 在福州话中单音节动词重叠表示动作反复的用法很好地保留在儿歌童谣的对举用法中，例如：

(34) 福州儿歌（郑懿德，1983）

鼻流流，蛏蜀碗（鼻涕流呀流呀，流得像一碗蛏一样）

p'ɛi²¹³ lau³¹ lau⁵³, t'ɛiŋ⁴⁴ no³¹ uaŋ³¹

从结果体到完成体的演变路径的构建还可以解释类型学研究中提出的重叠所表示的起始体和进行体的问题。Rubino(2011) 所列举的动词所表示的体的用法中有一项起始体（inchoativity），表示状态的变化。重叠表起始体的说法目前仅见 Reichard(1959) 对 5 种北美 Salish 语言的比较。这 5 种语言的词根重叠表示重复、频现和惯常。例(35) 是 S-D（Snoqualmie-Duwamish 的缩写）语言中重叠表示频现体的用例（242 页）：

(35) a. u-t'óq'- t'oq'-ɔb（toq'ob 'cough' "咳嗽"）

'he coughed and coughed' "他不停地咳嗽"

b. u-bəd-bəd-č-əb（badč 'tell lies' "撒谎"）

'he keeps on lying' "他老撒谎"

其中 a 中的"咳嗽"为具体的动作，可以是特定情境的反复体，也可以是频现体和惯常体，而 b 的"撒谎"不大可能在特定情境中反复，最有可能是频现体和惯常体。

---

① 福州话这一组用动词重叠表达的意义在形式上具有共同的特点，都是前一音节按一般双音节变调规律变调，后音节不变调。郑懿德(1983) 归为 DD 式，与其他形式的重叠所表示的意义有明显不同。

在这5种语言中,大部分具有一种中间成分重叠的手段,即重叠词根的元音表示近似于"变成"义的起始体。比如在 CA(Coeur d'Alene 的缩写)语言中,该重叠形式表示"非自主地逐渐发生变化"(gradually becoming without volition)。从具体用例来看,这些变化实际上已经发生,例如:

(36) a. luʔup (lup 'dry' "干") 'it became dry, it dried out' "它变干了,它干了"

b. naʔas (nas 'wet' "湿") 'it became wet' "它变湿了"

这些用例既可以是一种状态的变化,也可以是变化后的状态。它们介于结果体与完成体之间,正好是重叠所表示的结果体到完成体演变的例证,其中结果体强调变化带来的状态,是一种狭义的结果体。至于"起始体"所具有的"状态变化义"实际上是完成体与状态谓词共现时的一种具体的意义,如汉语的"红了"就有"变红了"的意思,没有必要将这种状态变化意义单列为起始体。典型的起始应该表示一个完成体动作的开始阶段。从 CA 语言及其他几种语言的用例来看,基本上可以概括为结果体或完成体。

但在 Kal(Kalispel 的缩写)语中情况略有不同,既可以理解为结果体或完成体,如例(37a),还可以有进行体的理解,如例(37)的 b 和 c:

(37) a. xu-xuʔús 'they were awake, they wakened (?)' "他们是醒的,他们醒了(?)"

b. paʔáq (paq 'white' "湿") 'it is fading' "它正在褪色"

c. čin-naʔas (nas 'wet' "湿") 'I am getting wet' "我正在变湿"

这里的动词重叠在获得结果体的意义之后,在相近的语言中有可能具有进行体和完成体双重理解,其可能的演化路径如(38),类似于汉语方言和近代汉语兼表持续(含结果体、进行体)与完成的"着",呈现出结果体语法化的双路径。(参见陈前瑞,2008a:110)

(38) 反复体→频现体(惯常体)→结果体→完成体
　　　　　　　　　　　　　　　↘进行体

3.3　从完成体到现在状态

汉语的句尾"了",不仅有完成体用法,如"天亮了",也可以用于"太亮了!"。后者的用法在 Bybee et al.(1994)被定义为"现在状态"(present state),表示事物当前的状态;在一些语言中实际上具有一定的强调作用。根据 Banerjee(1983:77,97),古希腊语被称为"完成时"的重叠形式也有这种用法。这种用法与一般现在时相比,有一种加强程度的意思,如完成时形式的 $\gamma\eta\theta\varepsilon'\omega$ 有"充满了快乐""极度兴奋"的意思,而一般现在时则有一种持续性的意思,如"常常快乐""正高兴"。这种用法可以与程度副词共现,也可以不与程度副词共现。根据 Banerjee(1983:110),在古典梵语之前的吠陀语早期阶段的梨俱吠陀(Rigveda)中,$\sqrt{bhī}$ 'fear'"害怕"的直陈式的完成时形式 bibhāya 出现了三次,均与其他现在时形式的词一起出现,有"极度恐惧"(lit. is extremely terrified)的意思。这种强烈程度的意思对于现在状态而言,是否具有普遍性还有待进一步的研究。

Bybee et al.(1994:77)指出,现在状态可以从完结体、结果体、完成体以及完整体这四种用法与状态谓词的互动中形成。考虑到现有材料特别是汉语普通话的类似现象中,现在状态的用法与完成体的联系更为明显、更为多见，为简化起见，在现有的语法化路径上首先在这两种用法之间建立关联。

3.4 小结

根据前文的材料和分析，我们把重叠所表示的从反复体到完整体及相关功能的演化路径归纳如下：

$$(39)\text{反复体}\rightarrow\text{频现体}(\text{惯常体})\rightarrow\text{结果体}\rightarrow\text{完成体}\rightarrow\text{完整体}\begin{cases}\nearrow\text{进行体}\\\searrow\text{现在状态}\end{cases}$$

4. 从强化到完结体与从反复到短时的演化方式

前面讨论的动词重叠的两条演化路径都是在反复体的基础上进一步演化的，反复体主要体现在整体动作持续时间的延长；本节讨论的动词重叠主要跟动作的强度有关。重叠导致动作强度的变化体现为两种强度，一种是强化（intensity），一种是"量少时短"的短时（diminution）。先看强化。

4.1 从强化到完结体的话语隐涵

Kiyomi（1995）在30种马来－波利尼西亚语言中，发现有9种语言的动词重叠具有强化的用法，并列举了两种语言不同的强化含义，如例（40）（41）；Banerjee（1983：20）也列举了古希腊语的一种强化含义，如例（42）：

(40) Ambrym

　　nor 'to think' "想"

　　nor-nor 'to think over' "仔细想；想来想去"

(41) Rennellese

　　hoa 'to crack' "开裂"

　　hoa-hoa 'smash' "破碎"

(42) 古希腊语

　　φαίνω 'shine' "闪"

　　παμφαίνω 'shine brightly' "闪闪发亮"

这三种强化既有动作本身的深入细致，也有强化力度导致物体更大程度的破损，还有动作本身发出更大的光芒。这三种强化跟时体意义的关系不那么直接。

还有一种强化，它隐含一种完结体（completive）的含义。完结体就是指完全、彻底地做某事，并隐含动作涉及的对象完全受到影响，并具有强调的意味（Bybee et al., 1994：57）。例（43）（44）"切断"不仅跟动作有关而且也涉及动作的受事，动作影响到受事的每一部分就使得动作自然地结束。由于"切断"及下一例的"摧毁"是有内在终结点的动作，动作的强化自然指向实现这一内在终结点。释义中的 completely 也很好地体现了这种含义。

(43) 梵语（Banerjee，1983：20）

　　lū 'sever' "切断"

　　lolū < lū lū 'to sever completely' "完全地切断"

(44) 他加禄语（Blake，1917：429）

　　magkasirasírà 'to be completely destroyed' "彻底地被摧毁"

应当指出的是，这种完结体的意义不同于完成体，后者只是表示事件在参照时间发生并具有相关性。文献中用来描述重叠形式的意义有时也用完成（completion），其准确含义应细加分辨。Williams（1875）试图把梵语、古希腊语及拉丁语中部分动词重叠表示完成之类的动作的来源追踪到强化用法，这种观点与前文讨论的 Haspelmath（1992）等的论证明显相反，也得不到跨语言材料的支撑，因此此类强化用法只是零星的，并未成为一种规则化的现象，比起重叠所表示的结果体的状态意义，只是限于一些特定词汇意义的话语隐涵。

4.2 从反复体到短时体

汉语动词重叠式"VV"或"V—V"表示"量少时短"的短时体，是对基础动作的弱化。在类型学研究中，类似于汉语动词重叠所表示的短时体一般称为 diminution，表示减少或少量的意思，可对译为"一点"（a little），本章在体貌的框架下通译为短时体，实际涵盖的意义不限于字面的"短时"与"体"的意义（也可译为"减量"）。在 Kiyomi（1995）对 30 种马来-波利尼西亚语言的调查中，动词重叠具有短时体用法的语言有 10 种，另外有 4 种语言具有随意的用法（aimlessness），1 种语言具有尝试的用法，该文把这 3 种具体用法都归为短时类。可见，有二分之一的马来-波利尼西亚语言具有短时类的用法，该语族中只有三分之一具有短时体的用法。但是，动词重叠具有反复类意义（含反复、延续、惯常等）的有 25 种语言。可见，在动词重叠所表达的语义中，反复类是一种无标记的用法，而短时类是一种有标记的用法。

Kiyomi（1995）把反复体、延续体、惯常体、强化一类的用法视为重叠的象似性用法，把短时类的用法视为非象似性用法；并且推测：重叠最开始的用法是象似性的，后来才发展出非象似性的用法。我国景颇族使用的几种语言的比较材料也进一步支持这一点，比如景颇语的动词在

状语位置修饰泛义动词时有两种用法(戴庆厦,2012:105—106):

(一)单音节动词的完全重叠式表示动作是"经常的",如例(45);但是,若用在第一人称做主语的句子中,则表示动作行为是"轻微"的,如例(46)。

(45) naŋ³³ ka̠³³ ka̠³³ ti³³ u³¹.
你　写　(叠)(泛)(尾)
"你经常写吧!"

(46) ŋai³³ tʃe³³ tʃe³³ ŋu⁵⁵ ni²⁵⁵ ai³³.
我　会　(叠)(泛)(尾)
"我有点会了。"

(二)双音节动词全部重叠表示动作行为是"轻微"的,如例(47);若只重叠后一音节,则表示动作行为是"经常"的,如例(48)。

(47) wo⁵⁵ ʒa³¹ ko̠²⁵⁵ ʃã³¹ mu³³ ʃã³¹ mu³³ ʒai³¹ ŋa³¹ ai³³.
那　(方)动　(叠)　(泛)(貌)(尾)
"那里有点动。"

(48) wo⁵⁵ ʒa³¹ ko̠²⁵⁵ ʃa³¹ mu³³ mu³³ ʒai³¹ ŋa³¹ ai³³.
那　(方)动　(叠)　(泛)(貌)(尾)
"那里经常动。"

景颇语的材料说明,单音节动词重叠表示"轻微"仅限于第一人称,是一种语用上受到明显限制的用法,其"轻微"义与第一人称自谦的特点是有密切关联的,因此该用法很可能是正在形成中的用法。综合前面讨论的从反复体到频现体(惯常体)的演化路径,我们有理由认为景颇语的动词重叠经历了一个从反复经由频现体(惯常体)到短时体的发展过程,即反复的用法发展成为频现体之后成为某个人的固有特征,再在第一人称表示自谦的用法中获得短时的意义。王姝(2016)指出,在其调查的126种语言中,大部分语言的动词重叠都表量增,表量减的是侗台语族的各种语言和南岛语系的京语,有证据表明这些语言的动词重叠都是受汉语影响所致,不是独立的证据。根据近年来许多接触引发的语法演变的研究,语言内部因素导致的演变和语言外部因素导致的演变的区别只在于演变的动因,而演变的一般机制是一致的。从这个角度看,受汉语影响而产生动词重叠表示量减的现象反而具有特别的证据力,可以在借用之外看到这些动词重叠产生量减功能的语义演变机制,进而分析它们与汉语动词重叠形成该功能的特定条件与具体机制的异同。

再来看汉语动词重叠表短时体用法的发展过程。现有研究对汉语动词重叠的产生过程有几种不同的看法。太田辰夫(1958:176)认为,这恐怕是从重复的动词中间加"一"这种形式变来的,随着"一"的省略,就不表次数了。张赪(2000)认为,"V一V"与"VV"式的产生与动词借用动量词和同源动量词的用法的兴起有直接的关系,"V一V"式先产生,"VV"式后产生,它们与表示动作反复的动词重叠式没有直接关系。现代汉语中表示时间短、次数少、程度轻的"V一V"在南宋末年(13世纪末)已经形成。崔应贤(2011)以专著的篇幅考察汉语动词重叠的历史,提出:早期表示反复的"VV"式在唐诗中已经有"转眼间"的用法,有的已经接近于现代的动词重叠,如例(49)。崔应贤(2011:118)还认为,例(50)中的"看看"表示的时间意味恐怕更短,连过程的内涵都没有。

(49)却思毫末栽松处,青翠才将众草分。
　　　今日散材遮不得,<u>看看</u>气色欲凌云。(施肩吾《玩手植松》)

(50) 君有绝艺终身宝,方寸巧心通万造。

忽然写出涧底松,笔下<u>看看</u>一枝老。(施肩吾《观吴偃画松》)

以下两例是笔者检索到的唐诗用例,似乎更像是现代汉语的已然的"看了看"。它们都是用在前一分句,引出所看到的情景,且这些情景都是变化性的。一般不适合长时间观看,而是一次行为直接看到变化的结果,如例(51),或引发后续行为,如例(52)。

(51) 三复招隐吟,不知寒夜深。<u>看看</u>西来月,移到青天心。(施肩吾《寒夜》)
(52) 二月三月时,平原草初绿。三个五个骑羸牛,前村后村来放牧。笛声才一举,众稚齐歌舞。<u>看看</u>白日向西斜,各自骑牛又归去。(隐峦《牧童》)

崔应贤(2011:149)指出,《祖堂集》也有动词重叠,如例(53)用于祈使句,受礼貌原则的影响,一般的祈使句往往有弱化语气的成分,如"且",它与重叠的作用是一致的。

(53) 临济问师:"十二面观音岂不是圣?"师云:"是也。""作摩生是本来面?"临济一掴。师云:"长老且宽宽。"济侧掌,师归受业寺。(《祖堂集·米和尚》)

因此,崔应贤(2011)认为,现代汉语动词重叠的来源可能有多种路径,"VV"的前身并不是"V一V",而是自先秦以降的表示反复的重叠形式演化而来;"V一V"的前身是自《齐民要术》以降的"一V",唐诗宋词的"试一V"。这两种形式共存并平行发展。

崔应贤(2011)没有详细描述表反复的VV是经由什么机制发展成为表短时的VV,而且早期的反复用例较少,后期的短时例证集中于动词"看";① 但这一演变路径很可能更具有潜在的普遍性,如同景颇语单音节动词重叠的短时体用法受限于第一人称这一语用条件一样。本章无意否定汉语动词重叠的短时体用法与动量意义的关联,只是强调这一路径受制于汉语特有的句法形式。就像其他不具有动量结构的语言可以从反复发展出短时的意义一样,汉语也可能存在这种演变的特定环境和演变的潜在机制。在现阶段,我们肯定在某种语言中动词重叠往往先有反复体的用法,后有短时体的用法;至于短时体用法的具体产生途径可能存在跨语言的变异现象,甚至一种语言中也会有多种不同的途径,这些都有待进一步研究。②

5. 动词重叠时体用法的表达与演化机制

重叠的表达机制及其不同用法的演化机制既涉及重叠本身的问题,也涉及语义演变的一般机制,学术界有过一些不同的看法。Kiyomi(1995)从认知的角度把重叠的表达机制分为两类:一类是象似性的表达,包括反复体、进行体、未完整体等;一类是非象似性的表达,指重叠作为一个常规的词缀所表达的用法,如前文提到的梵语和古希腊语中重叠表达的过去时,也包括重叠所表达的减量或短时体用法。这两类表

---

① 这两点分别由张赪教授和刘丹青教授向笔者谈起,谨此致谢。
② 在现有的研究中,如何解释动词重叠从表示象似性的反复发展出表示非象似性的短时或少量,并没有很好的理论方案,也都缺乏细致的历时考察。比如,有的设置了一个离散型重复作为持续性重复与短时或少量的桥梁,一个完整的动作、物体离散开来就是一个小量的动作或物体(Kouwenberg & LaCharité, 2005:540)。

达背后共享一个共同的语义原则:动词重叠的原型语义就是改变基础形式的语义内涵,或使之变得程度更高,或变得程度更低,可简称为"或高或低原则"(A HIGHER / LOWER DEGREE OF...)。张敏(2001)认为提出动词重叠表少量仍然可以从共时得到解释。在有动词三叠式的语言里,三叠式只能表多量;而二叠式则既可以表示多量也可以表示少量。因此重叠的各种语义都可以从"类同物复现"的高层认知图式中推导出来。

以上两种解释模式都还不够完善。张敏(2001)的"类同物复现"只是提供了一个具有最大公约数性质的解释,三叠式不表少量也是提供了一个最大范围的限制。在此基础上还需要有一些具体的原则或机制来解释动词重叠所表达的时体意义及其演化机制。Kiyomi(1995)把动词重叠所表示的过去时用法视为一个常规的词缀,没法解释这一词缀仍然是从具有象似性的反复体一步一步演化而来的,更没有办法解释为什么同样具有象似性的反复体在不同的语言中分别发展出具有象似性的未完整体用法和不具有象似性的完整体或过去时用法。仅用象似性与非象似性的对立也没有办法解释动词重叠与其他形式的语法手段一样,在表示时体意义时遵循近乎相同的演化路径。因此,我们需要将动词重叠的语义演化机制与一般的语义演化机制结合起来。

Bybee et al.(1994:167)已经指出,完全重叠在其源头意义上体现出最大程度的象似性,即动词的重复表示动词描述的动作的重复。在从反复体向未完整体或完整体演化路径的早期阶段,反复体表示单个情景的重复,一般限于终结动词;延续体也是同一情景的动作重复,但已经可以适用于非终结动词;频现体(也包括惯常体)也是动作的重复,但已经不限于单个情景的重复。Bybee 等认为这几个意义标签都是表示重复,都体现了不同程度的象似性,由象似性导致的演变机制应该是隐喻的机制。但是,也应该注意到语法化进程的每一步也都伴随着其他的演变机制，从这几步来看，都明显伴有语义泛化的机制：或从终结动词扩展到非终结动词，或从单一情景扩展到非单一情景。

在动词重叠时体意义演化的中间阶段，也就是进行体和结果体产生的阶段，虽然这两者的意义结构与延续体、频现体保持相似的内部结构，但意义的着重点已经发生转移，进行体着意于参照点这一时刻动作所处的持续；结果体则关注动作结果带来的状态的持续，动作本身的重复已经不再重要了。在这一阶段，语用推理的作用更为明显，既然动作在持续地延续，那么在某个参照点，动作也仍在持续；既然频现体或惯常体表示动作成为一段时间内的特征，那么在当前时刻，由该特征决定的状态应该仍然延续，从而获得结果体的状态持续意义。

在动词重叠时体演化的后期阶段，语义演化的机制与前期有所不同。在从进行体向未完整体的演化过程中，动词重叠在进行体的基础上，逐步获得表示惯常、状态存在乃至于不同性质的类指的意义，从而成为宽泛的未完整体标记，这其中语义泛化机制的作用最为明显。从未完整体到将来时以及从完成体到强调当前状态，这些都是比较抽象的意义，重叠形式所获得的意义应当主要来自语境吸收的语义演化机制。比如台湾南岛语的Ca-重叠的将来时用法就是在与非现实标记共现的过程中逐步获得单独表示将来时的用法，这其中主要是语境吸收机制的作用。这是Bybee et al.(1994：297)所概括的时体意义演化的一般规律，特别是不同的语义演化机制作用于不同的语义演变阶段，并不限于动词重叠所表达的相应意义。

总之，Kiyomi(1995)概括的"或高或低原则"作为一个基础语义原则，既可以解释重复或强化这一"高"的变化，也可以解释减量或短时这一"低"的变化；张敏(2001)"类同物复现"可以解释为什么"高"的变化是最为常见的变化，但仍然无法具体解释重叠所表示的短时用法的产生机制。刘丹青(2012)指出，汉语的动词重叠表减量不符合象似性原则,这是因为它源自动量性的"V一V";此类重叠属于次生重叠,可能继承其结构前身的表义功能,而与重叠的普遍性无关。在本章看来,在没有充分证据证明每一种语言重叠结构的非象似性意义产生的理据之前,仍然要相信在特定语言的特定解释之外,仍然存在形成重叠非象似性意义的一般的语义演变机制。这是因为尽管动词重叠表示减量的研究基础还远远不够,但动词重叠从表结果体意义到完成体意义的演变已经证明了这种可能性的存在。因此,要准确地解释动词重叠所表示的时体意义的演变过程,仍然需要借鉴 Bybee et al.(1994)所概括的语义演变的机刮以及不同机制作用于不同阶段的理论。

6. 结语

基于前文研究,可以把跨语言中重叠所表示的时体意义的语法化路径的类型概括如下:

(54)
  a. 反复体→延续体→进行体→未完整体→最近将来时→一般将来时

  b. 反复体→频现体(惯常体)→结果体→完成体→完整体 ↗ 进行体 ↘ 现在状态

  c. 强化→完结体的话语隐涵

  d. 反复体→频现体→短时体

动词重叠时体意义演化的机制在早期阶段,以隐喻和泛化为主;在中期阶段,以语用推理和泛化为主;在后期阶段,以语境吸收和语用推理为主。动词重叠时体意义的演化符合 Bybee et al.(1994)所概括的语义演变的一般机制。

　　本章的研究在前人的基础上，在掌握材料的广度和语法化路径分析的深度上有所推进，期待在相关领域引发更多的思考。

结　　论

汉语具有较为丰富的完成体与经历体的表达手段，是类型学研究中较为难得的研究对象。本书在较为丰富的前期研究的基础上，进行了13项专题研究，取得了一系列富有新意的研究发现。这些发现的概要可参见绪论部分的框架与要点，这里仅就其中较为重要的几点加以总结和说明。为了保持总结部分的自足性和可读性，这里避免了较为专门的术语和略显繁琐的引证，并适当补充例证。

本书最主要的理论成果是修正了已有类型学研究的错误，建构了完成体5种用法之间的概念联系。《世界语言结构图册》被认为是语言类型学研究中最具有影响力的集成成果。该图册第68章认为汉语没有完成体的表达形式，其理由是汉语的"了"主要表达完成体的结果性用法，即过去动作的结果带来的状态仍然存在，并具有明显的现时相关性。比如"她病了，所以没法来上课"，不能表达完成体的经历性用法；而"过"只表达经历性用法，不能表达结果性用法。因此，汉语普通话没有一个形式同时具备完成体的结果性用法和经历性用法，因此汉语没有完成体的表达形式。本研究认为，《世界语言结构图册》的判断标准有问题。本研究从汉语和跨语言研究中概括出完成体的5种用法。除了上述两种用法之外，还有持续性用法、先时性用法、报道新情况用法。仅现代汉语普通话和北京话中就有词尾"了"、句尾"了"、"来着"、"过"、双"了"句这5种形式，它们在这5种用法上形成多种不同的切分，并可以据此建立5种用法之间的概念联系。因此，仅选出其中的两种用法作为完成体的规定性标准具有很大的机会主义的性质，不符合汉语学界和语言类型学学界对完成体的主流看法,应该予以改正。

本书在完成体方面的重要成果是对现代汉语"了"与上古汉语"矣"的对比分析。"了"是现代汉语使用频率最高的体貌形式,研究的成果最为丰富,但歧见也最为明显。以往研究至少有4种主要的研究模式:1)时态助词和语气词模式,词尾"了"为时态助词,句尾"了"为语气词。2)动态助词和事态助词模式,词尾"了"为动态助词,句尾"了"为事态助词。3)词尾和句尾"了"模式,单纯以位置区分,并概括各自的主要功能。4)完整体与完成体模式,词尾"了"为完整体,句尾"了"为完成体。根据现有的语法化的理论和事实,实际上我们没有办法为某个语法形式找出一个具有普遍概括性的抽象意义,因此上述4种模式均存在大量的例外。基于此本书为词尾和句尾"了"提出一个多功能模式,即认为两个"了"兼有完结体、完成体、完整体以及现在状态功能,句尾"了"还具有最近将来时功能,如"开车了!开车了,大家快上车"。从完结体、完成体到完整体是一条具有广泛普遍性的演变路径。从完全彻底结束的完结体到具有现时相关性的完成体的演变在汉语史中反复出现,但从完成体到完整体的演变不管是汉语还是类型学的研究均不能令人满意。本书通过对《水浒传》和王朔两部小说部分语料的统计发现,句尾"了"以完成体为主,词尾"了"以完整体为主,历时方面,句尾"了"的完成体功能更加突显,词尾"了"完整体的独立叙述用法明显增加,体现了句尾"了"和词尾"了"功能的分化趋势。词尾"了"经由完成体的先时性用法发展出完整体用法,不同于已有研究广泛认可的从完成体的报道新情况用法发展为完整体的路径,体现了完整体语法化路径的多样性。从完成体到完整体的演变在河北正定方言中甚至有更为明显的语音变化。

上古汉语的"矣"与现代汉语的"了"具有显而易见的对应性。但如果把两者直接对应,"那就太皮毛了"(吕叔湘,1942—1944:258)。事实证明,两者的细微差异同样具有显著的类型学意义。本研究应用多功能模式穷尽性分析《左传》中"矣"的用法，确认"矣"具有若干例完成体的经历性用法，如在"小人有母，皆尝小人之食矣；未尝君之羹，请以遗之"（《左传·隐公元年》）中，"矣"单独表示经历性用法，但不具有完成体的先时性用法。"矣"的强调现在状态用法与"了"相比，可以在没有程度副词的情况下表示该功能，如"德至矣哉，大矣！"（《左传·襄公二十九年》），比"厉害了！我的国！"更为自由。"矣"的最近将来时和祈使用法也比"了"更为成熟，从而进一步支持现代汉语研究中对"了"的多功能模式的分析。"矣"和"了"的研究同样具有明显的方法论意义。功能分化过程中，语境起着至关重要的作用，在这一点上传统训诂学的随文释义与多功能模式具有显著的相似性。但是，多功能模式借助现代语言学的成果，可以对言内语境从句法、语义和语用的角度概括出更多的类型，从而找到制约语义演变的重要因素或机制。

在Dahl(1985)的64种语言的样本中经历体见于8种语言，虽然分布于不同的区域和语系，但主要集中于非洲、东亚和东南亚。汉语在不同时期均发展出不同的经历体形式，是经历体研究最佳的对象语言之一。"过"源于"经过"义，但经过完结体发展出完成体的结果性用法，进而发展出经历性用法。现代汉语中"过"的结果性用法已经消失，但仍然保留在南方的一些少数民族语言中，从而证实了从结果性用法到经历性用法的演变路径。"过"不仅表示过去非特定时间的事件，如"他小时候吃过不少苦"；还可以表示过去特定时间的事件，如"那个公园没意思，我上星期去过"。主要用于特定经历的表达形式在世界语言中非常少见，仅在韩语和汉语部分方言中有比较明确的报道。上古汉语的"尝"从品尝义经尝试义发展出经历义，这是一条具有一定普遍性的路径。但是，历史语料显示，"尝"在形成经历性用法的时候，并没有明显的结果性用法的用例，显示了经历性用法演变的多样性。

古汉语的"曾"具有语气副词和时间副词两种用法，这两种用法具有不同的读音。学界对这两种用法的关系也有不同的认识。本研究发现两者典型用法差别明显,但非典型用法却在多方面存在相似性。比如:"梁王欲求为嗣,袁盎进说,其后语塞。梁王以此怨盎,曾使人刺盎。"(《史记·袁盎晁错列传》)其中的"曾"既可以理解为"竟然"这一反预期含义,也可以理解为"曾经"这一经历体意义。研究发现,一些语言中反预期和经历体之间可能存在不同的演变方向,说明两者之间具有密切的概念联系。据此,可以初步建立"曾"的这两种用法之间的演变关系。

上古汉语中,惯常体的"常"还可以表示经历体,如:"黯多病,病且满三月,上常赐告者数,终不愈。"(《史记·汲郑列传》)其中的"常"有的译本理解惯常,有的理解为经历。这一问题仅就汉语的材料不好分析。但是,英语、马来语、古汉语中三个以惯常为基本义的成分均存在经历用法,马来语和英语的对应成分均存在明显的从惯常到经历的演变过程。本书从基于使用的研究范式出发,比较了三种语言从惯常到经历的演变过程的多样性与一致性,有助于理解惯常与经历之间的概念关联。

本书在前人研究的基础上,明确地把经历体用法分为非特定经历和特定经历,并通过比较东亚和东南亚语言,将经历体形式与两种经历体意义的对应关系分为直对型、偏侧型、倾向型、涵盖型,并初步分析了一些语言中多种经历体形式与两种经历体意义的匹配模式,明显地推进了经历体的研究。我们把经历体体貌意义的来源归纳为 5 类:1)完结体,2)结果体,3)"来、去"义趋向动词,4)限量体,5)惯常体,并细分为 10 种词汇来源。此项研究结果修正了 Dahl & Velupillai(2013)的部分标注,比该文献展示的更为丰富。除部分非洲语言之外,这些新鲜材料主要来自东亚和东南亚语言。因此,基于汉语方言和中国境内少数民族语言的语料可以在这方面有更大作为。

本书还从类型学和语法化的角度研究动词重叠形式所表示的时体用法之间的演化关系。针对以往研究中很少提及的动词重叠所表达的将来时、完成体、短时体功能和完结体的话语隐涵,提出了4条演化路径:1)从反复体经延续体、进行体,发展出未完整体和将来时的功能;2)从反复体经频现体、结果体分别发展出进行体和完成体的功能;3)从强化发展出完结体的话语隐涵;4)从反复体经频现体发展出短时体的功能。这些功能的产生基本上可以用 Bybee et al.(1994)提出的语义演化机制来解释。

总之,本书系统地分析和建构了体系统中完成体与经历体的共时关系和历时演变关系,为汉外对比、方言与普通话对比、汉语与少数民族语言的对比研究提供了一个有效的参照系统。本书通过多条演变路径的研究,充分体现了汉语在历时类型学研究中的价值,也深化了对汉语本身的认识。当然,本研究仍然存在一些问题,在以下几个方面有待进一步加强:

第一,本研究运用多功能模式分析汉语的多个完成体和经历体的语法形式,但是对这些形式内部的细微差异描写得还不够充分。下一步可以通过更加细致的比较研究,进一步理解在动态的语言使用中多功能模式的运作机制。多功能模式本身还需要在理论和方法上进一步丰富和发展,尤其是在汉语研究中处理好比较概念与描述范畴的关系,注意汉语研究中部分描述范畴的认识和认知的价值。

第二,已有的研究表明,经历体主要分布在东亚、东南亚和非洲,本书对东亚和东南亚语言的经历体有所研究和比较,但对非洲语言中经历体的了解非常有限。好在中非之间的语言和文化的交流日渐频繁,具备研究非洲语言的完成体与经历体的客观条件。有了各个区域的样本研究,才有可能从区域语言学和区域类型学的角度进一步研究相关问题。

第三，学习者的中介语同样是类型学研究重要的语言资源。笔者虽然指导过相关的硕士论文，但本书仅部分涉及外国留学生使用词尾"过"的情况，未涉及句尾"了"等形式的使用情况。

第四，语法化的研究往往落脚到演变的机制和动因。本研究在这方面有所涉及，但总体上投入的力度不够。类型学的研究典型地体现为大规模的样本分析，如 Bybee 和 Dahl 的多项研究，如何在这方面进一步超越前人还有待进一步考量。这也是本书冠名"类型研究"而不采用"类型学研究"的原因之一。

第五，体貌的研究有多种理论范式，本研究主要是功能-类型范式的研究，且偏重于历时的维度，未涉及形式语义学的时体研究。不同研究范式的研究方法虽然不同，但可以互相补充。如有可能，最好建立一个中性的平台，以便比较不同范式的得失，从而实现研究范式的融通和发展。

参考文献

安平秋 2004 《二十四史全译·史记》，上海：汉语大词典出版社。
白兆麟 2005 《新著训诂学引论》，上海：上海辞书出版社。
毕燕娟、刘　滢、王　珏 2018 例举语气词与例举语块，上海师范大学《对外汉语研究》编委会编《对外汉语研究》（第17期），北京：商务印书馆。
曹广顺 1984 《祖堂集》助词研究，中国社会科学院研究生院硕士学位论文。
曹广顺 1987 语气词"了"源流浅说，《语文研究》第2期。
曹广顺 1995 《近代汉语助词》，北京：语文出版社。
曹广顺 1999 试论汉语动态助词的形成过程，In Alain Peyraube, and Chaofen Sun(eds.), *In Honor of Mei Tsu-Lin: Studies on Chinese Historical Syntax and Morphology*. Paris: Centre de Recherches Linguistiques sur l'Asie Orientale, École des Hautes Études en Sciences Sociales. 另载冯力、杨永龙、赵长才主编《汉语时体的历时研究》，北京：语文出版社，2009。
曹银晶 2012 "也、矣、已"的功能及其演变，北京大学博士学位论文。
陈　刚 1957 北京话里lou和le的区别，《中国语文》第12期。
陈　刚 1985 关于"没V了"式，《中国语文》第5期。
陈鼓应译注 1983 《庄子今注今译》，北京：中华书局。
陈丽冰 1998 福建宁德方言单音节动词重叠式，《宁德师专学报》第7期。
陈满华 1995 《安仁方言》，北京：北京语言学院出版社。
陈鹏飞 2005 林州方言"了"的语音变体及其语义分工，《南开语言学刊》（第1期），北京：商务印书馆。
陈前瑞 2002 汉语反复体的考察，中国语文杂志社编《语法研究和探索》（十一），北京：商务印书馆。
陈前瑞 2003 汉语体貌系统研究，华中师范大学博士学位论文。
陈前瑞 2005a 句末"了"将来时间用法的发展，《语言教学与研究》第1期。
陈前瑞 2005b "来着"的发展与主观化，《中国语文》第4期。
陈前瑞 2006 汉语双"了"句的兴衰及相关理论问题，中国语文杂志社编《语法研究和探索》(十三),北京:商务印书馆。
陈前瑞　2008a　《汉语体貌研究的类型学视野》,北京:商务印书馆。
陈前瑞　2008b　句末"也"体貌用法的演变,《中国语文》第1期。
陈前瑞　2009　"着"兼表持续与完成用法的发展,吴福祥、崔希亮主编《语法化与语法研究》(四),北京:商务印书馆。
陈前瑞　2012　汉语经历体的类型学思考,第二届类型学视野下的汉语与民族语言研究学术论坛,北京语言大学,2012年11月。
陈前瑞　2016　完成体与经历体的类型学思考,《外语教学与研究》第6期。
陈前瑞　2019　持续体与未完整体的类型学思考,第四届语言类型学国际学术研讨会,中国人民大学,2019年7月。
陈前瑞、胡　亚　2015　词尾和句尾"了"的分析模式,《汉语史学报》(第15辑),上海:上海教育出版社。
陈前瑞、胡　亚　2016　词尾和句尾"了"的多功能模式,《语言教学与研究》第4期。
陈前瑞、王继红　2009　句尾"来"体貌用法的演变,《语言教学与研究》第4期。
陈前瑞、王继红　2010　南方方言"有"字句的多功能性分析,《语言教学与研究》第4期。
陈前瑞、王继红　2012　从完成体到最近将来时——类型学的罕见现象与汉语的常见现象,《世界汉语教学》第2期。
陈前瑞、杨育欣　2018　惯常义演变为经历义的多样性——以英语、马来语和古汉语为例,《外语教学与研究》第6期。
陈前瑞、张　华　2007　从句尾"了"到词尾"了"——《祖堂集》《三朝北盟会编》中"了"用法的发展,《语言教学与研究》第3期。
陈前瑞、张　曼　2015　汉语经历体标记"过"的演变路径,《汉语史研究集刊》(十九),成都:巴蜀书社。
陈淑梅　2001　《鄂东方言语法研究》,南京:江苏教育出版社。
陈贤纯　1979　句末"了"是语气助词吗?,《语言教学与研究》第1期。
储泽祥　2014　赣语岳西话"V着(O)了"里的"了"的性质及其参照作用——兼论唐五代"VO了"中的"了",卢小群、李蓝主编《汉语方言时体问题新探索》,北京:中央民族大学出版社。
崔应贤　2011　《汉语动词重叠的历史考察》,北京:光明日报出版社。
戴耀晶　1997　《现代汉语时体系统研究》,杭州:浙江教育出版社。
戴庆厦　2012　《景颇语参考语法》,北京:中国社会科学出版社。

邓川林　2013　多功能语素"了"的使用模式研究,北京语言大学博士学位论文。

邓思颖　2010　《汉语形式句法学》,上海:上海教育出版社。

范晓蕾　2018　邢台话"了₁"的两个变体,《语言暨语言学》第3期。

高晓虹　2010　助词"了"在山东方言中的对应形式及相关问题,《语言科学》第2期。

郜　谦　2017　句尾"了"与静态谓词的互动研究,中国人民大学硕士学位论文。

龚　波　2005　试析"曾"由语气副词向时间副词的发展过程及其意义,《汉语史研究集刊》(八),成都:巴蜀书社。

《古代汉语常用字字典》编写组　1993　《古代汉语常用字字典》(修订版),北京:商务印书馆。

谷　峰　2010　先秦汉语情态副词研究,南开大学博士学位论文。

郭　锐　2016　汉语叙述方式的改变和"了₁"结句现象,日本中国语学会编《中国语学》263号。

郭春贵　1986　关于"了₃"的问题,第一届国际汉语教学讨论会组织委员会主编《第一届国际汉语教学讨论会论文集》,北京:北京语言学院出版社。

郭锡良　1988—1989　先秦语气词新探,《古汉语研究》创刊号及1989年第1期。另载郭锡良著《汉语史论集》(增补本),北京:商务印书馆,2005。

郭锡良　2003　古汉语虚词研究评议,《语言科学》第1期。另载郭锡良著《汉语史论集》(增补本),北京:商务印书馆,2005。

韩兆琦　2010　《全本全注全译本〈史记〉》,北京:中华书局。

韩峥嵘　1984　《古汉语虚词手册》,长春:吉林人民出版社。

郝晓瑜　2013　胶南话经历体标记的用法研究,《现代语文》第11期。

何乐士　2006　《古代汉语虚词词典》,北京:语文出版社。

洪　波　1995　从方言看普通话"了"的功能和意义,《安庆师院社会科学学报》第1期。

洪　波　2009　完形认知与"(NP)V得VP"句式A段的话题化与反话题化,吴福祥、崔希亮主编《语法化与语法研究》(四),北京:商务印书馆。

洪　波　2015　从《左传》看先秦汉语"也""矣"的语气功能研究,吴福祥、汪国胜主编《语法化与语法研究》(七),北京:商务印书馆。

胡　亚　2013　类型学视野的湘潭方言完成体研究,首届语言类型学国际学术研讨会暨第二届方言语音语法论坛论文,常熟理工学院,2013年11月29日—12月1日。

胡　亚　2015　类型学视野的湘潭方言完成体和经历体研究，北京语言大学硕士学位论文。

胡　亚、陈前瑞　2017　"了"的完成体与完整体功能的量化分析及其理论意义，《世界汉语教学》第3期。

胡素华　2012　类型学视野下的彝缅语体貌系统，北京语言大学对外汉语研究中心学术报告，2012年12月。

胡素华　2019　彝语诺苏话动词的体范畴及其与时、情态、式范畴间的重合与分界，语言类型学工作坊2019，南开大学外国语学院，2019年6月。

华建光　2013　《战国传世文献语气词研究》，北京：光明日报出版社。

黄　侃述、黄　焯编　1983　《文字声韵训诂笔记》，上海：上海古籍出版社。

黄孝德编著　2005　《黄侃小学述评》，武汉：武汉大学出版社。

甲柏连孜　2015　《汉文经纬》，初版1881年，蔡剑锋等编，姚小平译，北京：外语教学与研究出版社。

蒋绍愚　2001　《世说新语》、《齐民要术》、《洛阳伽蓝记》、《贤愚经》、《百喻经》中的"已"、"竟"、"讫"、"毕"，《语言研究》第1期。

蒋绍愚　2007　语言接触的一个案例——再谈"V（O）已"，《语言学论丛》（第三十六辑），北京：商务印书馆。

金立鑫　1998　试论"了"的时体特征，《语言教学与研究》第1期。

孔祥卿　2001　从方言口语看动态动词"了"的不同功能和意义，谢文庆、孙晖主编《汉语言文化研究》（八），天津：天津人民出版社。

赖炎元注译　1984　《春秋繁露今注今译》，台北：商务印书馆。

李存山　2003　《孔丛子》中的"孔子诗论"，《孔子研究》第3期。

李金满　2009　语言类型学研究的新进展——《世界语言结构图册》及其在线版介绍，《外语教学与研究》第6期。

李晋霞　2002　"V来V去"格式及其语法化，《语言研究》第2期。

李　蕾　2018　白语大理方言 $xɯ^{55}$ 的多功能性研究，中国人民大学硕士学位论文。

李　蕾、陈前瑞　2018　白语大理方言 $xɯ^{55}$ 的多功能性研究，《民族语文》第4期。

李梦生　1998　《左传译注》，上海：上海古籍出版社。

李思旭　2015　《汉语完成体的认知功能研究》，北京：中国社会科学出版社。

李铁根　1992　"了$_1$""了$_2$"的区别方法的一点商榷，《中国语文》第4期。

李铁根　2002　"了"、"着"、"过"与汉语时制的表达，《语言研究》第3期。

李小凡　2000　现代汉语词尾"了"的语法意义再探讨，中国语文杂志社编《语法研究和探索》(十),北京:商务印书馆。

李小军　2016　《汉语语法化演变中的音变及音义互动关系》,北京:中国社会科学出版社。

李宗江　2004　"完成"类动词的语义差别及其演变方向,《语言学论丛》(第三十辑),北京:商务印书馆。

栗学英　2011　中古汉语的语气副词"其",《南京审计学院学报》第4期。

梁银峰　2007　《汉语趋向动词的语法化》,上海:学林出版社。

林华勇　2005　广东廉江方言的经历体和重行体——兼谈体貌的区分及谓词的语义作用,《中国语文研究》第2期。

林华勇　2007　廉江方言中表尝试与猜测的助词"睇过"——"看"义动词语法化的一项考察,《中国语文研究》第1期。

林华勇、郭必之　2010　廉江粤语"来/去"的语法化与功能趋近现象,《中国语文》第6期。

林华勇、肖棱丹　2016　四川资中方言"来"的多功能性及其语法化,《中国语文》第2期。

林　青　2014　"传信"与"惊异",第三届类型学视野下的汉语与民族语言研究学术论坛,北京语言大学,2014年11月。

林新年　2004　试分析唐宋时期的"过"语法化进程迟缓的原因,《语言科学》第3期。

林新年　2006　《〈祖堂集〉动态助词研究》,上海:上海三联书店。

林裕文　1959　谈时态助词"了",《语文知识》第11期。

刘承慧　2007　先秦"矣"的功能及其分化,《语言暨语言学》第3期。

刘承慧　2010　汉语并列复合标记的作用——从唐宋时期并列标记"了也"说起,《语言暨语言学》第2期。

刘丹青　1995　无锡方言的体助词"则"(仔)和"着"——兼评吴语"仔"源于"着"的观点,《中国语言学报》(第6期),北京:商务印书馆。

刘丹青　1996a　东南方言的时体标记,张双庆主编《动词的体》,香港:香港中文大学中国文化研究所吴多泰中国语文研究中心。

刘丹青　1996b　苏州方言的体范畴系统与半虚化体标记,胡明扬主编《汉语方言体貌论文集》,南京:江苏教育出版社。

刘丹青　2002　汉语类指成分的语义属性和句法属性,《中国语文》第5期。

刘丹青　2012　原生重叠和次生重叠:重叠式历时来源的多样性,《方言》第1期。

刘丹青　2014　论语言库藏的物尽其用原则,《中国语文》第5期。
刘丹青　2017　汉语动补式和连动式的库藏裂变,《语言教学与研究》第2期。
刘丹青编著　2008　《语法研究调查手册》,上海:上海教育出版社。
刘道锋　2009　饮食类动词"尝"的词义演变及其动因,《湖南人文科技学院学报》第5期。
刘洪涛　2008　上博竹书《民之父母》研究,北京大学硕士学位论文。
刘　坚、蒋绍愚主编　1992　《近代汉语语法资料汇编·宋代卷》,北京:商务印书馆。
刘　蕾　2014　韩日留学生汉语体貌标记"过"的使用研究,北京语言大学硕士学位论文。
[清]刘　淇　2004　《助字辨略》,章锡深校注,北京:中华书局。
刘晓南　1991　先秦语气词的历时多义现象,《古汉语研究》第3期。
刘勋宁　1985　现代汉语句尾"了"的来源,《方言》第2期。
刘勋宁　1988　现代汉语词尾"了"的语法意义,《中国语文》第5期。
刘勋宁　1990　现代汉语句尾"了"的语法意义及其与词尾"了"的联系,《世界汉语教学》第2期。
刘勋宁　1998　《祖堂集》"去"和"去也"方言证,郭锡良主编《古汉语语法论文集》,北京:语文出版社。
刘勋宁　1999　现代汉语的句子构造与词尾"了"的语法位置,《语言教学与研究》第3期。
刘勋宁　2010　一个"了"的教学方案,日本中国语教育学会《中国语教育》第8号。
刘英明　2013　朝鲜语"pota"语法化的共时分析,《云南民族学院学报》第3期。
刘又辛　1988　《通假概说》,成都:巴蜀书社。
刘志生　2004　近代汉语中的"V来V去"格式考察,《古汉语研究》第4期。
卢英顺　1991　谈谈"了$_1$"和"了$_2$"的区别方法,《中国语文》第4期。
卢元骏注译　1979　《说苑今注今译》,台北:商务印书馆。
罗仁地　2006　历史语言学和语言类型学,《北京大学学报》第2期。
罗荣华　2013　赣语上高话经历体"来"和完成体"过",《中国语文》第4期。
吕叔湘　1942—1944　《中国文法要略》,北京:商务印书馆,1982年新1版。
吕叔湘　1944　《文言虚字》,开明书店初版,见《吕叔湘全集》(第九卷),辽宁教育出版社,2002。
吕叔湘、王海棻　2005　《〈马氏文通〉读本》(第2版),上海:上海教育出版社。
吕叔湘主编　1980　《现代汉语八百词》,北京:商务印书馆。

［清］马建忠　1983　《马氏文通》，北京：商务印书馆。

马希文　1983　关于动词"了"的弱化形式"lou"，《中国语言学报》（第1期），北京：商务印书馆。

毛敬修　1985　关于"V（C）了"中的"了"，《天津师大学报》第1期。

梅　广　2015　《上古汉语语法纲要》，台北：三民书局。

梅祖麟　1980　吴语情貌词"仔"的语源，《国外语言学》第3期。原载《中国语言学报》1979年第1期，陆俭明译。

梅祖麟　1981　现代汉语完成貌句式和词尾的来源，《语言研究》创刊号。

梅祖麟　1988　汉语方言里虚词"着"字三种用法的来源，《中国语言学报》第3期。另载《梅祖麟语言学论文集》，北京：商务印书馆，2000。

梅祖麟　1994　唐代、宋代共同语的语法和现代方言的语法，李壬癸、黄居仁、汤志真主编《中国境内语言暨语言学》（第二辑），台北："中研院"。

木村英树　1983　关于补语性词尾"着/zhe/"和"了/le/"，《语文研究》第2期。

宁镇疆　2004　八角廊汉简《儒家者言》与《孔子家语》相关章次疏证，《古籍整理研究学刊》第5期。

潘悟云　1996　温州方言的体和貌，张双庆主编《动词的体》，香港：香港中文大学中国文化研究所吴多泰中国语文研究中心。

裴学海　1932　《古书虚字集释》，商务印书馆初版，北京：中华书局，1954年第1版重印。

彭　睿　2008　"临界环境-语法化项"关系刍议，《语言科学》第3期。

彭　睿　2009　共时关系和历时轨迹的对应——以动态助词"过"的演变为例，《中国语文》第3期。

彭　睿　2011　临界频率和非临界频率——频率和语法化关系的重新审视，《中国语文》第3期。

蒲立本　1995　古汉语体态的各个方面，《古汉语研究》第2期。

蒲立本　2006　《古汉语语法纲要》，孙景涛译，北京：语文出版社。

齐沪扬　2003　语气词"的"、"了"的虚化机制及历时分析，《忻州师范学院学报》第2期。

邱洪瑞　2017　《"观境确义"训诂方法论》，北京：中央编译出版社。

沈家煊　1995　"有界"与"无界"，《中国语文》第5期。

沈玉成　1981　《左传译文》，北京：中华书局。

施其生　1996　汕头方言的"了"及其语源关系，《语文研究》第3期。

石锓　2000　浅谈助词"了"语法化过程中的几个问题,《汉语史研究集刊》(二),成都:巴蜀书社。

石定栩、胡建华　2006　"了₂"的句法语义地位,中国语文杂志社编《语法研究和探索》(十三),北京:商务印书馆。

石毓智　1992　论现代汉语的"体"范畴,《中国社会科学》第6期。

石毓智　2004　汉语的领有动词和完成体的表达,《语言研究》第2期。

史文磊　2013　"问过界事"该怎么理解?,《中国语文》第4期。

帅志嵩　2014　《中古汉语"完成"语义范畴研究》,北京:商务印书馆。

斯珀波(D. Sperber)、威尔逊(D. Wilson)　1995　《关联:交际与认知》(*Relevance: Communication and Cognition*),蒋严译。北京:中国社会科学出版社,2008。

宋绍年、李晓琪　1999　汉语动态助词"了"研究的回顾与前瞻,陆俭明主编《面临新世纪挑战的现代汉语语法研究》,济南:山东教育出版社。

宋文辉　2004　也论"来着"的表达功能:与熊仲儒同志商榷,《语言科学》第4期。

宋文辉　2019　河北正定方言词尾"了"两个变体的时体意义,《语文研究》第1期。

孙宏开、胡增益、黄　行主编　2007　《中国的语言》,北京:商务印书馆。

孙长彦　2012　《传统训诂学的语境思想》,北京:中国社会科学出版社。

太田辰夫　1958　《中国语历史文法》,日本江南书院,中译本蒋绍愚、徐昌华译,北京:北京大学出版社,2003年第2版。

太田辰夫　2013　论清代北京话,陈晓译注,远藤光晓校,《语言学论丛》(第四十八辑),北京:商务印书馆。原文《清代北京語について》见《中国语学》34号,1—5,1950。

陶寰　1996　绍兴方言的体,张双庆主编《动词的体》,香港:香港中文大学中国文化研究所吴多泰中国语文研究中心。

汪化云　2015　黄孝方言的经历体助词,《语言学论丛》(第五十二辑),北京:商务印书馆。

王还　1988　关于怎样教"不、没、了、过",《世界汉语教学》第4期。

王洪君、李榕、乐耀　2009　"了₂"与话主显身的主观近距交互式语体,《语言学论丛》(第四十辑),北京:商务印书馆。

王健　2010　苏皖方言中"掉"类词的共时表现与语法化等级,《语言科学》第2期。

王健　2013　一些南方方言中来自言说动词的意外范畴标记,《方言》第2期。

王力　1958　《汉语史稿》(中册),科学出版社。修订本,北京:中华书局,1980。

王　力　1980　《汉语史稿》(下册)，北京：中华书局，新 1 版。

王　力　1989　《汉语语法史》，北京：商务印书馆。

王　琳　2010　安阳方言中表达实现体貌的虚词——"咾"、"啦"及其与"了"的对应关系，《语言科学》第 1 期。

王　姝　2016　现代汉语动词重叠式何以会表量减，《语言教学与研究》第 5 期。

王　伟　2006　现代汉语"了"的语法语义定位，中国社会科学院研究生院博士学位论文。

王　直　1957　时态助词"了"和语气助词"了"，《语文知识》第 8 期。

王继红、陈前瑞　2012　副词"方"多种时体用法的关系，《中国语文》第 6 期。

王继红、陈前瑞　2014　从尝试到经历——"尝"的语法化及其类型学意义，《语言科学》第 5 期。

王利器主编　1988　《史记译注》，西安：三秦出版社。

王守谦、金秀珍、王凤春　1990　《左传全译》，贵阳：贵州人民出版社。

王统尚、石毓智　2018　从品尝动词到经历体标记的语法化，《汉语学报》第 3 期。

王维贤　1991　"了"字补议，中国语文杂志社编《语法研究和探索》(五)，北京：语文出版社。

王文锦　2001　《礼记译解》，北京：中华书局。

王文娟　2008　山东高密方言中"VV+ 的"和"AA+ 的"重叠式，《现代语文》(语言研究版)第 8 期。

[清]王引之　2000　《经传释词》，南京：江苏古籍出版社。

王学群　2014　"シタコトガアル"と"V 过"，第六届汉日对比语言研讨会论文，中国人民大学，2014 年 8 月。

王重民、王庆菽、向　达、周一良、启　功、曾毅公编　1957　《敦煌变文集》(上、下集)，北京：人民文学出版社。

韦景云、何　霜、罗永现　2011　《燕齐壮语参考语法》，北京：中国社会科学出版社。

魏培泉　2002　《祖堂集》中的助词"也"——兼论现代汉语助词"了"的来源，《戴琏璋先生七秩哲诞论文集》编辑小组编《含章光化——戴琏璋先生七秩哲诞论文集》，台北：里仁书局。

魏培泉　2015　古汉语时体标记的语序类型与演变，《语言暨语言学》第 2 期。

吴福祥　1996　《敦煌变文语法研究》，长沙：岳麓书社。

吴福祥　1998　重谈"动＋了＋宾"格式的来源和完成体助词"了"的产生，《中国语文》第 6 期。

吴福祥　2003　汉语伴随介词语法化的类型学研究——兼论 SVO 型语言中伴随介词的两种演化模式,《中国语文》第 1 期。

吴福祥　2004　试说"不比"的语用功能,《中国语文》第 3 期。

吴福祥　2005　汉语体标记"了"、"着"为什么不能强制性使用,《当代语言学》第 3 期。

吴福祥　2009　从"得"义动词到补语标记——东南亚语言的一种语法化区域,《中国语文》第 3 期。

吴福祥　2012　侗台语差比式的语序类型和历史层次,《民族语文》第 1 期。

吴福祥　2014　语义图与语法化,《世界汉语教学》第 1 期。

吴福祥　2015　汉语语义演变研究的回顾与前瞻,《古汉语研究》第 4 期。

吴福祥　2017　试探语义演变的规律,《古汉语研究》第 1 期。

吴继章　2006　魏县方言的时体成分及相关问题研究,南开大学博士学位论文。

吴继章　2007　河北魏县方言的"了"——与汉语普通话及其他相关方言、近代汉语等的比较研究,《语文研究》第 3 期。

吴继章　2008　魏县方言中具有两种语音形式的"了",邵敬敏主编《21 世纪汉语方言语法新探索——第三届汉语方言语法国际研讨会论文集》,广州:暨南大学出版社。

吴庆峰主编　2006　《〈史记〉虚词通释》,济南:齐鲁书社。

吴则虞　1962　《晏子春秋集释》,北京:中华书局。

伍和忠　2005　《"尝试"、"经验"表达手段论》,北京:社会科学文献出版社。

伍云姬　1996　长沙方言动态助词"去来"和"咖哒"的对立与互补,张双庆主编《动词的体》,香港:香港中文大学中国文化研究所吴多泰中国语文研究中心。

肖万萍　2010　桂北永福官话的"着",《语言研究》第 3 期。

肖治野、沈家煊　2009　"了₂"的行、知、言三域,《中国语文》第 6 期。

谢纪锋　2015　《虚词诂林》(修订版),北京:商务印书馆。

解惠全、崔永琳、郑天一编著　2008　《古书虚词通解》,北京:中华书局。

邢福义　2001　《汉语复句研究》,北京:商务印书馆。

熊仲儒　2003　"来着"的词汇特征,《语言科学》第 2 期。

熊仲儒　2009　再论"来着",《汉语学习》第 3 期。

许匡一译注　1993　《淮南子全译》,贵阳:贵州人民出版社。

阎　丽译注　2003　《董子春秋繁露译注》,哈尔滨:黑龙江人民出版社。

杨　莹、陈前瑞　2012　苏州话经历体的特定性研究,汉语方言时体系统国际学术讨论会论文,中央民族大学,2012年11月。

杨伯峻　1990　《春秋左传注》(修订本),北京:中华书局。

杨伯峻、何乐士　2001　《古汉语语法及其发展》(修订本),初版1992年,北京:语文出版社。

杨伯峻译注　1980　《论语译注》,北京:中华书局。

杨逢彬、陈练文　2008　对语气副词"其"单功能性质的考察,《长江学术》第1期。

杨海峰　2015　《〈史记〉副词研究》,广州:世界图书出版广东有限公司。

杨树达　1928　《词诠》,上海:上海古籍出版社,1986年新版。

杨树达　1930　《高等国文法》,上海:商务印书馆,1984年新1版。

杨素英　2016　"体假设"及"了""着"的二语习得,《世界汉语教学》第2期。

杨秀芳　1991　从历史语法的观点论闽南语"了"的用法——兼论完成貌助词"矣"("也"),《台大中文学报》第4期。

杨永龙　2001　《〈朱子语类〉完成体研究》,开封:河南大学出版社。

杨永龙　2005　事态助词,见蒋绍愚、曹广顺主编《近代汉语语法史研究综述》,北京:商务印书馆。

杨育欣　2014　马来语与汉语经历体标记的用法比较研究,北京语言大学硕士学位论文。

姚尧　2015　句末助词"矣"时、体、情态意义的转换与演变——以先秦至唐宋语料为依据,《历史语言学研究》(第九辑),北京:商务印书馆。

叶祥苓　1988　《苏州方言志》,南京:江苏教育出版社。

于立昌、吴福祥　2011　时间副词"一度"的语义演变,《古汉语研究》第4期。

于智荣　2002　《贾谊新书译注》,哈尔滨:黑龙江人民出版社。

[清]袁仁林　1989　《虚字说》,解惠全注,北京:中华书局。

岳立静　2006　《醒世姻缘传》助词研究,北京语言大学博士学位论文。

张宝胜　2011　也说"了₂"的形、知、言三域,《中国语文》第5期。

张赪　2000　现代汉语"V一V"式和"VV"式的来源,《语言教学与研究》第4期。

张敏　2001　汉语方言重叠式语义模式的研究,《中国语文研究》第1期。

张敏　2010　"语义地图模型":原理、操作及在汉语多功能语法形式研究中的运用,《语言学论丛》(第四十二辑),北京:商务印书馆。

张纯一　1935　《晏子春秋校注》,上海:世界书局。

张慧丽、潘海华　2019　动词变韵与事件结构的语法化,《中国语文》第1期。

张惠英　2009　《崇明方言研究》,北京:中国社会科学出版社。

张世亮、钟肇鹏、周桂钿译注　2012　《春秋繁露》，北京：中华书局。

张树铮　1995　山东寿光方言的助词，《方言》第 1 期。

张双庆主编　1996　《动词的体》，香港：香港中文大学中国文化研究所吴多泰中国语文研究中心。

张　希、陈前瑞　2019　将来时不同语义层次的互动研究——以《左传》中的"将"为例，《语文研究》第 4 期。

张忠堂　2010　汉语变声构词研究，北京大学博士学位论文。

赵金铭　1979　敦煌变文中所见的"了"和"着"，《中国语文》第 1 期。

赵静静　2011　词尾"了"由完成体向完整体语法化的过程，北京语言大学硕士学位论文。

赵世开、沈家煊　1985　汉语"了"字跟英语相应的说法，《语言研究》第 1 期。

赵元任　1952　《北京口语语法》，李荣编译，北京：开明书店。

赵元任　1980　《中国话的文法》，丁邦新译，香港：香港中文大学出版社。

赵长才　2009　上古汉语"已"由"止"义动词到完成体副词的演变，冯力、杨永龙、赵长才主编《汉语时体的历时研究》，北京：语文出版社。

郑懿德　1983　福州方言单音节动词重叠式，《中国语文》第 1 期。

郑张尚芳　2013　《上古音系》（第二版），上海：上海教育出版社。

中国社会科学院语言研究所词典编辑室编　2012　《现代汉语词典》，第 6 版，北京：商务印书馆。

中国社会科学院语言研究所古代汉语研究室编　1999　《古代汉语虚词词典》，北京：商务印书馆。

周才珠、齐瑞端译注　1995　《墨子全译》，贵阳：贵州人民出版社。

周大璞　1980　《训诂学要略》，武汉大学百年名典系列重印，武汉：武汉大学出版社，2013。

周大璞主编　2015　《训诂学初稿》，第 6 版，武汉：武汉大学出版社。

朱　蕾　2005　安徽泾县方言的"VV 的"重叠式，《中国语文》第 3 期。

朱德熙　1982　《语法讲义》，北京：商务印书馆。

［宋］朱　熹　1983　《朱子语类》，北京：中华书局。

朱艳华　2012　载瓦语的"体"，《汉藏语学报》（第 6 期），北京：商务印书馆。

Abbi, Anvita 1992. *Reduplication in South Asian Languages: An Areal, Typological, and Historical Study.* New Delhi: Allied Publishers.

Adelaar, K. Alexande 2000. Siraya reduplication. *Oceanic Linguistics* 39.1: 33–52.

Aikhenvald, Alexandra Y. 2012. The essence of mirativity. *Linguistic Typology* 16: 435–485.

Al-Hassan, Bello S. Y. 1998. *Reduplication in the Chadic Languages: A Study of Form and Function*. Frankfurt am Main; New York: P. Lang.

Ameka, Felix K. 2008. Aspect and modality in Ewe: A survey. In Felix K. Ameka, and M. E. Kropp Dakubu(eds.), *Aspect and Modality in Kwa Languages*, 135–194. Amsterdam: John Benjamins.

Anderson, Lloyd B. 1982. The "Perfect" as a universal and as a language-particular category. In Paul J. Hopper(ed.), *Tense-aspect: Between Semantics and Pragmatics*, 228–264. Amsterdam: John Benjamins.

Baharom, Hajah Noresah 2005. *Kamus Dewan*(Edisi Keempat)(《马来语大词典》第四版). Kuala Lumpur: Dewan Bahasa dan Pustaka.

Banerjee, Satya Ranjan 1983. *Indo-European Tense and Aspect in Greek and Sanskrit*. Calcutta: Sanskrit Book Depot.

Binnick, Robert I. 2005. The markers of habitual aspect in English. *Journal of English Linguistics* 33: 339–369.

Binnick, Robert I. 2006. *Used to* and habitual spect in English. *Style* 40: 33–45.

Blake, Frank R. 1917. Reduplication in Tagalog. *The American Journal of Philology* 38. 4: 425–431.

Board of Scholars(University of Penang, Malaysia). 1992. *English-Malay Malay-English Dictionary*. New Delhi: Languages of the World Publications.

Bybee, Joan 1997. Semantic aspect of morphological typology. In Joan Bybee, John Haiman, and Sandra A.Thompson(eds.), *Essay on Language Function and Language Type*, 25–37. Amsterdam: John Benjamins.

Bybee, Joan 2006. From usage to grammar: The mind's response to repetition. *Language* 82: 711–733.

Bybee, Joan 2010. *Language, Usage and Cognition*. Cambridge: Cambridge University Press.

Bybee, Joan, and David Eddington 2006. A usage-based approach to Spanish verbs of 'becoming'. *Language* 82: 323–355.

Bybee, Joan, and Östen Dahl 1989. The creation of tense and aspect systems in the languages of the world. *Studies in Language* 13: 51–103.

Bybee, Joan, Revere Perkins, and William Pagliuca 1994. *The Evolution of Grammar: Tense, Aspect, and Modality in the Languages of the World*. Chicago: University of Chicago Press. 中文版《语法的演化——世界语言的时、体和情态》,陈前瑞等译,商务印书馆,2017。

Chappell, Hilary 1986. Restrictions on the use of "double le" in Chinese. *Cahiers de Linguistique Asie Orientale* 15: 223–252.

Chappell, Hilary 2001. A typology of evidential markers in Sinitic languages. In Hilary Chappell(ed.), *Sinitic Grammar: Synchronic and Diachronic Perspectives*, 56–84. Oxford, England: Oxford University Press.

Cheung, Samuel Hung-Nin 1977. Perfective particles in the Bian Wen language. *Journal of Chinese Linguistics* 5: 55–74.

Cinque, Guglielmo 1999. *Adverbs and Functional Heads: A Cross-linguistic Perspective*. Oxford: Oxford University Press.

Comrie, Bernard 1976. *Aspect*. Cambridge: Cambridge University Press.

Copple, Mary T. 2009. Temporal reference and grammaticalization in the Spanish perfect(ive). In Monique Dufresne, Fernande Dupuis, and Etleva Vocaj(eds.), *Historical Linguistics 2007: Selected Papers from the 18th International Conference on Historical Linguistics, Montreal, 6–11 August 2007*, 73–82. Amsterdam: John Benjamins.

Coussé, Evie, and Ferdinand von Mengden 2014. Introduction: The role of change in usage-based conceptions of language. In Evie Coussé, and Ferdinand von Mengden(eds.), *Usage-Based Approaches to Language Change*, 1–19. Amsterdam: John Benjamins.

Croft, William 2000. *Explaining Language Change: An Evolutionary Approach*. Harlow, England: Pearson Education.

Croft, William 2001. *Radical Construction Grammar: Syntactic Theory in Typological Perspective*. Oxford: Oxford University Press.

Croft, William 2003. *Typology and Universals*. 2nd edition. Cambridge: Cambridge University Press.《语言类型学与语言共性》(第二版),龚群虎等译,上海:复旦大学出版社,2009。

Croft, William 2016. Comparative concepts and language-specific categories: Theory and practice. *Linguistic Typology* 20: 377–393.

Dahl, Östen 1985. *Tense and aspect systems*. Oxford: Basil Blackwell.

Dahl, Östen 1995. The marking of the episodic/generic distinction in tense-aspect systems. In Greg N. Carlson, and Francis Jeffry Pelletier(eds.), *The Generic Book*, 412–425. Chicago: University of Chicago Press.

Dahl, Östen 2000. The tense-aspect systems of European languages in a typological perspective. In Östen Dahl(ed.), *Tense and Aspect in the Languages of Europe*, 3–25. Berlin: Mouton de Gruyter.

Dahl, Östen, and Viveka Velupillai 2013. The Perfect. In Matthew S. Dryer, and Martin Haspelmath(eds.), *The World Atlas of Language Structures Online*. Munich: Max Planck Digital Library, chapter 68.(Available online at http://wals.info/chapter/68, Accessed on 2016-05-13.)

Declerck, Renaat 1991. *Tense in English*. London: Routledge.

DeLancey, Scott 1997. Mirativity: The grammatical marking of unexpected information. *Linguistic Typology* 1: 33–52.

DeLancey, Scott 2012. Still mirative after all these years. *Linguistic Typology* 16: 529–564.

Depraetere, Ilse 1998. On the resultative character of present perfect sentences. *Journal of Pragmatics* 29: 597–613.

De Smet, Hendrik 2012. The course of actualization. *Language* 88.3: 601–633.

Diewald, Gabriele 2002. A model for relevant types of contexts in Grammaticalization. In Ilse Wischer, and Gabriele Diewald(eds.), *New Reflections on Grammaticalization*, 103–120. Amsterdam: John Benjamins.

Drinka, Bridget 1998. The evolution of grammar: Evidence from Indo-Eropean perfects. In Monika S. Schmid, Jennifer R. Austin, and Dieter Stein(eds.), *Historical Linguistics, 1997: Selected Papers from the 13th International Conference on Historical Linguistics*, Dü Sseldorf, 10–17 August 1997, 117–134. Amsterdam: John Benjamins.

Drinka, Bridget 2017. *Language Contact in Europe: The Periphrastic Perfect through History*. Cambridge: Cambridge University Press.

Dryer, Matthew S., and Martin Haspelmath(eds.) 2013. *The World Atlas of Language Structures Online*. Leipzig: Max Planck Institute for Evolutionary Anthropology. (Available online at http://wals.info/, Accessed on 2016-05-13.)

Dryer, Matthew S. 2006. Descriptive theories, explanatory theories, and basic linguistic theory. In Felix K. Ameka, Alan Dench, and Nicholas Evans(eds.), *Catching Language: The Standing Challenge of Grammar Writing*, 207–234. Berlin: Mouton de Gruyter.

Ebert, Karen 1995. Ambiguous prefect-progressive forms across languages. In Pier M. Bertinetto, Valentina Bianchi, Valentina Bianchi, Östen Dahl, and Mario Squartini (eds.), T*emporal Reference, Aspect, and Actionality*, Vol. 2, *Typological Perspectives*, 185–204. Torino: Rosenberg & Sellier.

Gipper, Sonja 2014. From inferential to mirative: An interaction-based account of an emerging semantic extension. In Evie Coussé, and Ferdinand von Mengden(eds.), *Usage-Based Approaches to Language Change*, 83–116. Amsterdam: John Benjamins.

Grangé, Philippe 2010. Aspect and modality in Indonesian: The case of *sudah, telah, pernah*, and *sempat*. *Wacana*(*Journal of the Humanities of Indonesia*) 12.2: 243–268.

Guentchéva, Zlatka 2016. Introduction. In Zlatka Guentchéva(ed.), *Aspectuality and Temporality: Descriptive and Theoretical Issues*, 1–24. Amsterdam and Philadelphia: John Benjamins.

Hantson, André 2005. The English perfect and the anti-perfect *used to* viewed from a comparative perspective. *English Studies* 86: 245–268.

Harris, Martin 1982. The 'past simple' and 'present perfect' in Romance. In Nigel Vincent, and Martin Harris(eds.), *Studies in the Romance Verb*, 42–70. London: Croom Helm.

Haspelmath, Martin 1992. From resultative to perfect in Ancient Greek. In Iturrioz Leza, and José Luis(eds.), *Nuevos Estudios Sobre Construcciones Resultativos*(= Función 11–12), 187–224. Universidad de Guadalajara: Centro de Investigación de Lenguas Indígenas.

Haspelmath, Martin 2003. The geometry of grammatical meaning: Semantic maps and cross-linguistic comparison. In Michael Tomasello(ed.), *The New Psychology of Language*, Vol. 2, 211–242. Mahwah, NJ: Lawrence Erlbaum.

Haspelmath, Martin 2010a. Comparative concepts and descriptive categories in cross-linguistic studies. *Language* 86: 663–687.

Haspelmath, Martin 2010b. The interplay between comparative concepts and descriptive categories(Reply to Newmeyer). *Language* 86: 696–699.

Haspelmath, Martin, Matthew S. Dryer, David Gil, and Bernard Comrie(eds.) 2005. *The World Atlas of Language Structures*. Oxford: Oxford University Press.

Heine, Bernd 2002. On the role of context in grammaticalization. In Ilse Wischer, and Gabriele Diewald(eds.), *New Reflections on Grammaticalization*, 83–101. Amsterdam: John Benjamins.

Heine, Bernd, and Tania Kuteva 2002. *World Lexicon of Grammaticalization*. Cambridge: Cambridge University Press.

Heine, Bernd, and Tania Kuteva. 2006. *The Changing Languages of Europe*. Oxford: Oxford University Press.

Heine, Bernd, Ulrike Claudi, and Friederike Hünnemeyer 1991. *Grammaticalization: A ConceptualFramework*. Chicago: Chicago University Press.

Hintz, Daniel J. 2011. *Crossing Aspectual Frontiers: Emergence, Evolution, and Interwoven Semantic Domains in South Conchucos Quechua Discourse*. Berkeley: University of California Press.

Hopper, Paul J. 1982. Aspect between discourse and grammar: An introductory essay for the volume. In Paul J. Hopper(ed.), *Tense-Aspect: Between Semantics and Pragmatics*, 3–18. Amsterdam: John Benjamins.

Hopper, Paul J., and Sandra Thompson 1980. Transitivity in grammar and discourse. *Language* 56: 251–99.

Hurch, Bernhard(ed.) 2005. *Studies on Reduplication*. Berlin, New York: Mouton de Gruyter.

Hurch, Bernhard(ed.) 2009. *Diachrony and Productivity of Reduplication: A Reprise*. Graz: Institut für Sprachwissenschaft.

Inoue, Kyoko 1975. Studies in the perfect. Ph.D. dissertation, University of Michigan.

Jenny, Mathias, and San San Hnin Tun 2016. *Burmese: A Comprehensive Grammar*. New York: Routledge.

Johnston, Raymond Leslie 1980. *Nakanai of New Britain*(Pacific Linguistics Series B no. 70). Canberra: Australian National University.

Key, Harold 1965. Some semantic functions of reduplication in various languages. *Anthropological Linguistics* 7: 88–101.

Kim, Nam-Kil 1998. On experiential sentences. *Studies in Language* 22.1: 161–204.

Kiyomi, Setsuko 1993. A typological study of reduplication as a morpho-semantic process: Evidence from five language families(Bantu, Australian, Papuan, Austroasiatic and Malayo-Polynesian). PhD. Dissertation, Indiana University.

Kiyomi, Setsuko 1995. A new approach to reduplication: A semantic study of noun and verb reduplication in the Malayo-Polynesian languages. *Linguistics* 33: 1145–1167.

Kouwenberg, Silvia, and Darlene LaCharité 2005. Less is More: Evidence from Diminutive Reduplication in Caribbean Creole Languages. In Bernhard Hurch(ed.), *Studies on Reduplication*, 533–545. Berlin: Mouton de Gruyter.

Kuteva, Tania 2001. *Auxiliation: An Enquiry into the Nature of Grammaticalization*. New York: Oxford University Press.

Li, Charles N., Sandra A. Thompson, and R. McMillan Thompson 1982. The discourse motivation for the perfect aspect: The Mandarin Chinese particle LE. In Paul J. Hopper(ed.), *Tense-Aspect: Between Semantics and Pragmatics*, 19–44. Amsterdam: John Benjamins. 中文题为《已然体的话语理据:汉语助词"了"》,载戴浩一、薛凤生主编《功能主义与汉语语法》,17—138页,徐赳赳译,北京语言学院出版社,1994。

Lien, Chinfa 2007. Grammaticalization of *pat4* in Southern Min: A cognitive perspective. *Language and Linguistics* 8.3: 723–742.

Lien, Chinfa 2015. Formation of the experiential aspect marker *pat4* 識 : Contact-induced grammatical change in Southern Min. *International Journal of Chinese Linguistics* 2: 273–299.

Lin, Jo-wang 2000. On the temporal meaning of the verbal *-le* in Chinese. *Language and Linguistics* 1: 109–133.

Liu, Danqing 2004. Review of *Sinitic Grammar: Synchronic and Diachronic Perspectives*. *Journal of Chinese Linguistics* 32.1: 168–177.

McCawley, James D. 1971. Tense and time reference in English. In Charles J. Fillmore, and D. Terence Langendoen(eds.), *Studies in Linguistic Semantics*, 96–113. New York: Holt, Rinehart, and Winston.

McCawley, James D. 1981. Notes on the English present perfect. *Australian Journal of Linguistics* 1: 81–90.

McCoard, Robert W. 1978. *The English Perfect: Tense Choice and Pragmatic Infer-*

ences. Amsterdam: North-Holland Press.

Meisterernst, Barbara 2015. *Tense and Aspect in Han Period Chinese*. Berlin: Walter de Gruyter.

Michaelis, Laura A. 1998. *Aspectual Grammar and Past-time Reference*. London: Routledge.

Moens, Mark, and Mark Steedman 1988. Temporal ontology and temporal reference. *Computational Linguistics* 14: 15–28.

Moravcsik, Edith, A. 1978. Reduplicative constructions. In Joseph H. Greenberg(ed.), *Universals of Human Language, Vol. 3: Word Structure*, 297–334. Stanford: Stanford University Press.

Narrog, Heiko 2009. *Modality in Japanese: The Layered Structure of Clause and Hierarchies of Functional Categories*. Amsterdam: Benjamins.

Narrog, Heiko 2010. The order of meaningful elements in the Japanese verbal complex. *Morphology* 20.1: 205–237.

Nedjalkov, Vladimir P.(ed.) 1988. *Typology of Resultative Constructions*. Amsterdam: John Benjamins. Translated from original Russian, 1983, English translation edited by Bernard Comrie.

Nedjalkov, Vladimir P., and Sergej Je Jaxontov 1988. The typology of resultative constructions. In Vladimir P. Nedjalkov(ed.), *Typology of Resultative Constructions*, 3–62. Amsterdam: John Benjamins. Translated from original Russian, 1983, English translation edited by Bernard Comrie.

Neels, Jakob 2015. The history of the quasi-auxiliary *use(d) to*: A usage-based account. *Journal of Historical Linguistics* 5: 177–234.

Nishiyama, Atsuko, and Jean-Pierre Koenig 2010. What is a perfect state? *Language* 86: 611–645.

Norvig, Peter, and George Lakoff 1987. Taking: A study in lexica network theory. *Berkeley Linguistics Society* 13: 195–206.

Nurse, Derek 2008. *Tense and Aspect in Bantu*. New York: Oxford University Press.

Olsen, Mari B. 1997. *A Semantic and Pragmatic Model of Lexical and Grammatical Aspect*. New York & London: Routledge.

Payne, Doris L., and Shahar Shirtz 2015. *Beyond Aspect: The Expression of Discourse Functions in African Languages*. Amsterdam: John Benjamins.

Payne, Thomas E. 2006. *Exploring Language Structure: A Student's Guide.* New York: Cambridge University Press,

Reichard, Gladys A. 1959. A Comparison of Five Salish Languages: V. *International Journal of American Linguistics* 25. 4: 239–253.

Rose, Sarah, Christa Beaudoin-Lietz, and Derek Nurse 2002. *A Glossary of Terms for Bantu Verbal Categories: With Special Emphasis on Tense and Aspect.* Muenchen: LINCOM Europa.

Rubino, Carl 2011. Reduplication. In Dryer, Matthew S., and Haspelmath, Martin(eds.), *The World Atlas of Language Structures Online.* Munich: Max Planck Digital Library, chapter 27. (Available online at http://wals.info/chapter/27, Accessed on 2013-03-11.)

Schachter, Paul, and Fe T. Otanes 1972. *Tagalog Reference Grammar.* Berkeley: University of California Press.

Schwenter, Scott A. 1994. "Hot news" and the grammaticalization of perfect. *Linguistics* 33: 995–1028.

Shi, Ziqiang 1988. The present and past of the particle "*le*" in Mandarin Chinese, University of Pennsylvania, PhD Dissertation.

Shi, Ziqiang 1989. The grammaticalization of the particle *le* in Mandarin Chinese. *Language Variation and Change* 1: 99–114.

Shi, Ziqiang 1990. Decomposition of perfectivity and inchoativity and the meaning of the particle *le* in Mandarin Chinese. *Journal of Chinese Linguistics* 18: 95–123.

Shirai, Yasuhiro 1998. Where the progressive and the resultative meet: Imperfective aspect in Japanese, Chinese, Korean and English. *Studies in Language* 22.3: 661–692.

Smith, Carlota S. 1975. The analysis of tense in English. *Texas Linguistic Forum* 1: 71–89.

Smith, Carlota S. 1997. *The Parameter of Aspect.* Second edition. Dordrecht: Kluwer Academic Publishers.

Stevens, Alan M., and A. Ed Schmidgall-Tellings(eds.) 2004. *A Comprehensive Indonesian-English Dictionary.* Athens, Ohio: Ohio University Press.

Stoll, Sabine 1998. The role of Aktionsart in the acquisition of Russian aspect. *First language* 18.3: 351–377.

Sugono, Dendy 2008 *Kamus Bahasa Indonesia*(《印尼语词典》). Jakarta: Pusat Bahasa.

Sun, Chaofen 1989. A case study of grammaticalization: The grammatical status of "de", "le", and "ba" in the history of Chinese. Ph. D. dissertation, Cornell University, Ithaca.

Swadesh, Morris 1971. *Origin and Diversification of Language*. Edited by Joel Sherzer. London: Rouledge and Kegan Paul.

Tagliamonte, Sali, and Helen Lawrence 2000. I used to dance, but I don't dance now: The habitual past in English. *Journal of English Linguistics* 28: 324–353.

Tantucci, Vittorio 2015. Traversativity and grammaticalization: The aktionsart of *guo* as a lexical source of evidentiality. *Chinese Language and Discourse* 6: 57–100.

Torres Cacoullos, Rena, and James A. Walker 2009. The present of the English future: Grammatical variation and collocations in discourse. *Language* 85: 321–354.

Traugott, Elizabeth C., and Graeme Trousdale 2013. *Constructionalization and Constructional Changes*. Oxford: Oxford University Press.

Traugott, Elizabeth C., and Richard Dasher 2002. *Regularity in Semantic Change*. Cambridge: Cambridge University Press.

van der Loon, Piet 1967. The Manila Incunabula and Early Hokkien Studies. *Asia Major—New Series*, Part II: 95–186.

Velupillai, Viveka 2012. *An Introduction to Linguistic Typology*. Amsterdam: John Benjamins.

Watson, Burton 1993. *Records of the Grand Historian of China*. New York: Columbia University Press.

Williams, Alonzo 1875. On verb-reduplication as a means of expressing completed action. *Transactions of the American Philological Association(1869–1896)* 6: 54–68.

Wu, Guo 2000. The origin of the Mandarin particle LE. *Journal of the Chinese Language Teachers Association* 35.1: 30–59.

Wu, Xiu-zhi Zoe 2004. *Grammaticalization and Language Change in Chinese: A Formal View*. London and New York: Routledge Curzon.

Wu, Yunji 1999. *The Development of Aspectual Systems in the Chinese-Xiang Dialects*. Paris: Centre de Recherches Linguistiques sur l'Asie Orientale, École des Hautes Études en Sciences Sociales.

Xing, Janet 2015. A comparative study of semantic change in grammaticalization and lexicalization in Chinese and Germanic languages. *Studies in Language* 39.3: 593–633.

Yao, Xinyue 2013. Pragmatic interpretation of the English present perfect. *Linguistics* 51: 993–1018.

Yao, Xinyue 2014. Developments in the use of the English present perfect: 1750-present. *Journal of English Linguistics* 42: 307–329.

Yao, Xinyue 2016. The evolution of the "hot news" perfect in English: A study of register-specific linguistic change. *Journal of Historical Pragmatics* 17: 129–152.

Yao, Xinyue, and Peter Collins 2012. The present perfect in world Englishes. *World Englishes* 31: 386–403.

Yeh, Marie Meili (叶美利) 2009. Ca-reduplication in Formosan languages. *Grazer Linguistische Studien* 71: 135–156.

Yeh, Meng 2014. The Experiential Guo in Mandarin: A Quantificational Approach (《汉语经历体"过"的时间量化研究》). Beijing: The Commercial Press.

Zoetmulder, Petrus Josephus, and Stuart Robson 1982. *Old Javanese-English Dictionary*. 's-Gravenhage: Martinus Nijhoff.

附录一 从句尾"了"到词尾"了"*

1. 引言

现代汉语共时句法研究根据意义区分"了₁"与"了₂"、根据位置区分词尾"了"与句尾"了",汉语历时句法研究根据位置及意义区分动态助词和事态助词,而体貌类型学区分完整体(perfective)与完成体(perfect)。比如,Dahl(1985)、Bybee et al.(1994)将完整体理解为一种比完成体语法化程度更高的语法范畴。根据 Bybee et al.(1994:54),完成体表示情状发生在参照点之前且与参照时间具有相关性。完成体典型地译作英语的 have 加过去分词,并经常与"经常"(already)、"刚刚"(just)义副词同现。完整体表示情状被视为在时间上是有界的。完整体用于叙述特定事件的序列,情状是因为其自身的原因而被报道。在英语中,跟类型学中完整体的用法更为接近的是动态动词的过去时形式 -ed,该形式有时也称为 past-perfective。

本文尝试将类型学中完成体与完整体的区分应用于汉语体貌标记从句尾"了"到词尾"了"的历时研究,将汉语体貌的历时研究与类型学中完成体语法化的研究贯通起来。限于篇幅,本文较少涉及近代汉语对事态助词与动态助词的研究,详情可参见曹广顺(1995)等。

---

* 本文与张华合作完成,原载《语言教学与研究》2007 年第 3 期,并带有副标题:《祖堂集》《三朝北盟会编》中"了"用法的发展。

本文根据"了"所出现的句法位置区分虚化的句尾"了"和词尾"了"。词尾"了"仅表示位于动词之后、宾语或补语之前的"了",词尾不表示其类似于词缀的语法性质,仅表示位置意义。句尾"了"指位于小句末尾的"了",这里的小句包括结句和非结句两种情况,其中不结句也包括没有标点区隔的紧缩复句。结句与否主要依据相应的点校本的标点,一般以句号、问号、感叹号这3种句末点号为结句的标志。

本文具体追踪从《祖堂集》到《三朝北盟会编》中"了"的用法变化,特别考察"了"所在小句的结句与非结句的情况。这种考察思路与杨永龙(2001)区分前景事件与背景事件的思路比较接近。根据Givón(2001:295),完整体通常用于按照事件自然发生的顺序叙述事件,完成体则通常用于描写事件自然顺序之外的事件。根据话语结构中前景/背景的区别,前景表达是指叙述事件时间进程的话语,背景表达主要是描写事件发生场景的话语。因此本文把前景事件的表达与完整体的主要功能联系起来,把背景事件的表达与完成体的主要功能联系起来。[①]

本文之所以选择《祖堂集》与《三朝北盟会编》这两种文献,是因为两者恰好反映了词尾"了"从无到有的发展过程,且《祖堂集》中的句尾"了"与《三朝北盟会编》中的词尾"了"均有一定的数量,便于穷尽性考察与统计各自的使用特点。至于《祖堂集》中的"了"是表示完结还是完成,可参见蒋绍愚(2005)的评述与分析,限于篇幅,本文不展开讨论。本文的使用(usage)与完成体的现时相关性(current relevance)接近,但不等同。[②] 使用的含义更为宽泛,不受单一理论模式的限制。

[①] 有关完整体与完成体的区别也可参见陈前瑞、王继红(2006)。

[②] 注意这里的使用(usage)的含义与用法(use)不同,相当于使用过程中的特点,将这些特点加以归纳就会形成不同层级的用法。本文在《语言教学与研究》2007年第3期发表时,所使用的中文术语"用法",虽然也注释了其准确含义,但还是容易引起误解,因而统一改为"使用"。

2.《祖堂集》"了"的使用

《祖堂集》我们主要依据张华点校的简体字本(中州古籍出版社, 2001),并参照了张美兰教授的校注本。《祖堂集》中"了"字一共出现 225 次,除了一些明显的固定词组(如"了后""了然"等)和做谓语动词的以外,虚化和接近于虚化的有 118 例,包括以下几种情况:1)"了也"有 42 例。主要用于结句,非结句仅 6 例。2)"VO 了 VP2"有 35 例。其中"VO 了"用于非结句,与后续分句有无逗号我们不做严格区分。3)"V 了 VP2"有 36 例。其中"V 了"用于非结句,与后续分句有无逗号同样不做区分。4)"VO 了"与"V 了"用于结句的各有 1 例和 4 例。①

2.1 《祖堂集》中"了也"的使用

刘勋宁(1985)认为"现代汉语句尾语气词'了'来源于近代汉语的'了也'"。曹广顺(1995)、孙锡信(1999)等提出过不同的看法,本文不展开讨论。杨秀芳(1991)、魏培泉(2002)都认为《祖堂集》中的"也""了也"是完成助词与"完成貌复合助词",都认为"了也"的"也"如同"矣",都表示进入新情况。本文从完成体的基本语义特征——表事件在过去发生与该事件具有现时相关性——出发,分析"了也"所在小句的时间指称与现时相关性。

《祖堂集》的"了也"一般用于事件在过去已经发生,如例(1)。但也有个别用例表示将来时间,如例(2)的"始得了也"表示"就知道了",用于条件句的结果分句,一般分析为将来完成体,这种用法对"了也"的完成体概括不构成例外。

---

① 本文对《祖堂集》中"了"的统计,与张美兰(2003)相比,"了也""V 了"完全相同。另有 1 例"师问了院主"(卷 12,页 434)暂时存疑,不列入统计之中。

(1) 受戒后,思和尚问:"你已是受戒<u>了也</u>,还听律也无?"对曰:"不用听律。"(卷4,页138)
(2) 若问某甲闻与不闻,问取树子闻与不闻始得<u>了也</u>。(卷18,页602)

对完成体的现时相关性学术界有不同的概括(如 Dahl,1985;Schwenter,1994),具体到汉语中,Li et al.(1982)提出的句尾"了"的五种现时相关性影响最大。当我们试图把这五种现时相关性用于"了也"的分析时,却遇到了一定的困难,各类相关性之间难以明确地区分(详细情况需另文讨论)。因此本文把"了也"的现时相关性简单地归并为"肯定出现了变化或即将出现变化"。其中的关键词是"肯定"。既然是"肯定",就不是完全的新信息。如例(3)中"吃饭了也"是对"吃饭也未?"的回答,其中"吃饭"完全是旧信息,对吃饭的发生问话人也有预期,只是不能确认,答话人正是针对这一点加以确认。例(4)中,"已相见"与上文中"望见"的信息相同,小句"已相见了也"不是用来报道新情况(hot news)[①],而是为后句的"不用更上来"陈述理由。《祖堂集》中"了也"大量用于这种具有广义因果关系的语境中用来确认事实、原因、条件或结果,[②] 这与一般的完成体的话语功能是一致的。

[①] 报道新情况的用法是指用完成体的形式把事件作为重要的新信息告诉听话人,如:一个朋友在电话中告诉听话人:My cat has just had kittens(我的猫生小猫了)。详情可参见陈前瑞(2006)。

[②] 复句中广义的因果关系包括因果、假设、条件、目的关系等,可参见邢福义(2001:40)。另外,根据修辞结构理论(Rhetorical Structure Theory, RST),篇章中的任何一个小句,都会与上下文的其他小句构成一定的语义关系。篇章中的语义关系可以总结为一套数量有限的关系,其中也包括原因与结果关系(详见卫真道,2002)。本文的广义因果关系更接近于修辞结构理论中的小句语义关系。

(3) 师问僧："吃饭也未？"对云："吃饭了也。"（卷 13，页 450）
(4) 洞山初到南源，便上法堂次。师才望见洞山，便云："已相见了也，不用更上来。"洞山便归堂。（卷 14，页 484）

在现代汉语中，也有人认为句尾"了"表示进入新情况或新情况的发生。严格说来，表示新情况的发生只是现代汉语中句尾"了"多种用法中的一种，如例(5)。①《祖堂集》中"了也"没发现有这种新用法。

(5) "不好了，发大火了！"

Schwenter(1994：1018—1019)发现，报道新情况用法是完成体向完整体发展的一个重要阶段。就《祖堂集》中的情况来看，"了也"还没有发展出类似于完整体的用法来。《祖堂集》中"了也"的"肯定"或"确认"用法与刘勋宁(1990)提出的"也"在近代白话中传递的"申明"的语气相当。刘勋宁(1990)还把申述句与叙述句区分开来，可惜没见到进一步的讨论。

2.2 《祖堂集》"VO 了 VP2"中"VO 了"的使用

"VO 了 VP2"中"VO 了"与 VP2 的语义关系可以大致分为两类，一类是比较严格的事件先后关系，表示后一事件在前一事件结束之后才得以发生，因而解读时可以在前一小句后面加上"以后、之后"等时间词吾。如例(6)(7)。

(6) 师住庵时，有一僧吃粥了，便辞师，师问："汝去什么（摩）

---

① 王伟(2006：81)指出，把事态助词解释为"新情况的出现"往往难以做出令人满意的解释，如"都老同学了，干吗还那么客气"。

处?"僧云:"礼拜大沩。"师云:"近那,吃饭了去也。"(卷19,页639)

(7) 师向僧道:"汝与我开田了,为汝说大义。"僧云:"开田了,请师说大义。"师乃展开两手。(卷14,页477)

例(6)"有一僧吃粥了,便辞师"是叙述已然的事件先后关系,"近那,吃饭了去也"是未然的事件先后关系。例(7)的"汝与我开田了,为汝说大义"是未然的事件先后关系,但"开田了,请师说大义"中"开田了"是已然事实并作为后续小句"请求"的原因或理据,两分句之间不便加"之后",而可以加"因为/既然……所以/那么",两者之间显然是一种广义因果关系。这是"VO了VP2"中"VO了"与VP2的第二种语义关系,在《祖堂集》全部35个"VO了VP2"中仅见3例,另外2例为:

(8) 又问:"有善知识言,学道人但识(得)本心了,无常来时,抛却壳陋子一边著,灵台觉性迥然而去,名为解脱,此复若为?"(卷3,页119)

(9) 师曰:"将心来,与汝安心。"进曰:"觅心了不可得。"师曰:"觅得岂是汝心? 与汝安心竟。"(卷2,页69)

例(8)中"但识(得)本心了"是一种条件。例(9)"觅心了不可得"中"觅心了"是一种已然的行为,"不可得"是行为的结果。它们都可以归入广义的因果关系之中。

可以看出,《祖堂集》"VO了VP2"中"VO了"与VP2的语义关系中事件先后关系占绝对主导,而广义因果关系只占微弱的比例。杨永龙(2001:113)在讨论《朱子语类》的"了"的用法时已经指出,事件先后关系要先于因果关系。陈前瑞(2005)在讨论"来着"的现时相关性时也指出,因果关系的主观性要高于事件先后关系。因此,可以认为"VO了"与VP2的语义关系中,事件先后关系发生在前,而广义因果关系发生在后,在《祖堂集》还只是一种处于萌芽状态的新现象。

表事件先后关系的"VO了"一方面部分反映了完成体的时间参照功能,即事件发生在参照事件之前;另一方面也反映了完成体用法与其语法化来源意义——完结体(completive,大致相当于动相补语)及完成动词的意义联系。因此,《祖堂集》"VO了"中"了"的语法地位学术界有不同的看法,有的认为是完成动词,有的认为是动相补语,也有人把个别动补结构带宾语的"了"看作事态助词。[详见蒋绍愚(2005:139—152)的评述]不管怎样界定"了"的性质,可以肯定"VO了"表事件先后关系反映了助词"了"语法化早期的用法。

2.3 《祖堂集》"V了VP2"中"V了"的使用

《祖堂集》"V了VP2"中"V了"与VP2同样可以分析为事件先后关系与广义因果关系,但各自的比例有所不同,两种语义关系之比为25:11。前者如例(10)(11):

(10)师问僧:"一切声是佛声,一切色是佛色。拈却了与你道。"对云:"拈却了也。"(卷11,页384)
(11)其时天降白乳入口,味如甘露,食了轻健。(卷2,页57)

例(10)"拈却了与你道"中未然的事件先后关系比较显著,例(11)"食了轻健"可以理解为行为与结果的关系,但两者之间可以加"以后",事件先后关系依然明显存在。同时也说明两种语义关系之间存在关联。因此,我们在判断语义关系时,一般只把不能理解为事件先后关系的才归入广义因果关系。

"V 了"与 VP2 的广义因果关系见例(12)(13)。例(12)虽然没有关联词,但因果关系比较显著。例(13)"V 了"出现在论证话语中,既可以理解假设关系,也可以理解为条件关系。

> (12) 僧云:"掴了,莫闹。"云门肯之。(卷 20,页 665)
> (13) 尔时阿难付法偈曰:"本来付有法,付了言无法。各各既自悟,悟了无无法。"(卷 1,页 29)

《祖堂集》"V 了 VP2"中广义因果关系用例的比例远高于"VO 了 VP2"(分别占各自总数的 31% 和 9%),这似乎说明,"V 了 VP2"中的"了"比"VO 了 VP2"中的"了"更虚,因而部分支持"了"先在"V 了"中虚化的观点。这比较容易理解,因为"V 了"中的"了"多涉及动词,"VO 了"中的"了"还涉及宾语,因而可以指向宾语,随宾语的不同,语义虚实也有不同。

2.4 《祖堂集》结句的"VO 了"与"V 了"的使用

"VO 了"与"V 了"用于结句的各有 1 例[例(14)]和 4 例[例(15)—(18)]。

> (14) 师见和尚切,依和尚处分,装裹一切了。恰去到岭上,踢著石头,忽然大悟。(卷 10,页 334)
> (15) 百丈上法堂,师问:"适来有一个僧未得吃饭,汝供养得么(摩)?"对曰:"供养了。"(卷 14,页 468)
> (16) 有法空禅师到,问师经中诸义,师答了。师云:"禅师到来,贫道总未得作主人。"禅师云:"请和尚作主人。"(卷 15,页 505)

(17) 师与紫璘法师共论义次,各登坐了。法师曰:"请师立义,某甲则破。"(卷3,页114)
(18) 强大师拈问福先:"向上一路古人宗,学者徒劳捉影功;若道不传早传了,不传之路请师通。"(卷15,页503)

刘勋宁(1985)认为,《祖堂集》中"了"结句用法[仅认定1例,即例(15)]可能是"了也"之误。这种说法可能不如萌芽说或发展说客观,因为汉语句号的使用有时会因人而异,结句与非结句也有或然的情况。比如,例(17)"各登坐了"的句号也可以改为逗号;例(18)"若道不传早传了"中"早传了"是结果分句,通常用句号,但在该例中用逗号,而后续句又是一个以整个"若道不传早传了"为条件的结果句,因此本文仅将该例特别归为结句的用法。根据以上分析结果,《祖堂集》"VO了"结句与非结句用例之比为1∶35,"V了"结句与非结句用例之比为1∶9。这种比例一方面说明两者结句的用法数量少,发展晚,还只是一种萌芽;另一方面似乎也说明"V了"在结句方面的发展要比"VO了"略早一步。

3.《三朝北盟会编》"了"的使用

《三朝北盟会编》本文依据的是《近代汉语语法资料汇编·宋代卷》(刘坚、蒋绍愚主编,商务印书馆,1992)。"了"字一共出现122次,其中,"了"做谓语动词或与其他词结合作为固定词组(如"了当""了得"等)的共36例,其余86例根据"了"在句中出现的位置分为六类。1)"了也"有3例。2)"V了OVP2"有31例。"V了O"用于非结句,与后续分句有无逗号不做区分。3)"V了O"结句用法有9例。4)"V了VP2"有26例。"V了"用于非结句,与后续分句有无逗号同样不做区分。5)"VO

了"结句与非结句的共有 3 例,"V 了"用于从句有 1 例。6)"V 了"结句的用法 13 例。

3.1 《三朝北盟会编》"了也"的使用

《三朝北盟会编》中"了也"仅 3 例,都是结句的用法。如例(19)(20):

> (19)仆答:"若贵朝应副西京民土,朝廷岂无相谢礼数?"兀室曰:"此中亦遣使人,须当道破,只得一年之数,赏此军人,便是礼数<u>了也</u>。"(茅斋自叙,页 121)
> (20)在议间,会有人报:"南朝遣王侍郎一行奉使来到磁州,被百姓唤作贼臣,已撕擗<u>了也</u>。"国相怒曰:"尽梢空!"(靖康大金山西军前和议录,页 163)

例(19)"了也"所在小句的谓词为"是",属状态情状。一般来说,完成体标记首先适用于动态情状,只在其发展的后期才适用于静态的状态情状。例(20)中"已撕擗了也"出现在"会有人报"的话语中,虽然所在小句的话题承前省略,但评述部分完全是新信息,这从听话人"怒曰"的反应也可印证。这一用例似乎能够说明,当时的"了也"已经发展出报道新情况的用法,从而趋近于完整体的用法。

3.2 《三朝北盟会编》"V 了 OVP2"中"V 了 O"的使用

《三朝北盟会编》"V 了 O"共 31 例,在"V 了 OVP2"中的语义关系可分为三类,其中第三类"叙述事件的进程"是新出现的。

(一)"V 了 O"用于事件先后关系的,共 5 例,如例(21)(22):

(21) 若水等见事势不可,即曰:"容若水等来日谢辞了国相即行。"(靖康大金山西军前和议录,页161)

(22) 译者云:"李成煞是粗人,不成人物,元帅煞不喜他。到开德府遂夺了马,教行来。"(绍兴甲寅通和录,页180)

这些用例中,有的有明显的时间词语,强化先后关系,如例(21)的"等来日、即";有的时间词语不明显,如例(22)中,"遂"与"教"是已然与未然相对,显示事件先后关系。而且这5例都不能作广义因果关系理解。

(二)"V了O"在论证话语中表示广义因果关系的原因,共24例。如例(23)中"V了O"表示假设原因。

(23) 某等云:"若得到元帅纳了国书,便是使人事了,然后请死。"(绍兴甲寅通和录,页181)

(三)叙述事件的进程,共2例。

(24) "贵国兵屯白水泊,虽已多时,亦有未是处。契丹旧酋元未曾捉得,亦未杀了,又闻契丹旧酋走入夏国,借得人马,过黄河,夺了西京以西州、军,占了地土不少。不知来时知子细否?"(燕云奉使录,页81)

(25) 且如近有燕京职官赵温信、李处能、王硕儒、韩昉越境来南,张翂带了本朝银牌,走过南界,须先以见还。(燕云奉使录,页93)

例(24)"夺了西京以西州、军"与"占了地土不少"为前文连续事件的自然进程,也是事件的最终结果,两小句之间不便加"以后"。例(25)"张祾带了本朝银牌,走过南界"虽然存在客观的事件先后关系,但却很难强调这种先后关系,"V了O"所在小句是作为事件进程的一部分。总体看来,叙述事件进程的用法跟事件先后关系和广义因果关系都有勾连,但又不便归入其中。可以看作在这两种典型语义关系的基础上衍生的一种新的用法,从而超越了完成体的典型用法,获得了完整体的典型用法。

3.3 《三朝北盟会编》结句的"V了O"的使用

《三朝北盟会编》中"V了O"结句的共9例,其用法涉及强调或确认事件目的、结果以及叙述事件进程。

> (26) 我皇帝从上京到了,必不与契丹讲和,昨来再过上京,把契丹墓坟、宫室、庙像一齐烧了。图教契丹断了通和底公事。(燕云奉使录,页80)
>
> (27) 马扩言:"郎君们岂不知契丹银绢,从初厮杀了数年后,因讲和,方才与了三十万。后来又因河西家兵,契丹说谕,得教称臣,添了二十万。"(燕云奉使录,页90)
>
> (28) "贵国兵屯白水泊,虽已多时,亦有未是处。契丹旧酋元未曾捉得,亦未杀了,又闻契丹旧酋走入夏国,借得人马,过黄河,夺了西京以西州、军,占了地土不少。不知来时知子细否?"(燕云奉使录,页81)

"V了O"在例(26)强调行为的目的,在例(27)的两个小句中都是确认结果,在例(28)中是在连续的叙述话语中叙述事件的最终进程或结果。总的看来,还是强调结果的用法更多一些,共有7例。"V了O"结句用法与非结句的用法之比为 9∶31，结句用法约占三分之一。因此"V 了 O"的结句用法应该不是一种偶然的用法，而是发展而来的新用法。

另外，"了"还用于提取宾语的关系从句，仅 1 例。这说明"了"的用法开始多样化。

(29) 国相曰："那收燕山时杀了底许多人是生灵也无？"（靖康大金山西军前和议录，页 159）

3.4 《三朝北盟会编》"V 了 VP2"中"V 了"的使用

《三朝北盟会编》"V 了 VP2"中"V 了"共 26 例，跟《祖堂集》中一样，它所出现的语义关系只有两种，只是用例的主次发生了变化。

（一）用于事件先后关系，共 7 例。如：

(30) 今贵朝不能自取，直候本国取了与去，使贵朝坐享地土之利，有何不便？（茅斋自叙，页 118）

(31) 望之云："虽是李枢密同过去，缘未曾得使旨，且到都亭驿，同太师等早食罢，与李枢密再对了，方可出门。"（靖康城下奉使录，页 148）

从以上 2 例看出，《三朝北盟会编》"V 了 VP2"事件先后关系非常明显。

（二）"V 了"在论证话语中申明事实，在广义因果关系中表示原因、条件等，共 19 例。

(32) 何似把人民一齐许了，做个人情也是完备。（燕云奉使录，

页 90)

(33) 初闻南军已到泸沟河,已入燕,我心下亦喜。南家故地,教他收了,我与他分定界至,军马归国,早见太平。(茅斋自叙,页 115)

(34) 庆曰:"夜来天气大段寒了,未知中原如何?"(靖康大金山西军前和议录,页 159)

"V 了"在例(32)中是典型的假设条件,在例(33)中表示原因。在例(34)中确认当前事实,由此引发对"中原"的关切,因果关系比较隐晦。

3.5 《三朝北盟会编》"VO 了"的使用

《三朝北盟会编》"VO 了"如同"了也"一样,是残留用法,仅 3 例。

(35) 皇帝已定亲去收燕京,候收燕京了,却来商量。(燕云奉使录,页 84)

(36) 所有先差两番奉使,不谓已过界了,并仰追及约回。其前降和议指挥,已奉圣旨更不施行。(靖康大金山西军前和议录,页 163)

(37) 第五日早,若水等再见国相,方欲起言和议,国相遽约若水等坐。国相曰:"已作国书了。"命左右取到,遂传与。若水不得已,摺笏领之。(靖康大金山西军前和议录,页 161)

例(35)表示事件先后关系,例(36)在论证话语中申明原因。例(37)单用,属于报道新情况的用法,这说明"VO 了"同例(20)的"了也"一样,其用法也在继续发展。"VO 了"的 3 种用法刚好各有 1 例。

3.6 《三朝北盟会编》中结句的"V 了"的使用

《三朝北盟会编》中结句的"V 了"共 13 例,出现在 3 种不同的语义关系之中。

(一)肯定已然的事实,有的作为论证话语的原因,共 5 例。如:

(38) 又曾对李纲云:"可惜走了。"(靖康城下奉使录,页 153)
(39) 唯是皇帝言:"赵皇大度,我要岁添一百万贯物色,一字不违,千年万岁却是多少?今却觅西京,如何违得?兼我在奉圣州时,心上许了。不若与去,共他大朝交欢也,胜似与河西家。然其间人户却待起遣将去。"(茅斋自叙,页 121)

例(38)在肯定事态的变化时伴有感叹的语气。例(39)是作为前文及下文相关话语的论据。

(二)肯定未然的事实,如未然结果[例(40)]、否定性祈使结果[例(41)]等,共 7 例。显然,用于未然是发展而来的新用法,且用例相对较多。如:

(40) 良嗣仓皇云:"某本不欲理会西京事,公必欲为言,必连山前事坏了。"(茅斋自叙,页 120)
(41) 本朝大国,不可容易,不要错了。(燕云奉使录,页 85)

(三)叙述事件的进程,仅 1 例。

(42) 我皇帝从上京到了,必不与契丹讲和。昨来再过上京,把契丹墓坟、宫室、庙像一齐烧了。(燕云奉使录,页 80)

例(42)的"把契丹墓坟、宫室、庙像一齐烧了"既是"昨来再过上京"的进程与结果,又与该小句一起,作为前文"必不与契丹讲和"的论据。该例不仅反映了叙述事件进程的用法与完成体典型用法的固有联系,也反映了完成体用法进一步向完整体用法发展的方向。

4.《祖堂集》与《三朝北盟会编》"了"的使用的讨论

《祖堂集》与《三朝北盟会编》"了"的使用分别归并为表1与表2。

表1 《祖堂集》"了"的使用

VO 了 VP2			V 了 VP2		了也	V 了	VO 了	合计
先后	因果	进程	先后	因果				
32	3	0	25	11	42	4	1	118

表2 《三朝北盟会编》"了"的使用

V 了 OVP2			V 了 O	V 了 VP2		V 了	了也	VO 了	从句	合计
先后	因果	进程		先后	因果					
5	24	2	9	7	19	13	3	3	1	86

比较表1和表2,可以得出以下几点主要看法:

(一)"V 了 VP2"的数量相差不大,《祖堂集》36例,《三朝北盟会编》26例;但是,前者事件先后关系用法与广义因果关系之比为25∶11,后者事件先后关系与广义因果关系之比为7∶19。可见,"V 了 VP2"中"了"用法的主次发生转折性变化,由客观的事件先后关系为主变为以抽象的、具有一定主观性的广义因果关系为主。"V 了 VP2"的发展表现为形式不变,功能主次倒置。

(二)《祖堂集》中的"VO 了 VP2"大致对应于《三朝北盟会编》中"V 了 OVP2"。《祖堂集》中的"VO 了 VP2"事件先后关系用法与广义因果关系之比为 32∶3,《三朝北盟会编》两种用法之比为 5∶24。先后关系用法在《祖堂集》中占绝对主导,而在《三朝北盟会编》中沦为残留用法。因果关系用法在《祖堂集》中为萌芽用法,而在《三朝北盟会编》成为绝对主导用法。由于因果用法已经确立,《三朝北盟会编》中又产生了新的用法——表现事件进程的用法。从"VO 了 VP2"到"V 了 OVP2"形式发生变化,功能明显分化,形式的变化进一步促使新的功能的分化。

(三)《三朝北盟会编》中"V 了 O"大量用于非结句,并大量用在论证话语中申明事实、原因、条件,这些用法的性质更接近于叙述话语中起说明、描写作用的背景,由此可以说词尾"了"在《三朝北盟会编》中主要功能还是完成体。什么时候"V 了 O"真正成为典型的完整体还难以断言,需要有针对性的实证研究来验证。根据王伟(2006)的研究,即使在现代汉语里词尾"了"出现在活动情状中仍然不能结句,如"他吃了饭"。由于广义因果关系非常接近于现时相关性,因此本文的考察仍然支持类型学关于现时相关性在完成体形成过程中的作用的观点,即现时相关性脱离狭义的结果状态存在的限制,使得完结体(completive)或结果体(resultative)发展成为完成体;而现时相关性的进一步弱化,又进一步促成了单纯表示事件进程的完整体的形成。(相关论述参见 Bybee et al.,1994;Schwenter,1994;Lindstedt,2000)

基于本文的考察,笔者认为不同位置上"了"的用法发展实际上反映了其体貌性质的变化,但是这种基于使用的发展变化是量变而非质变,位置与功能并非一一对应。本文主张,即便是在现代汉语中词尾"了"的基本功能是完整体,但仍保留了某些完成体的用法,如表示事件先后关系的"他吃了饭就走";句尾"了"的基本功能是完成体,但有些用法趋近于完整体,如报道新情况的用法大量出现。当然,这一主张还需要有更多的共时与历时语言事实的检验。

参考文献

曹广顺　1995　《近代汉语助词》，北京：语文出版社。
陈前瑞　2005　"来着"的发展与主观化，《中国语文》第 4 期。
陈前瑞　2006　汉语双"了"句的兴衰及相关理论问题，中国语文杂志社编《语法研究和探索》(十三)，北京：商务印书馆。
陈前瑞、王继红　2006　动词前"一"的体貌地位及其语法化，《世界汉语教学》第 3 期。
蒋绍愚　2005　《近代汉语研究概要》，北京：北京大学出版社。
刘勋宁　1985　现代汉语句尾"了"的来源，《方言》第 2 期。
刘勋宁　1990　现代汉语句尾"了"的语法意义及其与词尾"了"的联系，《世界汉语教学》第 2 期。
孙锡信　1999　《近代汉语语气词》，北京：语文出版社。
王　伟　2006　现代汉语"了"的语法语义定位，中国社会科学院博士学位论文。
卫真道　2002　《篇章语言学》，徐赳赳译，北京：中国社会科学出版社。
魏培泉　2002　《祖堂集》中的助词"也"——兼论现代汉语助词"了"的来源，《戴琏璋先生七秩哲诞论文集》编辑小组编《含章光化——戴琏璋先生七秩哲诞论文集》，台北：里仁书局。
邢福义　2001　《汉语复句研究》，北京：商务印书馆。
杨秀芳　1991　从历史语法的观点论闽南语"了"的用法——兼论完成貌助词"矣"（"也"），《台大中文学报》第 4 期。
杨永龙　2001　《〈朱子语类〉完成体研究》，开封：河南大学出版社。
张美兰　2003　《〈祖堂集〉语法研究》，北京：商务印书馆。
赵东方　2002　《三朝北盟会编》语法研究，北京大学硕士学位论文。

Bybee, Joan, Revere Perkins, and William Pagliuca 1994. *The Evolution of Grammar: Tense, Aspect, and Modality in the Languages of the World*. Chicago: University of Chicago Press.

Dahl, Östen 1985. *Tense and Aspect System*. Bath, England: The Bath Press.

Givón, Talmy 2001. *Syntax: An Introduction*. Vol. 1. Amsterdam: John Benjamins.

Li, Charles N., Sandra A. Thompson, and R. McMillan Thompson 1982. The discourse motivation for the perfect aspect: The Mandarin Chinese particle LE. In P.

Hopper(ed.), *Tense and Aspect: Between Semantics and Pragmatics*, 19–44. Amsterdam: John Benjamins. 中文题为《已然体的话语理据:汉语助词"了"》,载戴浩一、薛凤生主编《功能主义与汉语语法》,17—138页,徐赳赳译,北京语言学院出版社,1994。

Lindstedt, Jouko 2000. The Perfect: Aspectual, temporal and evidential. In Östen Dahl(ed.), *Tense and Aspect in the Languages of Europe*, 366–383. Berlin: Mouton de Gruyter.

Schwenter, Scotta A. 1994. Hot news and the grammaticalization. *Linguistics* 33: 995–1028.

附录二　句尾"来"体貌用法的演变*

1. 引言

1.1　讨论的对象

在近代汉语中，事态助词"来"可以用在分句或全句的末尾，表示确认事件在过去发生，类似于现代汉语的句尾"了"，如例(1)，这种用法本文称为"来"的过去发生用法；也可以表示事件在过去不确定的时间里至少发生过一次，类似于现代汉语的词尾"过"，如例(2)，这种用法本文称为"来"的过去经历用法。这两种用法都跟体貌有关，所以本文暂且总称为句尾"来"的体貌用法，并讨论这两种用法的演变。

(1) 九冬三十夜，寒与暖分开。坐到四更后，身添一岁<u>来</u>。［尚颜《除夜》(一作栖蟾诗)，《全唐诗》卷 848］①
(2) 有行者问："生死事大，请师一言。"师曰："行者何时曾死<u>来</u>？"(《祖堂集·神山和尚》)

关于近代汉语"来"的体貌用法及其发展，前辈学者们已经提出一些富有见识的看法，也在一些方面存在明显的分歧。

---

*　本文与王继红合作完成，原载《语言教学与研究》2009 年第 4 期。
①　例(1)(2)分别引自梁银峰(2004a, 2004b)。

1.2 现有研究存在的问题

（一）对事态助词"来"的过去经历用法的来源存在不同的看法。蒋冀骋、吴福祥（1996：545）指出，事态助词"来"的来源可能与动态助词"来"[即例（3）中的"来"]有关。当表示完成或实现的"来"（动态助词）用于"曾然"的语境，并居于句尾时，它就变成了"曾然"态的时态助词。陈前瑞（2003）已经指出这一推测与两种"来"出现的时间顺序不合。梁银峰（2004a）进而指出，事态助词"来"在南北朝时期已经产生，至迟在隋代已经确立；如果认为所有的事态助词"来"都是从动态助词"来"直接转化而来，这是不符合汉语的历史事实的。例（4）的"来"在我们看来属于事态助词的过去发生用法，梁银峰（2004b）认为"来"这样的用例实在太少，在数量上远远不能和事态助词（即表示过去经历的用法，笔者注）相比，因此梁文认为表示事态助词"来"（即过去经历的"来"，笔者注）直接源于这种用法的观点是不成立的。

(3) 赋来诗句无闲语，老去官班未在朝。（张籍《赠王秘书》，《全唐诗》4334 页）

(4) 诸母人闻经欢喜，前白佛言："山民贪害，以肉为食，欲设微供，愿当纳受。"佛告诸母人："诸佛之法，不以肉食。吾已食来，不须复办。"（西晋法炬共法立译《法句譬喻经》，《大正藏》4/581b）

（二）对于助词"来"的语法化路径存在分歧。太田辰夫（1958：356）指出："助词'来'当然是由动词'来'产生的。原来是做了某事之后来到现在的场所的意思，后来'来'成了附加的，就把重点放在过去曾经做某事上了。"太田先生的观点可以概括为动词直源说。曹广顺

(1995:107)认为助词"来"可能来源于两种路径:一是源于结果补语,可概括为结果补语说;二是源于"以后、以来"义,可概括为"以来"说。王锦慧(2002,2004)通过分析禅宗语录,进一步论证了"以来"说。梁银峰一方面在太田先生的动词直源说的基础上提出"连动说",即事态助词"来"是由连动式"V(+NP)+来"中的趋向动词"来"虚化而来(梁银峰,2004a);另一方面又持有"以来"说(梁银峰,2005)。

1.3 体貌类型学的启发

体貌类型学的研究认为,完成类体标记主要来源于:1)"是、有"之类的助动词;2)表示"来"义的动词;3)表示"结束"和方向移动含义的动词。只有2)类的"来"义动词是直接发展成完成体及完整体/过去时。(Bybee et al.,1994:105)可见,"来"的语法化路径更有着类型学的特殊性,而类型学的研究大致支持助词"来"的动词直源说。Chappell(2001)认为汉语官话及方言中,"过、别、曾、尝"等标记所表示的经历体严格说来不完全是体貌的用法,而是传信(evidential)的用法。Chappell(2001:65)构拟了汉语中传信标记的两条语法化路径:1)大部分方言中的"过"类动词经由趋向补语发展成表示过去事件发生的完成体,然后发展成为传信标记。2)闽语中的"别"类感知动词发展成传信标记。可见,汉语助词"来"无论是从体貌标记还传信标记的语法化路径来看,都具有独特的地位并且没有得到充分的研究。

基于对现有研究存在的问题的认识并受类型学相关研究的启发,本文通过分析唐代以前汉译佛经材料中句尾助词"来"的早期用例的用法特点,探讨"来"由过去发生义到过去经历义的发展过程以及"来"由动词到过去发生义的发展过程;通过分析《祖堂集》《古尊宿语要》以及《西游记》中的句尾"来"的用法特点,探讨"来"的过去经历义与过去发生义在唐宋及明代进一步发展的规律。

2. 唐代以前句尾"来"的体貌用法分析

梁银峰(2004a)把句末助词"来"的出现年代推进到唐代以前，龙国富(2004:282)发现事态助词"来"在中古佛经中的分布并不均衡，主要出现在西北地区的少数译者翻译的佛经之中。本文在龙国富(2004, 2005)、梁银峰(2007)所引用的语料的基础上，检索已经出现过事态助词"来"的中古汉译佛经，初步得到41例明确用例以及若干相关用例。本节在这些用例的基础上分析"来"的过去发生义和过去经历义的用法，分析助词"来"的语法化路径。

2.1 唐代以前"来"的过去发生义用法分析

在41例明确的事态助词用例中，有17例不与"曾"的肯定或否定形式共现，因而不是明确的过去经历用法，可以暂且笼统地归入"来"的过去发生用法。①

17例中，共有10种动词。其中感官动词共4种，出现11例，如例(5)的"见、闻"，例(6)的"见闻"，例(7)的"嗅"等。而且这几个感官动词也基本上是达成动词，表示感官感知的结果。

> (5) 以彼他人，知如是人。先不见来，先不闻来，则言如是不善之人。(元魏瞿昙般若流支译《正法念处经》，《大正藏》17/289b)
>
> (6) 不从他人，先见闻来。直自贪心故作歌咏，复教他人种种歌咏。(元魏瞿昙般若流支译《正法念处经》，《大正藏》

---

① 本文以每个动词与"来"的共现为1例。多个小句连续出现则分别计算。

17/289b）

(7) 又复天中嗅好香来，或曼陀罗、居世奢等异异胜香。百千种香，一切嗅来。（元魏瞿昙般若流支译《正法念处经》，《大正藏》17/277b）

其他6个动词中有3个动词也为达成情状（achievment），如例(8)的"悟解"、例(9)的"舍弃"、例(10)的"成就"；例(11)的"杀"为结束情状（accomplishment）①。只有例(12)"供养"以及例(4)"吾已食来"的"食"为活动情状。因此，唐代以前"来"的过去发生用例绝大部分出现在达成动词上，这从另一个角度说明该用法还处在早期发展阶段。

(8) 悟解此来，即生二慧，是以得道。（隋吉藏撰《法华玄论》）
(9) 输头檀王复以偈颂向佛说言：降伏大地诸山川，并及欲具诸千子。微妙七宝舍弃来，云何行此沙门行？（隋阇那崛多译《佛本行集经》，《大正藏》3/899c）
(10) 三世成就是事来，所以今日自度讫。（隋阇那崛多译《佛本行集经》，《大正藏》3/806c）
(11) 时彼菩萨自忆宿世，曾杀母来，曾杀父来，杀罗汉来，念彼残业，是故心热，不能获得甚深法忍。（元魏瞿昙般若流支译《圣善住意天子所问经》，《大正藏》12/131c）
(12) 我于弥勒菩萨之边，种诸善根，求未来世阿耨多罗三藐三菩提，而有偈说：此佛大威德，离欲得寂静。释迦牟尼佛，皆悉供养来。（隋阇那崛多译《佛本行集经》，《大正藏》3/664a）

---

① "杀"同"摧毁、建造"一样具有内在的终结点，虽然可以"杀而不死"，但是既是"杀（人）"就要"置之于死地"。因此，"杀"应为结束情状。可参见Yang（1995）。

在这17例中，只有4例明确地不能加"曾"。比如例(4)的"吾已食来，不须复办"为特定时间的特定事件，前后句有直接的因果关系；例(7)的"百千种香，一切嗅来"，为叙述话语中的总括性事件，不可以加"曾"。例(8)的"悟解此来，即生二慧"为较为紧密的先后相承事件。例(12)如果加"曾"容易误解为"供养"的行为是以前发生的，现在有可能不是这样的。可见，前后句如果有比较直接、紧凑或密切的因果或条件关系，均不能加"曾"。从理论上说，如果前后句有比较直接的现时相关性，那么"来"所在小句中很难加"曾"。

另有13例基本上可以加"曾"，而这些例证中的动词只有例(9)(11)的"舍弃"与"杀"不是感官动词。例(9)的"微妙七宝舍弃来，云何行此沙门行？"不加"曾"可以表示过去发生，即"微妙七宝都舍弃了"；也可以加"曾"表示过去经历，即"微妙七宝都曾舍弃了"。例(11)"杀罗汉来"因为前文有"宿世"及"曾杀母来，曾杀父来"，加不加"曾"都表示过去经历。

11例感官动词句均可添加"曾"，但是有6例不加"曾"既可以表示过去发生，也可以表示过去经历。如例(10)的"三世成就是事来，所以今日自度讫"以及例(13)的"是等诸幻我见来，以是意中不贪乐"。例(14)(15)句中有"已"，一般按照过去发生理解，但也可以"已曾"连用，明确表示过去经历。

(13) 是等诸幻我<u>见来</u>，以是意中不贪乐。(隋阇那崛多译《佛本行集经》，《大正藏》3/782c)

(14) 汝等皆当看彼天众，如是天众，<u>已</u>于佛塔种种<u>见来</u>。(元魏瞿昙般若流支译《正法念处经》，《大正藏》17/283b)

(15) 又彼喜乐多言语者，复有大过，种种言语，<u>先已闻来</u>，心

乐谓乐。(元魏瞿昙般若流支译《正法念处经》,《大正藏》17/285a)

另有 5 例即使不加"曾"似乎也只能按照过去经历来理解。究其原因,这 5 个例句中均有过去不确定时间词语"先",如例(5)(6)的"先不见来,先不闻来"与"先见闻来"。

从上面的分析可以看出,句尾助词"来"不加"曾"可以表示过去发生的用法,当用于感官动词句时,有的可以理解为过去发生用法,也可以理解为过去经历用法,这种两可的理解往往就是新的用法产生的桥梁,从而支持"来"的过去经历用法源于过去发生用法的观点,并与类型学中部分传信标记源于完成体的倾向性规律是一致的(Chappell,2001)。

2.2 唐代以前"来"的过去经历义用法分析

在 41 例明确的事态助词用例中,有 24 例与"曾"的肯定或否定形式共现,其中否定用例 9 例。① 24 例中有 15 例的动词为"见(6 例)、闻(8 例)、得闻",如例(16)(17)。跟"来"的过去发生用法相比,感官动词略显集中,实际用例所占比例由过去发生用法的 59% 上升为 63%。

(16) 若复彼人,未曾闻来,未曾见来,不从他人,先见闻来,直自贪心故作歌咏。复教他人种种歌咏,言我曾见,言我曾闻。(元魏瞿昙般若流支译《正法念处经》,《大正藏》17/289b)

(17) 如是所观三世果报善恶之相,有一百八十九种。何等为

---

① 曹广顺(1995:101)认为事态助词"来"在宋代出现了用于否定的例子,是一种新的发展。龙国富(2004:267)注意到中古时期的否定用例。

一百八十九种？……百七十一者曾<u>得闻深法来</u>。(隋菩提灯译《占察善恶业报经》，《大正藏》17/906b)

只有9例不是感官动词句，即"修习、行欲、学(2例)、杀(2例)、供养(3例)"。其中活动情状的动词有"修习、行(欲)、学、供养"4种7例，如例(18)(19)。跟"来"的笼统的过去发生用法仅有例(4)(12)的2种2例动词用于活动情状句相比，过去经历用法的"来"用于活动情状句的动词种类和实际用例都有明显增加。

(18)余诸龙众八十那由他，亦曾过去种种愿行悉<u>修习来</u>，一切皆发三菩提心得于三昧。(《大方等大集经》卷42，《大正藏》13/284b，该卷译者为隋天竺三藏那连提耶舍译)

(19)自知沙门本在俗时，先共妇女曾<u>行欲来</u>，得欲滋味。(元魏瞿昙般若流支译《正法念处经》，《大正藏》17/37b)

24例过去经历用法的"来"中有10例用于"VO来"，如例(19)；而17例笼统的过去发生用法的"来"只有3例用于"VO来"，如例(8)的"悟解此来"、例(10)的"三世成就是事来"。与此种现象相对应的是，过去经历用法的"来"中仅有4例用于受事前置"OV来"(占17%)，如例(18)的"亦曾过去种种愿行悉修习来"中"种种愿行"置于"修习"之前；而过去发生用法的"来"中有8例用于"OV来"(占47%)，如例(7)的"百千种香，一切嗅来"。可见明确的过去经历用法的"来"在适用的句法结构方面受限较少。[①]

[①] 当代汉语闽方言、吴方言中的不少体标记由于发展不充分，仍然倾向于"OV来"之类的结构，而难以适用"VO来"之类的结构。

从上文依次讨论的感官动词的比例、活动情状的数量以及对"VO来"和"OV来"结构的不同适用情况三个方面来看,过去经历用法的"来"的发展程度均高于过去发生用法的"来"。

2.3 助词"来"语法化路径的讨论

助词"来"早期的某些用例为我们讨论其语法化路径提供了启示。先看以下用例:

(20) 梵志我闻有抱谛者,<u>见耗减法亡弃老病死法来</u>,不以为忧。
(吴支谦译《义足经》,《大正藏》4/174c)

(21) 凡人无道无慧计,<u>见耗减亡弃老病死法来</u>,即生忧愤悲哀。
(吴支谦译《义足经》,《大正藏》4/174c)

例(20)龙国富(2004:266)看作事态助词,笔者还检索到上下文中的类似用例,如例(21)。这些例句中的"来"虽然可以理解为事态助词,但是"来"也可以理解为"出现"或"发生"义的动词。考虑到其中的"见"的宾语为"耗减亡弃老病死法",内容为多项并列且音节较多,如理解为动词,更能强化前后句之间的密切联系。如果将这里"来"理解为"发生、出现"义动词,则更能体现其在"来"语法化中的桥梁作用:由于主要动词"见"为达成动词,既然见到"耗减亡弃老病死法",那么"耗减亡弃老病死法"就必然是已经出现或发生的;此时"来"的"出现、发生"义在语义上就显得没有必要,从而有可能将"来"的"出现、发生"义理解为进一步确认"见"的"过去发生","来"也就从表现宾语小句中主语的动词重新分析为主句主要动词的事态助词,即:见(耗减亡弃老病死法来)→(见耗减亡弃老病死法)来。"来"由表现宾语的发生进一步虚化为表现主要动词"见"的"过去实现或发生"义,其实际动作义和空间义消隐，其内在的时间义得以显现。而且这些例证要比梁银峰(2004a)列举的例(22)更有说服力。例(22)中的动词"至"仍具有空间移动意义且"来"仍可以理解为空间移动义的实义动词。

(22) 鹦鹉摩纳都提子往诣佛所，语世尊曰："沙门瞿昙，今<u>至</u>我家乞食<u>来</u>耶？"世尊答曰："我今往至汝家乞食。"（东晋瞿昙僧伽提婆译《中阿含经》，《大正藏》1/704a）

例(20)(21)双重理解的例证可以看成动词直接发展为完成体助词的重要证据。同时也为"来"在类型学中的语法化过程提供了生动的用例。

至于梁银峰(2004b，2005)又提出的事态助词"来"源于"以来"义的观点，笔者认为，从事态助词的早期用例特别是前面有可能具有双重理解的例证来看，并没有明显的"以来"义的痕迹。梁银峰(2004b)指出，有时句子出于表达的需要，表示时段概念的数量词或数量短语可以置于"V(+NP)"之前[如例(23)]，强调这种动作或事件是在某个时段以前发生的，这时"来"就位于整个句子末尾，具备了虚化的句法条件，整个格式独立成句，"来"的"以来"义开始丧失。

(23) 头发自落，髭须犹若<u>七日剃来</u>。（隋阇那崛多译《佛本行集经》，《大正藏》3/820a）

值得注意的是，梁文列举的具有过渡性的例证都是出自隋代的译经，而梁文所举的发展成熟的事态助词"来"包括本文前文所举的许多成熟例证也都是隋代以前的，其中许多是元魏时期的。根据江蓝生(1984)，魏晋南北朝时期始见"以来"省用为"来"。可见"以来"义的"来"

与事态助词"来"的典型用法大致处在同一时期。笔者认为,"来"的"以来"义对事态助词"来"的形成没有直接作用。

3. 唐代以后句尾"来"的体貌用法分析

3.1 《祖堂集》与《古尊宿语要》中的"来"

根据卢烈红(1998:231—233),《祖堂集》与《古尊宿语要》各有事态助词"来"13例和16例。两者合计29例,总数与我们检索到的唐代以前的事态助词"来"(41例)相差不远。本节以二者为样本,分析句尾"来"在唐宋时期的用法特点。①

29例中,感官动词仅有"见"3例、"看"1例、"闻"1例,共5例,占全部用例的17%。这较唐代以前60%以上的比例有大幅下降,说明句尾"来"作为事态动词的用法已经成熟,不再依赖于感官动词。且有4个感官动词用例带有"曾",说明感官动词与"曾"的配用一定程度上程序化了。例如:

(24) 师遂问:"曾见什么人来?"史云:"曾见怎么老宿来。"(《古尊宿语要·睦州和尚》)

(25) 问:"作何方便,即得闻于未闻?"师云:"未闻且置,你曾闻个什么来?"(《古尊宿语要·赵州真际禅师》)

29例中还有2例典型的状态动词,即"亲近、在",如例(26)(27)。句尾"来"与状态动词的共现标志着"来"作为完成体体标记与动词共

---

① 本文对《古尊宿语要》的考察是以卢烈红先生提供的电子本为基础。谨此致谢。《祖堂集》依据的是张华点校的中州古籍出版社2001年版。

现关系的发展趋向成熟。

> (26) 楚云:"我曾亲近知识来,未尝辄敢怎么造次。"(《古尊宿语要·汝州首山念和尚》)
>
> (27) 师云:"……佛法不是磨棱合缝底道理,似这一脉说话,须是久在它门风来始得。……"(《古尊宿语要·潭州神鼎山第一代谞禅师》)

29 例中不与"曾"共现的有 11 例,占总数的 38%,与唐代以前的不与"曾"共现的用例(17 例,占总数的 41%)相比,只是略微有所下降。这说明,句尾"来"与"曾"的共现仍然很频繁。这 11 例不与"曾"共现的用例中有 7 例不可以加"曾"(64%),与唐代以前 18 例仅 5 例不可以加"曾"的比例(28%)相比也有明显提高。这 7 例包括两种情况:一类是条件句或有明显因果关系的句子,有 3 例,如例(28);一类是对过去不久的特定事件进行确认,多用于问答句,有 4 例,如例(29),该用法在唐代以前的语料中未曾见到。

> (28) 福云:"施者受者,二俱瞎汉。"庆云:"忽有人尽其机来,还成瞎汉不?"(《祖堂集·丹霞和尚》)
>
> (29) 僧拟礼拜,师云:"你披纳衣来否?"云:"披来。"(《古尊宿语要·赵州真际禅师》)

3.2 《西游记》中的"来"

胡明扬(1989)在分析《西游记》中的助词时发现,《西游记》和《老乞大》要表示过去的动作主要用句末的"来",很少用"过"。本文以《西游记》为样本,考察"来"在明代的用法特点。①《西游记》中的句尾事态助词有 30 例,其中感官动词有 4 例,均为"见"。但只有 1 例与"曾"共现,如例(30);其他 3 例都可以理解为用于过去特定事件,如例(31),说明感官动词也开始摆脱过去经历用法的束缚。

(30) 悟空厉声高呼道:"……你们这里人家,也有认得我的,我也曾<u>见</u>你<u>来</u>。"(《西游记》14 回)

(31) 道士道:"内中是有这两个,你怎么知道?想是在那里<u>见</u>他<u>来</u>?"女子道:"师兄原不知这个委曲。那和尚乃唐朝差往西天取经去的,今早到我洞里化斋,委是妹子们闻得唐僧之名,将他拿了。"(《西游记》73 回)

与此同时,有 4 例状态动词,均为"有",说明"来"与状态动词的共现又进了一步。

(32) 唐王方才开眼道:"朕适才好苦,躲过阴司恶鬼难,又遭水面丧身灾。"众臣道:"陛下宽心勿惧,<u>有</u>甚水灾<u>来</u>?"(《西游记》11 回)

(33) 那三藏眼儿巴巴的,正望他哩。忽见到了面前,甚喜;又见他手里没有袈裟,又惧。问道:"怎么这番还不曾<u>有</u>袈裟<u>来</u>?"(《西游记》17 回)

30 例中有 4 例"来"与"曾"共现,仅占 13%。这一方面说明,"来"

---

① 本文对《西游记》的检索采用朱冠明博士收集的电子本,并参校人民文学出版社 1980 年第 2 版。

已经不需要"曾"的配合来表达过去经历义,同时也反映出"来"表经历义用法的地位显著下降。

《西游记》的"来"有一个突出的特点,就是 30 例中有 24 例用于疑问句。这 24 例中又有 21 例用于询问过去特定的事件,而且这些事件从上下文来看,基本上都是较近的过去发生的事件,如例(34)。这些用例接近于现代汉语北京话中的"来着"。可见,"来"用于较近的过去特定事件是其稍后发展出来的新用法。

(34)那行者见师父面上含怒,向前问:"师父,寺里和尚打你<u>来</u>?"唐僧道:"不曾打。"(《西游记》36 回)

例(35)直接用于叙述连续的事件,功能上接近于完整体的典型功能,显示出新的发展。

(35)行者闻风认怪,一霎时风头过处,只见那半空中隐隐的两盏灯<u>来</u>,即低头叫道:"兄弟们!风过了,起来看!"(《西游记》67 回)

《西游记》中的"来"上述用法特点使之与"过"形成明显的分工:"过"主要用于过去经历,23 例中有 14 例与"曾"共现;"过"主要用于肯定句,仅有 3 例用于疑问句。

4. 结语

参照类型学的相关研究,我们从句尾事态助词"来"的演变中,得出以下几点看法:

（一）在句尾"来"的形成初期，"见、闻"等感官动词起着重要的桥梁作用。状态动词与"来"的共现则出现在较晚时期，标志着"来"与动词语义类型的共现趋于完善。

（二）"来"的过去经历用法的产生过程中，时间副词"曾"起到了重要的辅助作用，并随着"来"的逐渐成熟，"曾"与"来"的共现也逐渐减少。

（三）句尾"来"的过去发生用法从早期到晚期也经历了显著的变化。早期的所谓的过去发生用法要么可以加"曾"，要么前后句具有明显的因果关系。而晚期的过去发生用法大量用于疑问句，用于确认过去发生的特定事件，且事件发生在较近的过去，与"来着"的"近过去"完成的用法比较接近。而且"来"还发展出叙述连续事件的用法。因此，本文认为从过去经历到近过去的特定事件符合完成体发展的一般规律。

（四）如果根据Chappell（2001）把经验体看成传信标记的观点，本文研究的"来"的过去经历用法的确从过去发生用法发展而来，这一点支持从完成体用法到传信用法的语法化路径。但是，如果只把过去经历用法完全看成传信标记则又难以解释过去经历用法进一步发展出类似于完整体或近过去的用法。因此，本文倾向于把传信用法看成对完成体过去经历用法所具有的现时相关性的进一步解释，即确信事件的发生，而不是用它来完全取代"来"的完成体性质。这样，既可以吸收传信用法对于现时相关性的准确解释，同时又可以解释完成体进一步趋近于完整体，从而发展出近过去这样表示过去特定事件的用法。

至于文献中常常提及的禅宗文献中事态助词"来"与"去"的对立及其在现代方言中的分布，限于篇幅，将另文讨论。

参考文献

曹广顺　1995　《近代汉语助词》，北京：语文出版社。

陈前瑞　2003　现时相关性与复合趋向补语中的"来",吴福祥、洪波主编《语法化与语法研究》(一),北京:商务印书馆。
胡明扬　1989　《西游记》的助词,《语言研究》第1期。
蒋冀骋、吴福祥　1996　《近代汉语纲要》,长沙:湖南教育出版社。
梁银峰　2004a　汉语事态助词"来"的产生时代及其来源,《中国语文》第4期。
梁银峰　2004b　时间方位词"来"对事态助词"来"形成的影响及相关问题,《语言研究》第2期。
梁银峰　2005　汉语动相补语"来"、"去"的形成过程,《语言科学》第6期。
梁银峰　2007　《汉语趋向动词的语法化》,上海:学林出版社。
卢烈红　1998　《〈古尊宿语要〉代词助词研究》,武汉:武汉大学出版社。
江蓝生　1984　概数词"来"的历史考察,《中国语文》第2期。
龙国富　2004　《姚秦译经助词研究》,长沙:湖南教育出版社。
龙国富　2005　从中古佛经看事态助词"来"及其语法化,《语言科学》第1期。
太田辰夫　1958　《中国语历史文法》,日本江南书院,中译本蒋绍愚、徐昌华译,北京:北京大学出版社,2003年第2版。
王锦慧　2002　禅宗语录中的句末助词"来",《戴琏璋先生七秩哲诞论文集》编辑小组编《含章光化——戴琏璋先生七秩哲诞论文集》,台北:里仁书局。
王锦慧　2004　《"往""来""去"历时演变研究综论》,台北:里仁书局。

Bybee, Joan, Revere Perkins, and William Pagliuca 1994. *The Evolution of Grammar: Tense, Aspect, and Modality in the Languages of the World.* Chicago: University of Chicago Press.

Chappell, Hilary 2001. A typology of evidential markers in Sinitic languages. In Hilary Chappell(ed.), *Sinitic Grammar: Synchronic and Diachronic Perspectives*, 56–84. Oxford: Oxford University Press.

Yang, Suying 1995. The aspectual system of Chinese. Doctoral dissertation at University of Victoria.

附录三 南方方言"有"字句的多功能性分析[*]

1. 引言

1.1 南方方言"有"字句的四种用法

汉语闽、客、粤等南方方言的"有"字句有多种用法（意义或功能），是一种典型的具有多功能性（multifunctionality，Haspelmath，2003）的语法形式。仅以"有"前置于谓词构成的"有"字句跟体貌有关的用法而言，本文在前人研究的基础上将其概括为以下四种[①]：

（一）"有 + 动态谓词（dynamic predicate）"表示肯定事件（event，简称 E）的现实性，记作"有 DP_E"，如闽南话的例（1）。

(1) 早昏伊<u>有</u>来。（昨天晚上他来了）（张振兴，1983：148，例143）

（二）"有 + 静态谓词（static predicate）"肯定状态（state，简称 S）

---

[*] 本文与王继红合作完成，原载《语言教学与研究》2010 年第 4 期。发表时限于篇幅，删除了部分内容，收入本书时有所补充。

[①] 本文对"有"字句的用法描述是在施其生（1996）、Cheng（1981）和郑懿德（1985）等的基础上加以扩展的。粤西闽语海口话的"有"在谓词之后，并有表示动作持续的用法，限于篇幅，本文暂不涉及。

的现实性,记作"有 SP_s"。静态谓词分为两类,一类是形容词,如闽南话例(2)的"水"(漂亮);一类是状态动词,如心理动词"了解、喜欢"等,如(3)。

(2)这双鞋<u>有</u>水。(这双鞋漂亮)(张振兴,1983:150,例 160)

(3)伊<u>有</u>了解我。(他了解我)(Cheng,1981:157,例 14a)

(三)"有+动态谓词"表示肯定状态的现实性,记作"有 DP_s"。如福州话的例(4)(5)的"去"本身为动态谓词,但是例(4)"有+动态谓词"表示愿望,例(5)是根据既定的行车安排做出的确定性判断,是一种具有确定性的可能性;连城客家话的例(6)的"来"本身为动态谓词,但小句表示惯常性的行为。这些句子的情状(situation)根据 Smith(1991:38)的判断标准,都属于状态情状(stative situation)。

(4)<u>有</u>去看电影其,快滴囝!(要去看电影的,快点儿!)(郑懿德,1985,例 25)

(5)只架车<u>有</u>去泉州。(这趟车会经过泉州的)(郑懿德,1985,例 28)

(6)佢不时都<u>有</u>来新泉。(他常来新泉)(项梦冰,1997:319,例 82)

(四)"有+静态谓词"肯定状态变化的结果或状态变化的完成。现有研究仅陈淑环、陈小枫(2006:13)在讨论惠州话的"有"字句时明确指出,在"红"类表示变化的形容词前,"有"肯定"某种客观事件的已然结果","肯定某种状态或表示变化的完成"。这类形容词包括"白、臭、热、冷、轻、重、肥、瘦"等。因此,此类用法具体记为"有 DA_E",

其中 DA 代表变化形容词。

> (7) ——你睇我块面有红无/你睇我块面有冇红？（你看看我的脸红不红？）
> ——有（红了）/冇。（红了/没有红）（陈淑环、陈小枫，2006，例 22）
> (8) □([hoi²²])水有冇冷？（那水冷了吗？）（陈淑环、陈小枫，2006，例 24）

1.2 现有研究存在的问题

汉语方言学界对南方方言的"有"字句已有很多的研究，这些研究不仅为本文进行跨方言的比较研究奠定了很好的语料基础，提出了许多有启发性看法，也留下了不少问题，比如：

（一）关于南方方言"有"字句的体貌定位，学术界有两种截然不同的观点。一种观点认为"有"字句与体或体貌无关，如李如龙（1986）、施其生（1996）、陈淑环和陈小枫（2006）等。另一种观点认为"有"字句表示跟"体"相关的范畴，"有"字句表事件发生的用法为 perfect（完成体）或其他类似的术语（如已然貌），而表状态存在的用法为"强调"用法，这一观点以曹逢甫和郑萦（1995）、曹志耘主编（2008：79）为代表。即使是认同部分"有"字句为体貌用法的学者对"有"字句不同用法之间的共时和历时关系也缺乏深入的讨论。本文认为"有"字句的四种用法均为体貌用法，并试图进一步确认所谓"强调"用法的体貌地位及其与完成体的关系。

（二）对于南方方言"有"字句不同用法之间的历时关系，学术界仅有初步探讨。中嶋幹起（Nakajima，1971）很早就提出了"有"字句多种结构的发展顺序,认为"有+动"先于"有+形",但没有展开论证。[①]蔡维天(2003)则认为"有"既然可以表示事件的存在,就应该可以表示状态的存在;其引申推演的方向(亦即完成-强调)也正与其原始意涵暗合。但是,笔者认为这种逻辑上的推测还有待进一步研究,因为这种推测与类型学中完成体语法化的路径是相互冲突的。

(三)对于南方方言"有"字句的跨语言和跨方言的研究还不够深入。施其生(1996)虽然比较了闽、粤、客方言"有"字句的不同用法,但并没有将"有"字句的共时分布与历时演变结合起来考虑。石毓智(2004)虽然将汉语的"有"与类型学中"有"义动词作为完成体(anterior,相当于perfect)的词汇源头联系起来,但并没有实际考察南方方言"有"字句语法化的具体路径。实际上,现有的方言"有"字句的研究为跨方言的研究提供了很好的基础,并有可能据此构拟"有"字句的语法化路径。

1.3 本文的研究思路

语法形式的多功能性既是语言共时使用的普遍现象,也是语言历时演变的产物。语义地图模型[Semantic Map Model,参见 Haspelmath(2003)及 Croft(2001:92—104)]为分析跨语言的多功能性、解释语义演变和语法化的内在规律提供了有效的分析手段。近年来,语义地图模型开始引入汉语历史句法和汉语方言研究,如吴福祥(2009)、张敏(2009)等,取得了令人瞩目的成绩。限于篇幅,本文对语义地图模型的基本概念和操作方法不做详细介绍,详情可参阅吴福祥(2009)、张敏(2009)等。

受类型学中多功能性分析和语义地图模型的启发,本文基于现有的汉语方言材料,分析"有"字句四种用法在闽、粤、客、吴、湘、赣等方言的分布,从中概括出"有"字句体貌用法的概念空间(conceptual

---

① 该文是目前所知的国内外最早的专门研究闽语"有"字句的论文,并具有语法化研究的思想萌芽。本文对该文的引用来自东京大学博士生野村和之的英文评述稿。

space)和若干方言点"有"字句的语义地图。通过跨语言和跨方言的材料讨论"有"字句的体貌性质,构拟"有"字句体貌用法的语法化路径,并对现有研究存在的问题进行针对性的分析和讨论。本文的方言材料主要来自已经发表的专题论文,也适当参照李荣主编的《汉语方言大词典》(2004)及笔者对方言说话人的咨询。

2. 南方方言的"有"字句的概念空间和语义地图

2.1 南方方言"有"字句的概念空间

概念空间是语言中特定编码形式(语法语素、语法范畴、句法结构及词汇形式)的不同功能及其关系所构成的几何性概念网络;语义地图则是特定语言相关编码形式的多功能模式在概念空间上的实际表征,体现的是不同语言对同一概念空间的不同切割方式。[①] 概念空间可以有不同的表述方式。一种是用一维或二维的线性的节点和连线来表示,节点代表不同语言中对应语素的不同功能,连线表示两种功能之间的直接关联,Haspelmath(2003)主要介绍和运用这种方式构建概念空间和语义地图。另一种是用横轴和纵轴构成的非线性的二维空间来表示,不同语法形式在这一空间中占据不同的区域,Croft(2001:92—104)是运用这种方式来表征概念空间和语义地图的代表。本文根据所研究的具体问题的特点,尝试兼用这两种方法来构建汉语不同方言"有"字句的概念空间和语义地图。

从前文介绍的汉语南方方言"有"字句的四种用法中,可以提取两

---

① 此处对概念空间和语义地图的介绍以及随后对语义地图表述方法的介绍直接引用和参照了吴福祥(2009),详情可参 Haspelmath(2003)。

个不同的维度：一是形式范畴的维度，它们形成两种形式范畴即"有+静态谓词"和"有+动态谓词"；一是功能范畴的维度，它们分别表达"确认状态"和"确认事件"。我们认为，"确认"比"肯定"更能概括"有"字句各种用法较为抽象的语法意义。按照 Croft(2001)的惯例，我们以形式范畴为纵轴，以功能范畴为横轴，得到了一个二维的概念空间，并将"有"字句的四种用法分布其中，形成不带任何连线的底图，即图1。在这一概念空间的底图中，四种用法之间的关系如果用连线来表示，理论上除了形成四边形之外，还可以有两条对角线。下面，我们将根据汉语部分南方方言"有"字句的实际用法分布最终来确定这四种用法之间的关系。

	确认事件	确认状态
有 + 动态谓词	有 DP_E	有 DP_S
有 + 静态谓词	有 DA_E	有 SP_S

图 1　汉语部分南方方言"有"字句的概念空间底图

2.2　南方方言"有"字句的语义地图

依据现有材料，我们将南方方言"有"字句四种用法在不同方言中的组合分为以下四种情况，并分别描绘它们的语义地图：

（一）惠州话"有"字句的语义地图

惠州话的归属学术界有不同的意见，黄雪贞(1987)等归为客家话，刘叔新(1993)归为粤语。根据陈淑环、陈小枫(2006：13)的研究，惠州话"有"具备本文概括的"有 SP_S、有 DP_S、有 DP_E、有 DA_E"四种用法，其语义地图覆盖整个"有"字句的概念空间，即图2的实线框。

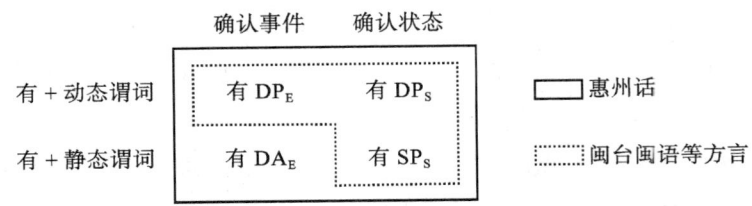

图2 惠州话和闽台闽语等方言"有"字句的语义地图

(二)闽台闽语、连城客家话、南部吴语温州话"有"字句的语义地图

依据郑懿德(1985)对福州话,曹逢甫、郑萦(1995)对台湾闽南话,项梦冰(1997:319)对连城客家话,游汝杰(1999)对南部吴语温州话的研究,这些方言的"有"字句具备"有 SP_S、有 DP_S、有 DP_E"三种用法。(例证参见引言部分)在闽台闽语中,如果形容词是"热、红"等可以表示状态变化的变化形容词,"有+形"在"表示一种状态的存在"的同时,"当然还表示一种已然的状态"(张振兴,1983:150),这一点从例(9)的普通话注释中的"红了"可以体会出来:

(9)这蕊花有红。(这朵花红了)(张振兴,1983:150,例159)

但是这种"红了"的意思还只能说是"状态的存在"的一种话语蕴含,不可以说闽南话中的"有+形"可以肯定状态的变化或变化的完成。郑懿德(1985)在报道福州话的"有+形"时虽然也有些例句的普通话翻译中出现了"了",但仍然认为福州话的"有+形"是对后面的形容词起强调或申辩作用。因此,闽台闽语的"有+形"还没有"有 DA_E"的用法。项梦冰(个人通讯)中明确否定连城客家话有"有 DA_E"的用法。游汝杰(1999)指出,温州话的"有"还可以前置于表示状态变化的形容词或形

容词短语,强调某种状态在说话时仍在持续。① 另外,吴语宁波话"有"字句的用法跟温州话接近,但仅限于疑问句,显示出衰弱的迹象。② 基于以上分析,我们得到闽台闽语、连城客家话、南部吴语温州话"有"字句的语义地图,即图 2 的虚线框。

(三)粤语、粤东闽语"有"字句的语义地图

根据施其生(1996)的研究,粤语与以汕头话为代表的粤东闽语只有"有 DP_S、有 DP_E"两种,没有"有 SP_S、有 DA_E"的用法。周国正(2008)指出,广州话的"有+形"必须有表经历的"过"与之共现,否则句子不成立;"有+动"的动词词组必须是蕴含起讫的行为,并可以用动量词计量。在粤东闽语汕头话里,除了"有"字句之外,另有一个"会","有"和"会"在意义和用法上又有所分工:"有"用在动词性成分之前,肯定事件的现实性,如同粤语的"有";"会"用在心理活动动词和形容词性成分之前,肯定性质状态的现实性,如例(10)。汕头话的"会"通用于"会+静态谓词"表示确认状态,这也是我们根据语义地图模型的操作方法(Haspelmath,2003)不进一步区分"有+形容词"表示确认状态和"有+静态动词"表示确认状态的原因之一。

(10)者花会雅。(这种花好看)(施其生,1996,例 19)

下面将粤语、粤东闽语的"有"字句的语义地图在图 3 中用实线框一并体现,其中实线框未覆盖而虚线框所覆盖的"有 SP_S"所在的区域

---

① 游汝杰(1999)指出"有"前置于动词或形容词,肯定动作或状态已经发生。不过,文中所举例证均为动词,比较接近于形容词的"破"在"手表破了"中为不及物动词。所以本文采用正文所引的观点。

② 根据《汉语方言大词典》的材料,宁波话的"有"用在反复问句中,词义虚化,表示肯定一种情况的存在,所举例句存在"有"用于形容词与动词前表状态的情况。不过,该词条没有提到"有 DP_E"的情况。本文采用汪维辉教授和阮桂君博士的看法。游汝杰(1999)还引用20 世纪初的资料说明在古代北部吴语区里应该存在"有"字句的肯定用法。

就是汕头话"会"的语义功能,为了避免图3过于复杂,这里没有将"会"的语义地图表现出来。

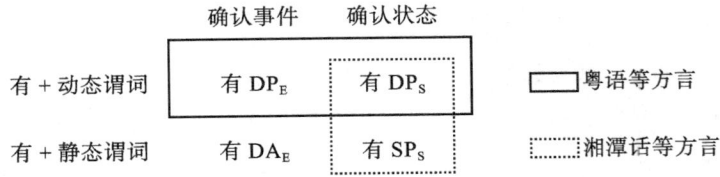

图3 粤语等方言和湘潭话等方言"有"字句的语义地图

(四)湘语湘潭话和赣语萍乡话"有"字句的语义地图

根据丁健纯(2008),湘潭话的"有"在跟部分形容词和心理动词共现表示确认状态时,必须在"有"和形容词及心理动词前加上"好"或"蛮",构成"有+好(蛮)+形容词或心理动词",如例(11)(12);而"有+动态谓词"表示确认某种属性即本文的"有 DP_s"时,则不需要"好"或"蛮",如例(13)。这也说明湘潭话是将"有+好(蛮)+形容词"和"有+好(蛮)+心理动词"看作一类,两者具有共同的句法语义特点,从而进一步支持本文将这种用法概括为"有 SP_s"的处理方式。湘语其他部分地区如长沙话与衡阳话的"有"字句与湘潭话的格局基本相当。(参见丁健纯,2008;王洁,个人访谈)

(11)他为人有好古板。(他为人很古板)(丁健纯,2008,例6)
(12)她有好恨我。(她很恨我)(丁健纯,2008,例16)
(13)秋天来哒,树叶子到处都有捡。(秋天来了,到处都有树叶捡)(丁健纯,2008,例14)

赣语萍乡话有"有 SP_s"与"有 DP_s",但"有 DP_s"的动词仅限于不及物动词,表示可能实现,如例(14);这说明相对于湘语湘潭话的"有 DP_S"而言,赣语萍乡话的"有 DP_S"还处于早期发展阶段。

(14)淋滴水,(菜秧)还有活。(浇点水,菜秧还会活)(李荣,2004:1285)

这两种用法在《汉语方言大词典》江西其他赣方言点和客家话方言点的相关条目中都未见报道。不过,根据雷冬平博士提供的材料(会议发言),同样属于赣语的江西安福话也具有同样的特点,因此可以把湘语湘潭话、赣语萍乡话、安福话"有"字句的语义地图用图3的虚线框来表现。

2.3 南方方言"有"字句语义地图的理论意义

根据语义地图连续性假设(Semantic Map Connectivity Hypothesis),与特定语言或特定构式相关的任何范畴必须映射到概念空间里的一个连续区域。(Croft, 2001:96)[①]据此,我们可以从"有"字句的语义地图中获得一些新的理论认识。

纵观上文3幅南方方言"有"字句的语义地图,可以发现只有惠州话有"有 DA_E"的用法,所以核心问题是"1)有 SP_S、2)有 DP_S、3)有 DP_E"三者之间的关系。从理论上讲,如果不考虑用法之间的语法化方向性的关系,三者可以形成以下三种关系:

(15)a. 2)有 DP_S — 3)有 DP_E — 1)有 SP_S
  b. 3)有 DP_E — 1)有 SP_S — 2)有 DP_S
  c. 1)有 SP_S — 2)有 DP_S — 3)有 DP_E

---

① 此处的中文表述及下文的分析方法引用并参照了张敏(2009)。

粤语、粤东闽语"有"字句仅有"有 DP_E"和"有 DP_S"的用法,所以排除了(15b)中这两种用法没有直接关系的可能。湘语湘潭话和赣语萍乡话"有"字句仅有"有 DP_S"和"有 SP_S"的用法,所以排除了(15a)中两者没有直接关系的可能。因此,跨方言的材料可以证明,三者只有(15c)一种可能。

上文排除(15a)(15b)两种可能实际上就是排除了图4中1)和3)之间的对角线。根据现有的方言材料,没有发现哪种方言"有"字句只有2)和4)的用法,实际上也就排除了2)和4)之间的对角线。更没有发现哪种方言只具有1)和4)两种用法,所以也排除了1)和4)之间的连线。所排除的对角线和边线也就说明两组对角及1)和4)三组"有"字句用法之间缺乏概念上的邻近关系。基于惠州话的材料及前文排除的可能,可以在3)和4)之间建立直接联系。综合以上分析,我们得出图4带有连线和序列号的"有"字句的概念空间。

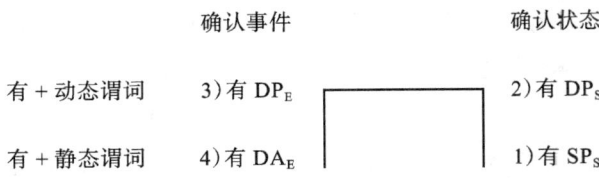

图4 汉语部分南方方言"有"字句的概念空间

可见,概念空间和语义地图模型研究不仅可以在"有"字句不同用法之间确认可能的直接关系,而且还可以排除某些可能的关系,显示了较强的解释力。从语义地图模型还可以得到一些蕴含共性(Haspelmath,2003):a. 如果某个汉语方言的"有"字句有3)和1)的用法,那么一定会有2)的用法。闽台闽语、连城客家话、南部吴语温州话就是这种情况。b. 如果某个汉语方言的"有"字句有4)和2)的用法,那么一定会有 3)的用法。惠州话就是这样。

3. 南方方言"有"字句的体貌性质与语法化路径

3.1 南方方言"有"字句的体貌定位

如前所述,关于南方方言"有"字句的体貌地位,学术界是有争议的。本节基于曹逢甫、郑萦(1995)的研究,将"有 DP_E"看作一种完成体用法,并着重讨论所谓"强调"用法即本文的"有 SP_S"的体貌属性。

(一)完成体(perfect)不等于完整体(perfective)。体貌类型学一般认为,完成体主要用来确认事件的发生,并具有现时相关性,多用来表示旧信息,如普通话句尾"了"的部分功能[句尾"了"表示进入或即将进入新情况的功能,"有"字句多不具备,可参见曹逢甫(1998)];而完整体用来表示事件的进程,主要用来表示新信息,如普通话词尾"了"的主要功能。(陈前瑞、张华,2007)部分学者之所以认为南方方言"有 DP_E"的用法与体貌无关,主要是因为南方主要方言中"有 DP_E"的"有"不同于词尾"了"或句尾"了",且各方言中均另有类似于词尾"了"或句尾"了"的成分。因此,如果我们不把"有 DP_E"归入完整体,而归入与"肯定事件的现实性"类似的完成体这样一个类的概念,那么阻力会相对小一些。

(二)状态的存在也是一种广义的体貌意义。国内学者大多认同状态的变化属于体貌的意义,但是,一般不把状态或性质的存在也看作一种体貌意义(如郭锐,1997)。实际上根据辩证法的一般认识,状态的存在与变化是矛盾的两个方面,两者既有对立的一面,又有统一的一面,矛盾的对立面在一定条件下可以发生转化。两个对立面的范畴往往同属于一个上位范畴。英语的结果体结构（resultative construction）be 加过去分词如 He is gone，就是表示由过去动作带来的状态还存在（他此刻不在这里），后来发展为完成体。源于"有、是"义的动词经由结果体结构演变为完成体具有类型学上的普遍性。（Bybee et al., 1994:63）像英语那样的结果体结构，由于强调状态是由过去动作带来的，所以又称为狭义的结果体。（参见 Nedjalkov & Jaxontov, 1988）

（三）单纯强调某种状态的存在，而不强调带来状态的动作，这种表现形式类型学中称为状态体（stative），也称为广义的结果体。（Nedjalkov & Jaxontov, 1988）南方方言中的"有 SP_S"是典型的强调状态存在的用法，"有 DP_S"所表示意志、愿望、确定的可能性、惯常用法都是一种状态情状。因此，南方方言中的"有 SP_S"和"有 DP_S"从体的角度也可以笼统地归为广义的结果体，其中的一部分"有"也可以看成是广义结果体的一种形式标记。[①]

（四）"有"字句的用法分与合的方法论意义。部分研究者之所以不承认"有"字句的体貌功能，另一个重要原因是无法处理表惯常的"有 SP_S"与表事件已然发生的"有 DP_E"的关系，无法把这两者归入现有的某一体貌范畴，因而统而笼之地将"有+动/形"中的"有"概括为"肯定一种情况的客观存在和现实性"，认为"有"无关体貌。（陈淑环、陈小枫，2006）这种概括化的研究范式的代价是得到了一个特有的语法范畴——"肯定一种情况的客观存在和现实性"，增加了语法系统的复杂性和语法解释的抽象性，减少了语法解释的可理解性。反之，如果按照本文所依据的基于功能或用法的研究范式（关于两种研究范式的讨论参见 Haspelmath, 2003），将"有 DP_S、有 SP_S"和"有 DP_E、有 DA_E"分别归入类型学已有的广义结果体和完成体范畴，不仅可以更加简单地归纳

---

① 原文此处的处理方式比较简单，可参见学界对情态及其语义地图的进一步研究。

南方各个方言"有"字句的不同用法,而且还有可能解释同一方言中这两类用法之间的历史联系:这些方言的完成体用法是从广义结果体用法发展而来的,甚至可以更好地解释不同方言在具体用法上的微观差异,从而看出它们处于语法化路径的不同阶段。(参见3.3)

(五)"有"所表示的完成体与其他体貌意义的关系。有些学者(如施其生,1996)不赞成"有"表完成体的理由,除了前面提到的之外,就是"有"字句中可以出现经历体、进行体和持续体标记,并用于不同的时制。经历体在类型学上一般视为完成体的一种特殊用法,经历体与"有"的共现可以视为两个处于不同句法位置、具有不同来源、意义范围略微有别的标记的共现。进行体与完成体的共现在英语中体现为教学语法的完成进行时,在普通话中体现为"已经在V了"这样的格式,并不构成"有"表完成体的反例。汕头话在类似于普通话"他俩是不是躺着。"这样的句子中出现"有"以及持续体标记"在块"。其实这里的"躺"义动词为状态动词,其中的"有"为广义结果体的标记,是"有"的早期用法的表现。而所谓的"持续体"其意义实际上也是接近于广义结果体(Jaxontov,1988),两者的共现可以看成双重标记的现象。而"有"用于不同的时制并不影响其体貌地位。

3.2 南方方言"有"字句体貌用法的语法化路径

一旦对南方方言"有"字句的体貌性质从类型学的角度进行了适当的定性,基于类型学中现有的语法化的研究成果特别是从结果体到完成体的演化路径,以及语义地图与语法化路径的对应关系,我们直接在语义地图上加上箭头并括注四种用法的体貌地位就形成了假定的"有"字句语法化的主要路径,即图5。这一路径与中嶋幹起(Nakajima,1971)、蔡维天(2003)分别推测的从"有+动"到"有+形"或"完成-强调"的路径正好相反。

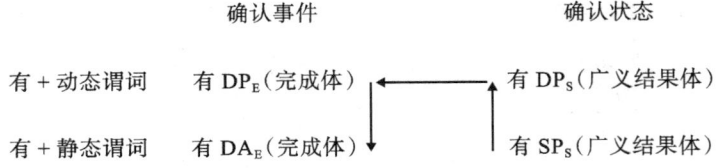

图 5　汉语南方方言"有"字句语法化的主要路径

由于篇幅和方言历时材料的限制,我们无法对这一路径进行充分论证,这里只是补充汉语方言里几个有意思的旁证材料。

(一)现代南方方言仅闽台闽语以及与闽台闽语密切联系的南部吴语温州话和部分客家话(含惠州话)保留包括"有 SP_S"在内的三种以上的"有"字句用法,而粤东闽语汕头话、粤语都没有保留"有 SP_S"的用法,这与闽台闽语、南部吴语保留较多古代语言成分的倾向是一致的,并从另一个侧面说明"有 SP_S"更有可能属于"有"字句语法化早期阶段的现象。

(二)粤东闽语汕头话、粤语没有"有 SP_S"的现象,可以从当代正在发生的语言接触现象得到有益的启示。台湾"国语"显然受闽南话的影响,但台湾"国语"却没有"有+形"的用法。(蔡维天,2003)惠州人说普通话时,"有+动"的结构会迁移到惠州普通话中,而当"有"后为形容词性成分时,该结构一般不产生迁移。(陈淑环,2009)可见,"有 SP_S"是一种更"土"、更"老"、更难迁移的用法。由此推测,闽语在进入广东并逐步形成粤东闽语的过程中,在粤语和北方话的影响下放弃了"有 SP_S"的用法。至于粤语没有"有 SP_S"的现象,则可能是在粤东闽语形成之前所经受的北方话影响的结果。

(三)郑懿德(1985)指出,福州话的"有+动+名+无"疑问句,有的可以表示两种意思:一是问是否有过某种动作、行为,如例(16),即"有 DP_E";一是问要不要做某件事,如例(16),即"有 DP_S"。

(16) 汝有看电影无?

　　a. 你看没看电影?

　　b. 你看不看电影?(郑懿德,1985,例32)

这种歧义现象为"有 DP$_S$"与"有 DP$_E$"在概念空间上的邻近性以及语法化路径上的相继性提供了很好的证据。

(四)"有"表肯定事件现实性用法的进一步发展。在完成体的语法化过程中,体标记首先适用于达成情状的动词,然后在较晚时期再扩展到状态情状的动词。(Carey,1994:149)在汉语南方方言中,只有惠州话中才有明显"有 DA$_E$"的用法,这种用法还有待于进一步扩展。总的看来,汉语南方方言的"有"字句与类型学中完成体进一步语法化的规律是一致的,在类型学视野的汉语研究中,很难把"有"字句看成与体或体貌无关的现象。

3.3　南方方言"有"字句的共时变异及其原因

根据前文语义地图和语法化路径的分析,我们可以将汉语部分南方方言"有"字句用法的共时变异和语法化阶段用图6来显现。

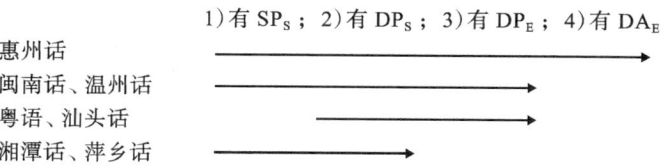

图 6　南方方言"有"字句的共时变异和语法化阶段

图6线条覆盖的用法区域显现的是各方言"有"字句的用法变异,从这些变异可以看出,其变异的范围是相当受限的,各方言"有"字句的用法都分布在相应的线条所覆盖的一个连续的区域。各线条箭头所

在位置显现的是各方言"有"字句在语法化过程中所抵达的最高阶段。惠州话、闽南话及温州话、湘潭话及萍乡话三者之间的差异是由各自"有"字句语法化所达到的阶段决定的。而闽南话及温州话与粤语及汕头话之间的差异则是由粤语及汕头话可能失去的"有 SPs"的用法带来的,可见,某种形式的语言接触会导致的特定语言形式的某种用法的缺失,但是这仍然没有改变该语言形式语义地图分布的连续性,这一现象是否具有普遍性还有待进一步验证。

4. 结语

本文依据现有的方言材料,构建了汉语南方方言"有"字句四种用法的概念空间,绘制了部分方言"有"字句的语义地图和语法化路径,并以此解释汉语方言"有"字句的共时变异以及变异的范围、原因。依据多功能性分析的思路,本文认为,先有"有 + 静态谓词"确认状态存在,后有"有 + 动态谓词"确认事件的现实性。这一观点虽然不同于前贤对汉语方言"有"字句的观察,但与类型学中完成体语法化的一般规律是一致的。本文在应用现有的概念空间和语义地图分析方法时,也结合汉语方言的实际情况在研究方法上做出了一些新的尝试。本文综合运用了线性和非线性的两种方法,将线性的概念关联与语法化路径置于非线性的空间中,这样便于把握线性演变背后的体貌范畴的关联及其形式上的扩展规律。语义地图模型公认的一项优点就是:所有的语义地图分析都是可以证伪的。(Haspelmath,2003)根据曹志耘主编(2008:79),汉语方言的"有"字句分布范围较广,形式变化丰富。期待汉语方言学界能够在本文分析的基础上发掘更多、更细致的方言材料来丰富或修正本文提出的"有"字句的语义地图和概念空间。

参考文献

蔡维天　2003　普通话和台湾方言中的"有"——谈语法学中的社会因缘与历史意识，戴昭铭主编《汉语方言语法研究与探索——首届国际汉语方言语法学术讨论会论文集》，哈尔滨：黑龙江人民出版社。

曹逢甫　1998　台湾闽南语中与时貌有关的语词"有"、"φ"和"啊"试析，《清华学报》第3期。

曹逢甫、郑　萦　1995　谈闽南语"有"的五种用法及其间的关系，《中国语文研究》第2期。

曹志耘主编　2008　《汉语方言地图集·语法卷》，北京：商务印书馆。

陈前瑞、张　华　2007　从句尾"了"到词尾"了"——《祖堂集》《三朝北盟会编》中"了"的用法发展，《语言教学与研究》第3期。

陈淑环　2009　负迁移根源探讨——以惠州方言的"有"字句为例，《宜宾学院学报》第4期。

陈淑环、陈小枫　2006　试论惠州话的"有"字句，《中国语文研究》第1期。

丁健纯　2008　湘潭话中的"有"字句，《湘南学院学报》第6期。

郭　锐　1997　过程和非过程——汉语谓词性成分的两种外在时间类型，《中国语文》第3期。

黄雪贞　1987　客家话的分布与内部异同，《方言》第2期。

李　荣主编　2004　《现代汉语方言大词典》（全六卷），南京：江苏教育出版社。

李如龙　1986　闽南话的"有"和"无"，《福建师范大学学报》第2期。

刘叔新　1993　惠州话系属考，南开大学《语言学论辑》编委会编《语言学论辑》（一），天津：天津人民出版社。

施其生　1996　论"有"字句，《语言研究》第1期。

石毓智　2004　汉语的领有动词和完成体的表达，《语言研究》第2期。

吴福祥　2009　从"得"义动词到补语标记——东南亚语言的一种语法化区域，《中国语文》第3期。

项梦冰　1997　《连城客家话语法研究》，北京：语文出版社。

游汝杰　1999　温州方言的"有字句"和过去时标志，《游汝杰自选集》，桂林：广西师范大学出版社。

张　敏　2009　语义地图模型及其在汉语多义语法形式研究中的运用，第五届汉语语法化问题国际学术讨论会论文，上海，2009年8月。

张振兴 1983 《台湾闽南方言记略》，福州：福建人民出版社。
郑懿德 1985 福州方言的"有"字句，《方言》第4期。
周国正 2008 "有+VP"的功能特性，《语言学论丛》(第三十八辑)，北京：商务印书馆。

Bybee, Joan, Revere Perkins, and William Pagliuca 1994. *The Evolution of Grammar: Tense, Aspect, and Modality in the Languages of the World.* Chicago: University of Chicago Press.

Carey, Kathleen 1994. Pragmatics, subjectivity, and the grammaticalization of the English perfect. Doctoral dissertation at University of California, San Diego.

Cheng, Robert L. 1981. Taiwanese 'u' and Mandarin 'you'. *Papers from the 1979 Asian and Pacific Conference on Linguistics and Language Teaching*, 141–180. Taipei: Student Book Co.

Croft, William 2001. *Radical Construction Grammar: Syntactic Theory in Typological Perspective.* Oxford: Oxford University Press.

Haspelmath, Martin 2003. The geometry of grammatical meaning: Semantic maps and cross-linguistic comparison. In Michael Tomasello(ed.), *The New Psychology of Language*, Vol. 2, 211–242. Mahwah, NJ: Lawrence Erlbaum.

Jaxontov, Sergej Je 1988. Resultative in Chinese. In Vladimir P. Nedjalkov(ed.), *Typology of Resultative Constructions*, 113–134. Amsterdam: John Benjamins.

Nakajima, Motoki(中嶋幹起) 1971. Fukkengo ni okeru u/bə no gohoo hantyuu ni tuite [On the grammatical category of u/bə in Fukien dialect]. *Azia Afurika Gengo Bunka Kenkyuu* 4: 75–85.

Nedjalkov, Vladimir P., and Sergej Je Jaxontov 1988. The typology of resultative constructions. In Vladimir P. Nedjalkov(ed.), *Typology of Resultative Construction*, 3–62. Amsterdam: John Benjamins.

Smith, Carlota S. 1991. *The Parameter of Aspect.* Dordrecht: Kluwer.

后　　记

本书主体部分除绪论和结论之外共 13 章，均为本人 2013 年 7 月来中国人民大学文学院工作期间独立或合作发表的成果。这些研究得到了中国人民大学科学研究基金（中央高校基本科研业务费专项资金资助）项目（编号：15XNL028）第一期和第二期的持续支持。虽然每到项目经费支出节点的时候，也为报销的事情忙碌过；但是，回过头来想想，如果没有该项目的支持，很难顺利地完成这些研究，也无法很好地支持研究生相对安心地进行语言调查和语料分析。

学术研究和项目支持均具有连续性。2013 年 1 月我在北京语言大学对外汉语研究中心申请了教育部人文社会科学重点研究基地重大项目"汉语经历体的类型比较与二语习得研究"，本书的部分研究也得到该项目的支持。当然，随着单位的变动，原项目经费的支持力度发生了变化，促使实际研究伴随着新的兴趣发生转移，这本身就是学术发展规律的一部分。回顾 8 年多的研究历程，内心满怀谢意，也颇有感慨。

在此之前，我已经在时体研究方面出版了两本书。一本是专著《汉语体貌研究的类型学视野》，2008 年由商务印书馆出版，并得到商务印书馆语言学出版基金的资助。这是我 2003 年在华中师范大学文学院完成的博士学位论文的修改稿。一本是论文集《语法化与汉语时体研究》，2017 年由学林出版社出版，并编入"语法化词汇化与汉语研究"丛书。该论文集编入论文 12 篇，其中 7 篇是博士学位论文的后续研究，主要是在北京大学中文系博士后工作站和斯坦福大学东亚系访学期间完成的。该论文集的出版也改变了本书的面貌：交稿前撤下了原来拟收录的论文,现在编入本书正文的13篇论文均未在此前的个人专著和论文集中出版。另有3篇论文编入本书的附录,主要是在博士后期间完成的,也都是首次结集出版。这3篇成果体现了汉语体标记语法化中特别具有类型学意义的三类来源和路径,篇幅都不大,收录在此,方便读者查阅和指正。到目前为止,这三本书收录了本人在此之前的绝大部分时体研究成果。本人能够取得这些成果,离不开博士论文导师李宇明教授、博士后合作导师蒋绍愚教授以及访学联系导师斯坦福大学孙朝奋教授的指导和帮助。

进行该项目研究的同时,本人组织研究生翻译了琼·拜比等的《语法的演化——世界语言的时、体和情态》(商务印书馆,2017年)。译稿几经修改,并在北京语言大学和中国人民大学的研究生讨论课或名著选讲课上反复研讨。翻译该书不仅夯实了课题组成员的理论基础,也获得了一些研究灵感。尤其是在多个专题中引用的会议论文《汉语经历体的类型学思考》(2012)就是在翻译过程中构思的,该文后来分拆成两篇论文,分别于2016年和2019年发表,即本书的第一章和第十章,事实上成为团队后续研究的理论基础。

本书的许多研究都是与合作者一起完成的,编入本书的时候也得到了他们的支持。其中5篇(含附录2篇)与北京外国语大学王继红教授合作,3篇与北京语言大学硕士研究生、新加坡国立大学博士研究生、首都师范大学教师胡亚合作,2篇与中国人民大学博士生杨育欣合作,1篇与河北师范大学吴继章教授合作。其他的合作者还有北京语言大学硕士研究生张华、张曼。本书主体部分的13个专题都在学术会议上报告过,除第十二章之外,均发表于语言学的专业期刊和集刊。其中,《外语教学与研究》2篇,《中国语文》1篇,《世界汉语教学》《语言科学》《语言教学与研究》《汉语学报》《古汉语研究》《汉字汉语研究》《汉语史学报》《汉语史研究集刊》《历史语言学研究》各1篇。所有专题研究都吸取了与会者和期刊编辑部及审稿专家的意见。收入本书时做了适当的补充和疏通,部分内容体现在脚注中,可供进一步研究时参考。如有必要,还可参阅原刊。收入正文的专题研究中概念系统基本一致,但表述重点略有不同,可互相参照。本书在交稿前,也在中国人民大学的研究生课堂上讨论过,多位研究生提出了很好的校对建议。陈若雨和何兰慧还对书证和参考文献进行了专项检查。

包括译著在内,这是我在商务印书馆出版的第三本书,编辑戴燃博士为本书的出版付出了大量的时间和心血。细细想来,这是一种难得的缘分。这种缘分源于商务印书馆对中国语言学事业持之以恒的支持,也源于双方在字句斟酌过程中产生的信任。

这些年吴福祥教授、洪波教授、杨荣祥教授、杨永龙教授、胡敕瑞教授赐教甚多,尤其是多次参与吴福祥教授和洪波教授组织的国家社科基金重大招标项目的学术活动,受益匪浅。本书的上述研究和翻译工作得到学界的众多帮助。张博教授、崔健教授、王建勤教授、胡素华教授、张赪教授和朱冠明教授、宋文辉教授、董正存副教授、陶曲勇副教授、丁健博士分别鼎力支持教育部人文社会科学重点研究基地项目和中国人民大学重大基础项目前后三期的申报。在此对上述支持本书研究的单位和个人表示诚挚的谢意!

最后是一点感慨。学术研究有不同的风格。有人擅长横向扩展,不断开辟新的疆域;有人致力于从多个不同的角度对同一领域进行发掘。笔者学养有限,谨遵前辈教诲,倾向于集中精力在有限的"根据地"内持续耕作,并向相关领域适当延伸。回顾这 8 年多的研究,多集中于时体与情态的领域,常为一隅之见而自得其乐。这就是一种惯性,也希望在适当的时候有所突破。

陈前瑞

2021 年 7 月 3 日